Ana Leonor Pereira
João Rui Pita
(Coordenação)

Miguel Bombarda [1851-1910] e as singularidades de uma época

IMPRENSA DA UNIVERSIDADE DE COIMBRA
COIMBRA UNIVERSITY PRESS

• COIMBRA 2006

Coordenação Científica da Colecção Ciências e Culturas
João Rui Pita e Ana Leonor Pereira

Os originais enviados são sujeitos a apreciação científica por *referees*

Coordenação Editorial
Maria João Padez Ferreira de Castro

Edição
Imprensa da Universidade de Coimbra
Email: imprensa@uc.pt
URL: http://www.uc.pt/imprensa_uc

Design
António Barros

Pré-Impressão
António Resende
Imprensa da Universidade de Coimbra

Capa
António Dantas. *Sem título,* 2002. Col. António Barros. Coimbra

Print By
CreateSpace

ISBN
978-989-8074-11-9

ISBN Digital
978-989-26-0362-9

DOI
https://doi.org/10.14195/978-989-26-0362-9

Depósito Legal
263458/07

Os volumes desta coleção encontram-se indexados e catalogados na Basedados da Web of Science.

© Agosto 2006, Imprensa da Universidade de Coimbra

Sumário

Ana Leonor Pereira e João Rui Pita
Introdução 5

Ana Leonor Pereira e João Rui Pita
Miguel Bombarda (1851-1910): uma força da natureza 7

Juan Riera
Cajal y la institucionalizacion de la ciência en España (1854-1934) 11

Carlos Reis
Nada de sustos: representações literárias da ciência e da medicina 23

António Pedro Pita
Miguel Bombarda: um intelectual materialista 41

João Rui Pita
Farmácia, medicamentos e microbiologia em Miguel Bombarda 49

Romero Bandeira; Céu Teiga; Sara Gandra e Sandra Pereira-Pinto
A época de Miguel Bombarda na conceptualização da urgência pré-hospitalar .. 61

José Morgado Pereira
A evolução das ideias psiquiátricas em Miguel Bombarda 69

Rita Garnel
A consolidação do poder médico: a medicina social nas teses da escola
médico-cirúrgica de Lisboa (1900-1910) 77

José Cunha-Oliveira e col. Aliete Pedrosa Cunha-Oliveira
A relação alienista-alienado nos inícios do século xx 89

Maria João Antunes e Francisco Santos Costa
Inimputabilidade em razão de alienação mental: um caso da época 101

José Manuel Curado
O problema da consciência em Bombarda 105

Vítor Neto
Miguel Bombarda e Manuel Fernandes Santana um confronto de ideias 117

Luís Augusto Costa Dias
O Louco e o Arlequim. Marginalidade e vanguarda estética na crise final
da I República 125

Vítor Albuquerque Freire
Miguel Bombarda: a função e a forma em arquitectura 135

J. F. Reis de Oliveira
Miguel Bombarda: reorganizador e gestor de Rilhafoles 147

Isabel Amaral
Miguel Bombarda e a escola de investigação de Marck Athias (1897-1910) 155

Maria Helena Neves Roque
A contribuição de Miguel Bombarda para derruir as *Mémoires* de Carl Vogt 163

João-Maria Nabais
Miguel Bombarda e as singularidades da geração de 70 com Antero de Quental 171

Alexandre Manuel Teixeira Guedes da Silva Oliveira
A influência da antroposociologia e criminalística na formação intelectual
de Mendes Correia... 179

José Augusto Mourão e Maria Estela Guedes
Os Monstros no Naturalismo 189

Sérgio Namorado
Pasteur visto por Miguel Bombarda 197

Maria Luísa Villarinho Pereira
Miguel Bombarda e o XV congresso internacional de medicina - Lisboa, 1906 201

Ricardo Gonçalves
Câmara Pestana e a Farmácia Portuguesa 203

Agradecimentos 207

Introdução

O presente livro congrega várias das comunicações e conferências que foram proferidas por ocasião do *1º Congresso Internacional de Cultura Humanística-Científica Portuguesa Contemporânea* realizado em Coimbra, no Auditório da Reitoria em 5 e 6 de Março de 2002, por ocasião dos 150 anos do nascimento deste grande vulto da cultura humanística-científica portuguesa contemporânea. Esta iniciativa foi da responsabilidade do Grupo de História e Sociologia da Ciência do Centro de Estudos Interdisciplinares do Século XX da Universidade de Coimbra – CEIS20 e integrou-se na programação da Semana Cultural da Universidade de Coimbra/2002, organizada pela Pró-Reitoria da Cultura (Reitor, Prof. Doutor Fernando Rebelo e Pró-Reitora para a Cultura, Prof.ª Doutora Maria de Fátima Sousa e Silva).

O Congresso visou: 1º Fazer o ponto da situação sobre Miguel Bombarda cientista, médico psiquiatra, administrador, figura maior da cultura filosófica e política portuguesa da sua época, fortemente marcada pela *Geração de 70*; 2º Fazer o ponto da situação de uma época cuja identidade é caracterizada por singularidades em todas as frentes da cultura humanística-científica, da cultura humanística-literária, da cultura humanística-política e outras, tanto a nível nacional como internacional; 3º Trazer para primeiro plano a inscrição do ideário de Miguel Bombarda no movimento científico e filosófico internacional, especialmente o espanhol, o francês e o alemão.

Para alcançar estes objectivos, o Congresso *Miguel Bombarda (1851-1910) e as singularidades de uma época* reuniu as mais recentes e actualizadas investigações em curso a apresentar por mestrandos e doutorandos. Reuniu também os resultados substanciais alcançados em temas afins directamente relacionados com Miguel Bombarda.

Além de fazer o balanço tão completo quanto possível da vida, da obra e da época de Miguel Bombarda, o Congresso visou, ainda, avaliar o destino das marcas que Miguel Bombarda deixou na assistência psiquiátrica, na administração hospitalar, na política institucionalista da saúde mental, no higienismo e na eugenia, na cultura filosófica, na cultura estética e na cultura política. Tratou-se, portanto, de reunir investigadores conceituados e credenciados cujas conferências trazem novas provas científicas do valor e alcance da obra de Miguel Bombarda. Os resultados científicos do Congresso não fecharam o tema. Antes, pretenderam abrir um campo de reflexão e de investigação tendo no horizonte as grandes comemorações nacionais da implantação da I República a realizar em 2010. O Congresso *Miguel Bombarda (1851-1910) e as singularidades de uma época* coincidiu intencionalmente com os 150 anos do nascimento de Miguel Bombarda, mas não se limitou simplesmente a comemorar, trazendo à memória e tirando do esquecimento um vulto maior da cultura portuguesa contemporânea;

O objectivo final do Congresso *Miguel Bombarda (1851-1910) e as singularidades de uma época* foi mostrar a investigação em curso, relevar as inovações no plano das fontes e dizer à comunidade científica e académica e à opinião pública que todo o investimento científico que se está a fazer ou se fizer na figura de Miguel Bombarda e nas singularidades do seu tempo trará necessariamente vantagens incontornáveis para a renovação da nossa memória colectiva e para a defesa do património cultural-científico português. Como é por todos reconhecido, a defesa do património cultural-científico português é muito importante para a afirmação do país no quadro dos parceiros europeus.

O desfasamento de tempo entre a realização do Congresso e a publicação da presente obra teve também por base deixar aos autores tempo para a redacção de textos inovadores tendo por base a temática das conferências ou das comunicações. Como texto de abertura incluímos um texto de nossa autoria que pretende introduzir o leitor nas vertentes essenciais da vida e obra de Miguel Bombarda.

A publicação desta obra insere-se, actualmente, nos interesses e planos de investigação que agora temos em curso, o projecto de investigação *Público e Privado: História Ecológico Institucional do Corpo (1900-1950). O caso português* (POCTI/HAR/ /49941/ 2002), sendo um contributo para caracterizar a geração que integrou figuras como Júlio de Matos, Miguel Bombarda, Ricardo Jorge, Serras e Silva, Bissaya Barreto e outros. Assim, com a edição da presente obra pretende-se avaliar a contribuição dessa geração e, neste caso, concretamente de Miguel Bombarda, para o progresso da consciência higienista, bem como o modo como se entendeu a relação da ciência com a sociedade e com o saber comum, um dos objectivos do referido projecto de investigação.

Procuraremos honrar a distinção que a Imprensa da Universidade atribuiu ao nosso projecto reconhecendo, desde já, o excelente profissionalismo revelado pela Dr.ª Maria João Padez de Castro sob a superior direcção do Prof. Doutor José de Faria e Costa, a quem rendemos homenagem.

Ana Leonor Pereira

João Rui Pita

Ana Leonor Pereira* João Rui Pita**

*Faculdade de Letras e CEIS20, Universidade de Coimbra, Portugal
**Faculdade de Farmácia e CEIS20, Universidade de Coimbra, Portugal

MIGUEL BOMBARDA (1851-1910): UMA FORÇA DA NATUREZA[1]

Há cento e cinquenta anos nascia no Rio de Janeiro uma força da natureza baptizada com o nome de Miguel Augusto Bombarda. Ainda foi coevo de Machado de Assis, o génio brasileiro de retratou na literatura as relações entre a ciência, a loucura e o poder. Foi contemporâneo de Júlio de Matos com quem travou polémicas, por exemplo, a propósito da questão da loucura penitenciária. Fez o curso de medicina na Escola Médico-Cirúrgica de Lisboa com todos os louvores tendo apresentado em 1877 a tese *Do Delírio das Perseguições*. Fez uma brilhante carreira docente na mesma Escola e contribuiu decisivamente através dos seus dotes de pedagogo-missionário para a formação científica e filosófica de muitas gerações.

Exerceu clínica no Hospital de S. José em Lisboa e foi director do Hospital de Rilhafoles onde organizou cursos livres de psiquiatria. Foi autor de trabalhos marcantes do domínio da fisiologia, da psiquiatria e da sociologia nos quais defende invariavelmente o primado do meio segundo a doutrina de Lamarck e inspirando-se no monismo de Ernst Hæckel.

Uma obra transdisciplinar

Da sua vasta obra recordamos *A vaccina da raiva* (1887), *Microcephalia* (1892), *Pasteur* (1895), *O delírio do ciúme* (1896), *A consciencia e o livre arbitrio* (1898, 2ª ed. 1902), *Congresso contra a tuberculose* (1901), *Os neurones e a vida psychica* (1897), *A pellagra em Portugal* (1897), *La folie penitentiaire* (1898), *A sciencia e o jesuitismo* (1900), *La lutte contre la tuberculose au Portugal* (1901), *A bancarrota da psychiatria* (1905), *Raças e meios* (1905). A sua obra de militância cientista (materialista monista), obra de combate à visão teológica do mundo e à metafísica vitalista marcaram fortemente a cultura portuguesa até aos dias de hoje. Lutou como um apóstolo contra a eugenia radical e contra todas as formas de selecção social e rácica.

---

[1] Adaptação de um artigo com o mesmo título publicado em *In Vivo*, 2 (5) 2001.

Contra Lombroso

Denunciou a fragilidade científica da teoria de Lombroso e particularmente da noção de degenerescência, invocando muitas incógnitas acerca da hereditariedade humana. Sempre confiou na flexibilidade do capital hereditário e no primado do meio, valorizando todos os factores ambientais desde o clima à educação aos factores mesológicos intra-orgânicos físico-químicos, seguindo de perto o neo-lamarckismo de Félix Le Dantec, mas recusando o elitismo social do biólogo francês.

Curar a sociedade inteira

Miguel Bombarda foi o grande responsável pela visibilidade pública, social e política do médico e do seu saber científico. Atente-se no que escreve em *A Biologia na Vida Social* (1900): «Já é grande o papel do médico na sua faina de aliviar o sofrimento, de combater a doença. Mas, como ele se não amplifica grandiosamente quando o enfermo é a sociedade inteira e a enfermidade é o erro a extirpar, as ilusões a desfazer, a superstição a esmagar...».

Além de Presidente da Sociedade das Ciências Médicas de Lisboa e de Presidente da Sociedade Portuguesa de Ciências Naturais integrou o Conselho Superior de Higiene, o Conselho de Medicina Legal e muitas outras sociedades científicas portuguesas e estrangeiras. Um momento ímpar da medicina portuguesa ocorreu em Lisboa, em 1906 com o xv Congresso Internacional de Medicina organizado por Miguel Bombarda. No quadro da Liga Nacional Contra a Tuberculose, Miguel Bombarda revelou-se também um combatente apaixonado e indomável com as suas aptidões excepcionais para cumprir o ideal da medicina social. Mas os casos clínicos singulares também o seduziam como, por exemplo, o caso do homem-macaco (*lycanthropia hysterica*) que magistralmente estampou nas páginas de *A Medicina Contemporanea*. Também se empenhou na fundação da Escola de Medicina Tropical. A sua personalidade fulgurante e a sua vontade de ferro seduziram muitos dos seus contemporâneos entre os quais muitos colegas que o biografaram como, por exemplo, António de Pádua, Silva Amado, Caetano Beirão, Mark Athias, Pinto de Magalhães, Augusto de Vasconcelos, Sobral Cid, e mais tarde Barahona Fernandes, Seabra Dinis e tantos mais.

Republicano socialista

Miguel Bombarda foi um militante republicano tardio de tendências socialistas. Era a «antítese» do seu colega e correligionário republicano de primeira hora que foi Júlio de Matos. Este médico-psiquiatra do Porto protagonizava a tendência ultraliberal e seleccionista do republicanismo português. Miguel Bombarda defendia a legislação do trabalho, a socialização do solo, o imposto progressivo e também a separação da Igreja do Estado, o instituto do divórcio e todo um conjunto de medidas legislativas no âmbito da higiene social. Para Miguel Bombarda a questão social não era uma questão moral ou antropológica, era uma questão de *meio social* e por isso o seu optimismo republicano era de tipo socialista.

A «bancarrota da psiquiatria»

Finalmente foi paradigmática a sua consciência do estado da ciência psiquiátrica do seu tempo. Em vários artigos plasmou a cumplicidade da psiquiatria do século xix com a moral burguesa hegemónica.

Este excepcional vulto da cultura, da ciência, da medicina, da política portuguesas conheceu uma morte trágica imposta por um louco na véspera do triunfo da revolução republicana. O final vitorioso da República ficou a dever muito à militância de Miguel Bombarda entre 1908 e 1910.

Juan Riera
Faculdade de Medicina, Universidade de Valladolid, Espanha

CAJAL Y LA INSTITUCIONALIZACION DE LA
CIÊNCIA EN ESPAÑA (1854-1934)

A Ciência na Espanha sofreu um acentuado afundamento com as guerras napoleónicas (1808-1812), do que só a partir da segunda metade da centúria iniciará uma clara recuperação. Por volta de 1880 pode situar-se a renovação científica na Espanha e a introdução do positivismo e o método experimental. A partir deste momento a Espanha rompeu o isolamento, ao iniciar uma definitiva europeização em contacto com a ciência estrangeira. A institucionalização da ciência, e a presença de profissionais consagrados exclusivamente à investigação tem lugar no primeiro terço do século XX. O triunfo do positivismo na Espanha e da ciência experimental pertence ao conjunto de homens de ciência, chamada *geração de sábios (generación de sabios)*, nascidos ao redor de 1850, em que um dos representantes é Santiago Ramón y Cajal (1852-1930). Um novo clima político, social e de maior estabilidade económica no período da Restauração (1874-1931), permitiu um considerável progresso do saber e da Ciência em Espanha. A geração nascida ao redor de 1850, cuja actividade científica começa por volta de 1880, acha-se integrada por ilustres personagens, a quem se deve a criação de instituições modernas em prol da ciência. A geração positivista, com Cajal à cabeça, conta com homens de ciência de primeira magnitude, como Ramón Turro y Darder, Federico Olóriz y Aguilera, Eduardo Torroja y Caballé, Zoel García Galdeano, e outros como Ventura Reyes Prósper. Um conjunto de cientistas unidos por um denominador comum, o espírito positivista e experimental; de todos, o vulto mais universal foi Santiago Ramón y Cajal.

A seguinte geração de cientistas, nascidos à volta de 1880, levaram a cabo a consolidação das instituições, promovendo o cultivo da ciência espanhola a níveis invejáveis. Ao esforço isolado de grandes personalidades, seguiu-se a consolidação de instituições e escolas científicas na Espanha durante todo o primeiro terço do século XX. Entre as instituições espanholas consagradas à investigação científica, a de maior importância e profundidade foi a «Junta para la Ampliación de Estudios» (*Junta para a Ampliação de Estudos*) em Madrid, e em Barcelona o «Instituto de Estudios Catalanes» (*Instituto de Estudos Catalães*), com a sua filial, a «Sociedad Catalana de Biología» (*Sociedade Catalã de Biologia*), e o «Instituto de Fisiología», centro misto «Diputación de Barcelona» e Universidade. Outra instituição madrilena prestigiosa foi a «Residencia de Estudiantes» (*Residência de Estudantes*) que, nascida em 1910, sobreviveu até 1936.

A «Junta de Ampliación de Estudios» tem sido o centro de maior importância no cultivo da ciência em Espanha durante todo o século XX, criado por meio de R.D. de 11 de janeiro de 1907. Sob o impulso da «Junta» promoveu-se a criação de laboratórios e a saída ao estrangeiro de bolseiros espanhóis. Neste sentido há que lembrar o Laboratório de Física e Química que, dirigido por Blas Cabrera Felipe, mais tarde converteu-se em Instituto Nacional de Física e Química. O Laboratório de Fisiologia, na «Residencia de Estudiantes», foi dirigido por Juan Negrín López, ali trabalharam biólogos tão prestigiosos como Francisco Grande Covián e Severo Ochoa de Albornoz. Além disso, Julio Rey Pastor dirigiu o Laboratório de Matemáticas; entretanto o «Instituto Cajal» com os seus laboratórios serviu na actividade científica de histologistas espanhóis; neste trabalharam Nicolás Achúcarro e Pío del Río-Hortega entre muitos outros cientistas pertencentes à escola histológica espanhola fundada por Santiago Ramón y Cajal. O Museu de Ciências Naturais foi dirigido por Ignacio Bolívar, criador da Entomologia. Por ultimo, o Instituto de Automática foi dirigido pelo engenheiro Leonardo Torres Quevedo.

A reforma da educação na Espanha da Restauração, teve o seu ponto de inflexão com a «Institución Libre de Enseñanza» (*Instituição Livre para o Ensino*), com acentuada incidência na posterior criação da famosa «Junta para la Ampliación de Estudios e Investigaciones Científicas» (*Junta para a Ampliação de Estudos e Investigações Científicas*). A «Institución Libre de Enseñanza», de carácter liberal e progressista, nascida à margem da caduca Universidade, teve uma enorme influência na vida espanhola até bem avançado o século XX. A renovação ideológica da «Institución Libre de Enseñanza», será pioneira na Espanha, o seu espírito foi recolhido pela «Junta», antes citada, e a «Residencia de Estudiantes», as quais rivalizaram com sucesso no panorama cultural e científico europeu do primeiro terço do século XX. Ambas as instituições, a *Junta* e a *Residencia*, nascidas sob a tutela oficial, estavam inspiradas no modelo residencial inglês. Embora fossem criadas como organismos oficiais, gozaram de ampla autonomia, sem impedimentos administrativos, a fim de evitar intromissões políticas e sectarismos de escola. O espírito destas instituições, e a valia dos seus membros, levou a ciência espanhola a um prestígio ainda não superado. Neste sentido, a chegada da guerra civil de 1936-1939, supôs a maior quebra na história da ciência espanhola do mundo moderno, comparável apenas ao desluzido panorama da cultura espanhola após as guerras napoleónicas.

A criação da «Junta» foi com certeza, a consolidação do esforço colectivo e o espírito que desde 1880 havia prendido entre os grupos científicos espanhóis. Na verdade foi um organismo intermédio, criado a instâncias oficiais, mas passando da centralização à emancipação da Universidade, podendo-se considerar como uma instituição social autónoma. Constituída a J.A.E. («Junta para la Ampliación de Estudios») a 15 de janeiro de 1907, entre os seus vogais figuravam as grandes personalidades da citada «geração de sábios», nascidos ao redor de 1850, entre os que, além de Cajal e os antes citados, encontravam-se outros como José Echegaray, Marcelino Menéndez Pelayo, Joaquín Soralla, Alejandro San Martín y Satrústegui, Julián Caleja y Sánchez, Eduardo Vicenti, Gumersindo Azcárate, Luis Simarro, Ignacio Bolívar, Ramón Menéndez Pidal, José Casares Gil, Adolfo Álvarez Buylla, José Rodríguez Carracido, Julián Ribera y Torragó, Leonardo Torres Quevedo, José Marvá, José Fernández Jiménez, assim como Victoriano Fernández Ascarza. Em resumo, na JAE coincidiram duas gerações de sábios, os nascidos ao redor de 1850, e a seguinte geração de 1880. Entre ambas as gerações existia uma clara diferença, os primeiros foram personalidades isoladas que trabalharam quase isoladamente, em troca a geração de 1880 contou com o suporte institucional da JAE quando iniciavam a sua formação científica, dispondo de meios, recursos e actuando como grupo colectivo. Na verdade a comunidade de cientistas espanhóis alcançou solidez e projecção internacional a partir dos primeiros lustros do século XX, salvo o caso genial de Santiago Ramón y Cajal.

A obra de Santiago Ramón y Cajal e o seu influxo

A obra de Ramón y Cajal ultrapassa a investigação histológica, ao converter-se numa figura representativa duma geração de sábios. O influxo das suas contribuições, incidiram não apenas nas ciências neurológicas do século XX, mas também foi um factor decisivo na Espanha que se materializou num processo *regeneracionista*, e nalguma medida o seu prestígio favoreceu o processo de institucionalização da ciência na Espanha.

Havia nascido em Petilla de Aragón (Navarra) no primeiro de Maio de 1852, vivendo até 1934, ano em que morre em Madrid. Graduado em Medicina em 1873 pela Universidade de Zaragoza (Saragoça), obteve a cátedra de Anatomia de Valência em 1883, e quatro anos mais tarde muda-se para Barcelona, em 1887, em cuja Universidade como catedrático de Histologia e Anatomia Patológica iniciou uma série de trabalhos decisivos na formulação da teoria do neurónio. Desde 1892, até a sua jubilação em 1922, trabalhou na cátedra na Universidade de Madrid. A sua passagem por Valência permitiu-lhe conhecer o método de impregnação cromo-argêntica, de Luis Simarro, graças ao qual pôde realizar as suas descobertas. Cajal introduz melhorias, com o método chamado *de dupla impregnação*, que o levaria a descobrir a estrutura neurónica do sistema nervoso, em 1888. Este, refere o próprio Cajal, foi o *ano cume,* ou como referia Cajal *o meu ano de fortuna,* data que marca uma nova etapa histórica nas Ciências neurológicas.

Partindo da doutrina do neurónio, confirmava Ramón y Cajal a estrutura do sistema nervoso, demonstrando que os corpos celulares, baptizados por Waldeyer com o termo *neurónio*, eram unidades anatómicas e funcionais independentes, cuja comunicação se estabelecia por contiguidade, e não por continuidade como sustinham as hipóteses «reticularistas». O sistema nervoso não era um todo contínuo, senão um conjunto de neurónios que se relacionam entre eles por meio das conexões chamadas sinapses. Considerava Ramón y Cajal que esta descoberta permitia dar resposta a numerosos problemas fisiológicos e psicológicos. As consequências desta descoberta para as teorias sobre as funções do sistema nervoso tinham sido profundas e duradouras. A doutrina do neurónio formulada por Santiago Ramón y Cajal é a base de toda a ciência neurológica do século XX. O prestígio do nosso histologista transcendeu o âmbito espanhol, projectando as suas descobertas para toda a comunidade científica internacional. Assim em 1894 foi convidado para pronunciar a «Croonian Lecturer» na Royal Society de Londres, e em 1899 era nomeado professor extraordinário na Clark University, Worcester (Massachusetts). Ramón y Cajal foi eleito membro estrangeiro da Royal Society em 1909, após ter sido galardoado com o Premio Nobel de Medicina e Fisiologia em 1906 em companhia de Camilo Golgi.

Entre os melhores trabalhos de Ramón y Cajal encontram-se os densos volumes, aparecidos entre 1897 e 1904, da obra ainda não superada, a *Textura del sistema nervioso del hombre y los vertebrados* (*Textura do sistema nervoso do homem e os vertebrados*), na que reúne o labor de quinze anos de trabalho, e que sem dúvida é uma obra clássica da ciência médica. Esta volumosa obra contém o fundamento citológico e histológico da moderna neurologia. As estruturas valorizam-se não só por si próprias, mas também com planeamentos funcionais. A definitiva confirmação da doutrina do neurónio, face a novas hipóteses reticularistas, formulou-a Ramón y Cajal nos seus *Estudios sobre la degeneración y regeneración del sistema nervioso* (*Estudos sobre a degeneração e regeneração do sistema nervoso*) (1913-1914), a contribuição mais completa que sobre o tema se tivesse feito em todo o século xx. A definitiva formulação da «doutrina do neurónio» redigiu-a Cajal ao incorporar este capítulo ao *Hanbuch der Neurologie,* de Bumke y Foerster.

A escola de Cajal

O esforço de Ramón y Cajal materializou-se numa geração de prestigiosos histopatologistas espanhóis, a chamada *escola de Cajal,* entre os que figuram Nicolás Achúcarro e Pío del Río-Hortega. Estes três científicos elevaram o prestígio da ciência espanhola ao primeiro plano universal. Deve-se a Río-Hortega o ter completado os estudos de Cajal e Achúcarro. Num primeiro momento Pío del Río-Hortega (1882--1945) estudou entre 1914 e 1916 vários campos histológicos, incluindo a estrutura do ovário, e a textura fina das células cancerosas do sistema nervoso. A partir de 1916 iniciou uma fecunda etapa especificamente sobre corpos celulares descritos por Cajal, e por Achúcarro, chamadas «células sem prolongações» ou «terceiro elemento» segundo afirmava Ramón y Cajal, contudo a natureza, estrutura e função destas células eram um capítulo obscuro.

A partir dos métodos e estudos de Nicolás Achúcarro, com quem trabalhou Río--Hortega, desde 1918 desenvolveu a técnica do carbonato de prata, podendo esclarecer a natureza de tais elemento celulares. Os estudos de Río-Hortega, entre 1918 e 1928, acabaram por esclarecer a realidade do chamado «terceiro elemento.» Río-Hortega demonstrou que estava integrado por tipos celulares diferentes; a *microglia,* pequenas células de origem mesodérmica com prolongamentos espinhosos, células disseminadas por todo o sistema nervoso central; e doutra parte outros elementos, a glia interfascicular, a *oligodendroglia,* células de origem ectodérmica que seguiam e rodeavam as fibras nervosas. A demonstração de Río-Hortega de que estas células, contrariamente às idéias de Cajal não careciam de prolongamentos, suscitou uma controvérsia e um afastamento entre o mestre e o discípulo. A segunda etapa de Río-Hortega desenvolveu-se no «Instituto Nacional del Cáncer» (*Instituto Nacional do Cancro*) em Madrid, como chefe de investigação, entre 1928 e 1936. Durante todos estes anos contribuiu, com estudos de citologia básicos, na classificação dos gliomas, e outros tumores do sistema nervoso central. A guerra civil levá-lo-ia a Paris e Londres, para mais tarde morar em Buenos Aires até a sua morte em 1945.

O magistério de Ramón y Cajal, e o seu imenso legado, esteve na base da sua designação para presidir à «Junta para la Ampliación de Estudios» (JAE), até à sua morte em 1934. Discípulos do mestre na Cátedra da Universidade de Madrid, foram, entre outros, Jorge Francisco Tello Muñoz (1880-1958) e Fernando de Castro (1896--1967), os que, com uma bolsa de estudos da JAE, viajaram à Alemanha e à Grã-Bretanha respectivamente. Aos citados deve-se acrescentar também Rafael Lorente de No (1902-1990).

Cajal e a «Junta para la Ampliación de Estudios»

Não foi por acaso que Ramón y Cajal recém galardoado com o Prémio Nobel (1906) na plenitude da sua obra científica, fosse nomeado presidente da Junta, a máxima instituição do cultivo da ciência na Espanha. Ao começar o século XX, o esforço das gerações anteriores, acabou manifestando-se na Junta como organismo autónomo com projecção internacional. Esta instituição integra-se na corrente, que na Europa e na América, tinha principiado no século XX, um forte movimento de apoio à ciência de cada país, que pugnava por institucionalizar a investigação em organismos novos, à margem das Universidades.

A Junta teve as suas raízes no movimento pedagógico iniciado pela «Intitución Libre de Enseñanza», criada em 1876. Esta era uma instituição de orientação privada, surgida em função da deterioração da Universidade espanhola do século XIX. Fundada por professores afastados da Universidade, por razões ideológicas, surgiu como um espírito liberal e democrático, de clara tendência reformista e «regeneracionista». Entre os seus objectivos, a «Institución Libre de Enseñanza», encontrava-se a liberdade da ciência, a secularização da sociedade e a comunicação e abertura da Espanha para a Europa. Neste sentido o seu sistema pedagógico e a ideologia que professava, tiveram uma enorme repercussão na história da Espanha até ao advento da guerra civil de 1936. Duas instituições científicas espanholas devem em boa medida parte do seu ideário à «Institución Libre de Enseñanza», em primeiro lugar, e a já citada «Junta para la Ampliación de Estudios e Investigaciones Científicas», e em segundo lugar a «Residencia de Estudiantes».

A JAE («Junta para la Ampliación de Estudios»), criou-se em 1907 sendo «Ministro de Instrucción Pública», D. Amalio Gimeno. A JAE foi um «Colégio de Sábios», encabeçado por Ramón y Cajal. O percurso da Junta durante o primeiro terço do século XX foi extraordinariamente fecundo, graças à concessão de bolsas de estudo, e a criação de institutos, laboratórios e seminários consagrados à investigação. Este ano de 1907 foi decisivo, representa o triunfo do espírito «regeneracionista» na Espanha, após o penoso afundamento da vida científica na primeira metade do século XIX. Esta data, 1907, era o ponto de partida duma instituição com funda repercussão social, ano da fundação da «Asociación Española para el Progreso de las Ciencias» (*Associação Espanhola para o Progresso das Ciências*), muitos de cujos membros pertenceram à JAE, ainda que com maior acento divulgador.

O projecto da «Junta para la Ampliación de Estudios» pretendia formar e nutrir a investigação científica, para o qual aspirou a criar pessoal investigador e docente, entre os profissionais espanhóis. Sob a presidência de Ramón y Cajal, entre 1907 e 1934, mais dum quarto de século, todas as áreas de conhecimento humano, experimentais e humanidades, quinze no seu organigrama, tiveram representação nos órgãos reitores da Junta. O labor desta instituição compreendeu ainda acções concertadas em três grandes campos. A política científica de «pensionados y estudios» («pensionários e estudos») foi uma via de enorme fecundidade. Graças a este feliz projecto os jovens investigadores espanhóis, desde os primeiros anos do século xx, puderam, num elevado número, sair para a Europa e completar a sua formação em grandes centros de ciência europeus. Além disso a Junta potenciou e promoveu a presença espanhola em congressos, reuniões internacionais, missões científicas e supostamente intensificou o contacto com a comunidade científica européia e americana. A esta política de internacionalização, acrescentavam-se os projectos financiados na Espanha, estes trabalhos realizados no nosso país, foram financiados e promovidos pela JAE. Esta política científica compreendia, não apenas a concessão de ajudas, mas também uma ampla tarefa de publicações, divulgação e difusão do saber.

No campo das humanidades, a Junta criou em 1910 o «Centro de Estudios Históricos» (*Centro de Estudos Históricos*), a fim de promover a investigação do passado espanhol em todos os âmbitos da cultura. O labor realizado apresenta um balanço enormemente positivo. As relações da Junta estabeleceram-se principalmente com a «Escuela Española de Roma para la Historia y la Arqueología» (*Escola Espanhola de Roma para a História e a Arqueologia*). O «Centro de Estudios Históricos» da JAE dispôs duma equipa de eminentes individualidades, que dirigiam, desde 1910, dez secções. A sua relação é a seguinte: Eduardo de Hinojosa (Instituições Sociais e Políticas castelhano-leonesas), Manuel Gómez Moreno (Arte Medieval Espanhola), Ramón Menéndez Pidal (Origens da Língua Espanhola), Rafael Altamira (Metodologia da História), Miguel Asín Palacios (Fontes da Filosofia Árabe Espanhola), e Julián Ribera (Instituições Sociais da Espanha Muçulmana).

Amplo e fecunda foi o labor da JAE no campo das ciências puras e aplicadas, incluindo ainda alguma disciplina da Tecnologia como a Automática. Criaram-se institutos, laboratórios e museus com um mesmo propósito, com o alvo de suscitar a investigação no campo das Ciências da Natureza. É preciso sinalar a data de 1910, na que também se criou o «Instituto Nacional de Ciencias Físico-Naturales», onde se acolheram organismos já existentes. Neste Instituto, antes citado, passou a integrar-se o prestigioso «Laboratorio de Investigaciones Biológicas» (*Laboratório de Investigações Biológicas*), ao amparo do que se formou a escola de Cajal; além do mais passaram a integrar-se o «Museo de Ciencias Naturales», incluindo as «Estaciones de Biología Marina» (*Estações de Biologia Marinha*) de Santander e Baleares, o Jardim Botânico de Madrid e o Museu de Antropologia. Nestes centros desenvolveu-se alta investigação em ciências geológicas, zoologia e botânica; à frente destas instituições estiveram Eduardo Hernández Pacheco, Blas Lázaro Ibiza e Ignacio Bolívar. Este último, Bolívar, contribuiu com colaborações valiosíssimas para a criação da Entomologia, dirigiu o Museu de Ciências Naturais, e criou uma prestigiosa escola. Entre outros contributos, deve-se-lhe a introdução no nosso país das doutrinas da herança mendelo-moganiana. Aliás, destacou também o seu discípulo, o geneticista José Fernández Godínez.

Entre as instituições de recente criação em 1910, deve citar-se a Estação Alpina de Biologia, situada na Serra de Guadarrama (Madrid). As ciências positivas contaram também com um Laboratório de Investigações Físicas, que dirigiu Blas Cabrera, no qual colaboraram Júlio Palacios e Miguel Catalán. Ultrapassados os primeiros lustros do século xx, aumentou o número de centros de investigação, vinculados aos anteriores, ao «Instituto Nacional de Ciencias Físico-Naturales», como foram o Laboratório e Seminário de Matemáticas que dirigiu Julio Rey Pastor. No Laboratório de Fisiologia trabalhou Juan Negrín, entanto no Laboratório de Histopatologia do Sistema Nervoso esteve Nicolás Achúcarro y Lund como director, e à sua morte, em 1918, sucedeu-lhe Pío del Río-Hortega.

A actividade da JAE contou ainda com a colaboração doutras instituições estatais, neste sentido a tecnologia contou com o Laboratório de Automática sob a direcção do engenheiro Leonardo Torres Quevedo. Esta rede de organismos e instituições e a sua pujante actividade ficou debilitada com a guerra de 1936-39, e o subsequente exílio interior e exterior de muitos destes homens de ciência.

Entre as facetas mais renovadoras daJAE deve incluir-se a promoção de instituições de carácter docente. Assim nasceu sob a tutela da JAE a «Residencia de Estudiantes», em 1910, situada na rua Fortuny de Madrid. A direcção da «Residencia» nas mãos de Alberto Jiménez Fraud, procurou em todo o momento tornar realidade a formação integral, humanista e científica, da selecta minoria intelectual de residentes. Por meio da «Residencia» estabeleceu-se um intenso fluxo e relação com a cultura européia do primeiro terço do século XX. A numerosa demanda de solicitudes para a «Residencia de Estudiantes», motivou a sua ampliação em 1913. Para participar em cursos e conferências passaram pela «Residencia» eminentes vultos da ciência e da cultura européia do século XX, até a sua quebra com a guerra de 1936-1939. A «Junta» e a «Residencia» foram instituições situadas em Madrid à margem das quais surgiram outros organismos na Espanha periférica, umas dependentes da JAE, outras pelo contrário, surgidas sob a protecção das nacionalidades, como foram na Catalunha e no País Basco. Em ambos os casos, e apesar das relações cordiais com a JAE não faltaram críticas ao excessivo centralismo madrileno da JAE e a «Residencia».

A JAE também manteve relações com instituições estrangeiras, e noutras colaborou com centros espanhóis no estrangeiro. O processo de desenvolvimento interno foi acompanhado duma relação com centros europeus e americanos. Em boa medida o processo de institucionalização da ciência na Espanha foi paralelo ao da sua internacionalização. Neste sentido foi constante a presença e a relação com a América Hispana. Em Buenos Aires, a «Institución Cultural Española» (*Instituição Cultural Espanhola*) (1914) foi centro de reunião e criação científica. Além disso, em Nova Iorque, instalou-se uma dependência em contacto com o Instituto de Espanha. A JAE promoveu ainda missões científicas, como a «Misión Biológica de Galicia» (*Missão Biológica da Galiza*) de 1921 ou as «Misiones de Estudio» (*Missões de Estudo*) em 1927 acerca da historia natural e o folclore. Intensa foi também a relação da JAE e dos seus pensionários, com a Fundação Rockefeller, que promoveu missões e investigações sanitárias contra o paludismo e a anquilostomíase.

As instituições catalãs

A situação social, política e cultural da classe ascendente burguesa na Catalunha, favoreceu a institucionalização da Ciência, em sentido diferente do centralismo da JAE e a «Residencia». No âmbito catalão, e com claro acento nacionalista, deve considerar-se a criação do *Institut d'Estudis Catalans* (Instituto de Estudos Catalães). Era fruto da iniciativa dum grupo de estudiosos catalães, entre os que figuravam Antonio Rubió i Lluc, Pere Coromines, Jaume Massó i Torrents, Josep Pi Joan, e Guillem M. De Brocá.

Esta instituição contou com o suporte da burguesia catalã, especialmente do Presidente do Governo da «Mancomunidad» (agrupação de municípios e províncias) de Catalunha, Enric Prat de la Riba. O Instituto de Estudos Catalães principiava os seus trabalhos em 1907. Embora fosse uns anos mais tarde, em 1911, quando se constituiu de modo pleno. As primeiras secções estiveram dedicadas às Humanidades, mas em pouco tempo se incorporaram as ciências experimentais. Às secções iniciais de História e Arqueologia, somaram-se as ciências positivas, e outras disciplinas humanísticas. Em conjunto incluíam-se as seguintes: filologia, ciências naturais, ciências exactas, ciêcias físico-químicas, ciências filosóficas e ciências morais e políticas. O espírito «regeracionista» e o propósito de alentar uma cultura científica e humanística em catalão subjazia ao extraordinário esforço cívico da criação e entrada em funcionamento do Instituto de Estudos Catalães.

Entre os êxitos mais brilhantes destacam-se as ciências biomédicas, cuja escola alcançou projecção internacional. Além do labor de difusão do saber, graças às publicações e revistas científicas, criaram-se laboratórios, seminários dos quais surgiram vigorosos grupos de trabalho. Aliás na Catalunha criaram-se outros centros, como o Observatório Astronómico do Ebro (Tortosa), o Observatório Fabra (Barcelona) e o Instituto Químico de Sarriá (Barcelona).

O Instituto de Fisiologia

Este centro experimental, com função docente e de investigação, foi o resultado da colaboração da Universidade de Barcelona com a «Mancomunidad», órgão administrativo que contribuiu em parte para o seu financiamento. A criação do Instituto, com Augusto Pi y Súñer a director e Jesús Mª Bellido a subdirector, foi a consolidação duma decisiva gestão do Presidente da «Mancomunidad», Josep Puig i Cadafalch, quem em 1920 converteu o grupo de estudiosos, a cuja cabeça figuravam Pi Súñer e Bellido à categoria de Instituto de Fisiologia. Inaugurado o 11 de abril de 1921, deve ser considerado como centro modelo no panorama das Ciências Biomédicas do âmbito peninsular no século xx.

A feliz conjunção Universidade-«Mancomunidad», potenciou os meios humanos e instrumentais, dando um auge inusitado à Escola Catalá de Fisiologia. Desde 1923 assistimos a um clima mais intenso ainda, com o mundo científico europeu e hispano--americano. Desde a data sinalada é constante a presença de fisiólogos barceloneses na América Hispana, em Europa e na América do Norte. Augusto Pi i Súñer por exemplo viajou em diversas ocasiões, entre 1923 e 1930, à América Hispana, ditando lições em Buenos Aires, Córdoba (Argentina) e Montevidéu. Durante estes anos intensificam-se as boas relações, que em 1919 mantinha a Escola de Barcelona com a de Buenos Aires, que dirigia Houssay. Na década dos anos 20 Leandro Cervera, discípulo de Turró e companheiro de Pi y Súñer, trabalha em Buenos Aires ao lado de Houssay, e Rosendo Carrasco y Formiguera colabora nesta cidade da Prata com Ashre. Outros viajarão à América do Norte como Manuel Dalmau ou Fancisco Durán y Reynals, mas de facto a presença catalã na América Hispana tinha uma maior relevância e continuidade.

Organizado em seis áreas (1. Bioquímica, 2. Farmocodinamia, 3. Histofisiologia, 4. Electrofisiologia, 5. Metabolimetria, 6. Físico-química), o Instituto alcançou prestígio mundial; o bom expoente da sua actividade pode ser traduzido no facto da Universidade de Toronto encarregar Augusto Pi y Súñer e a sua escola do controle de toda a insulina produzida na Espanha, ou do Comitê de Higiene da Sociedade de Nações lhe encomendar a preparação um padrão internacional da digital. Por Barcelona passaram, além dos prémios Nobel Severo Ochoa e Houssay, dois mais, Meyerhoff e Hill.

A Sociedade Catalá de Biologia

A influência da Fisiologia catalá na América Hispana foi possível graças ao alto nível científico alcançado pela escola de Barcelona, de que a «Societat Catalana de Biología» foi um elo importante. Nasceu em 1912, como filial do «Institut d'Estudis Catalans», convertendo-se imediatamente em centro de reunião dos fisiólogos e biólogos catalães do Laboratório Municipal de Microbiologia, e do Instituto de Fisiologia, que era o fruto da colaboração «Mancomunidad»-Universidade. Nos volumes da ilustre sociedade, os *Treballs de la Societat de Biologia* (*Traballos da Sociedade de Biologia*), colaboraram figuras tão representativas como Ramón Turró y Darder, Jesús Mª Bellido y Golferichs, Jaime Pi y Súñer, Pedro González, Leandro Cervera, e outros vultos de primeiro plano. Entre este grupo é preciso citar o eminente biólogo Francisco Durán y Reynals e Manuel Dalmau, cujo prestígio científico teve projecção internacional. Esta Escola catalá, apesar do seu ideário político nacionalista, não ficou isolada, ao contrário manteve desde o primeiro momento um constante intercâmbio científico com o resto dos biólogos e cientistas espanhóis, com a Fisiologia européia, e com o novo mundo, tanto a América Hispana como a América do Norte. A Barcelona chegaram também numerosas figuras da medicina espanhola colaborando com tarefas docentes e de investigação, desde Juan Negrín e Gregorio Marañón, até Pío del Río-Hortega, Jiménez Díaz, Francisco Tello, Leonardo Rodrigo Lavín, Luis Simarro ou o próprio Santiago Ramón y Cajal. Esta abertura completava-se com a presença de hispano-americanos em Barcelona, como o futuro Prémio Nobel Alberto Bernardo Houssay, amigo pessoal de Augusto Pi y Súñer, ou a de outros científicos europeus e norte-americanos: E. Gley, Calmatte, o Prémio Nobel Meyerhoff, Cannon, etc. Deste modo, a Sociedade Catalá de Biologia realizou um labor de intercâmbio e difusão científica excepcional, e no seu interior erigiu-se, por cima de personalismos, o supremo magistério por todos reconhecido de Augusto Pi y Súñer.

As instituições bascas

No âmbito cultural e politico, *Euskadi* (País Basco), contou com personalidade própria a «Sociedad de Estudios Vascos» (*Sociedade de Estudos Bascos*), surgida após o Congresso de Oñate em 1918. Esta instituição vinha preencher o espantoso vazio da ausência de Universidade Basca durante o primeiro terço do século xx, lacuna irreparável para o desenvolvimento cultural do País Basco. Além disso o nacionalismo era outro factor determinante na orientação da instituição antes citada. Esta surgiu, como na Catalunha, à margem das instituições estatais, afastada do centralismo da JAE e fruto do esforço cívico basco, consciente do interesse que este labor poderia cumprir dentro da cultura e sociedade de *Euskadi*. Foi a «Diputación Foral de Guipúzcoa» (circunscrição administrativa específica das províncias bascas) a que patrocinou a «Sociedad de Estudios Vascos», sendo Julián Elorza desde a sua fundação, em 1918, o seu presidente e alma da sociedade. A instituição, como acontecera com o Instituto de Estudios Catalães, preocupou-se das Humanidades e Ciências Positivas, ao entender que cultura e ciência eram inseparáveis. A resposta social e política de Catalunha e *Euskadi* à institucionalização da ciência, em boa medida respondiam ao ideário da *Kulturkampf*, presente na Europa no primeiro terço do século XX, expressão do interesse e poder que Ciência e Cultura podem ter para uma sociedade determinada, aspecto que nalguma medida inspirava os projectos da JAE madrilena.

A «Sociedad de Estudios Vascos», nas suas secções, chegara a ocupar-se de numerosas disciplinas da cultura e da ciência, sobretudo em conexão com os problemas do País Basco. Contou com delegações, com permanente comunicação, em Madrid e em Barcelona, mesmo no México onde a presença basca era importante. Interessaram-se pela fauna e a flora, a arqueologia e a pré-história, a economia, agricultura e pesca, a história e a arte, a estatística, a sanidade, o direito e a administração. O labor no campo das Humanidades possibilitou no 1927 a criação da «Biblioteca Vasca». Além do mais, por conselho de Julio Rey Pastor, criou-se em 1932 o Centro de Estudios Científicos de San Sebastián, com o propósito de promover o estudo das ciências exactas.

•

Resumo – A ciência espanhola, após o afundamento da primeira metade do século XIX devido às guerras napoleónicas, principiou uma clara recuperação em finais da centúria graças ao melhor clima social e político. Deve-se à chamada «geração de sábios», encabeçada por Ramón y Cajal (1852-1934), a incorporação do nosso país nas correntes do positivismo experimental. A geração de homens de ciência à qual pertence Ramón y Cajal iniciava o seu labor por volta de 1880, renovando os métodos de investigação e estabelecendo as bases da institucionalização da ciência em Espanha.

Este processo de afirmação culminou, de forma brilhante, no primeiro terço do século XX. Nesta etapa da vida científica espanhola formaram-se as grandes instituições. Em primeiro lugar, a Junta para la Ampliación de Estudios, criada em 1907, e herdeira do espírito da antiga Institución Libre de Enseñanza (1874). Além da «Junta», outras instituições como a Residencia de Estudiantes (Madrid), levaram a cabo a internacionalização da ciência espanhola e a sua incorporação no pensamento científico universal. De forma paralela, o Instituto de Estudios Catalane, em Barcelona, e a Sociedad de Estudios Vascos, em San Sebastián, testemunham os progressos realizados.

Neste brilhante panorama destaca-se a figura mais universal que é Santiago Ramón y Cajal, pelas suas descobertas e pela criação duma brilhante escola espanhola de histologia.

Abstract – After the crisis of the first half of the nineteenth century, which was due to Napoleonic wars, Spanish science clearly began to recover owing to a better social and political atmosphere by the end of the century. The so-called 'generation of sages', headed by Ramón y Cajal (1852-1934) was responsible for the incorporation of movements of experimental positivism in our country. Ramón y Cajal belonged to a generation of scientists that began their activity in the beginning of the nineteenth century, renewing research methods and establishing the basis for the institutionalisation of science in Spain.

This process of affirmation of science brilliantly culminated in the first third of the twentieth century. During this stage of Spanish scientific life, the great institutions were formed. In the first place, Junta para la Ampliación de Estudios was created in 1907 and inherited the spirit of the old Institución Libre de Enseñanza (1874). Along with this 'Junta' other institutions such as Residencia de Estudiantes (Madrid) carried out the internationalisation of Spanish science and its incorporation in universal scientific thought.

Likewise the Instituto de Estudios Catalanes in Barcelona and Sociedad de Estudios Vascos in San Sebastián testifiy the progress achieved in this area.

In this brilliant panorama, the most universal figure – Santiago Ramón y Cajal – excels owing to his discoveries and to the creation of a brilliant Spanish school of histology.

Carlos Reis
Faculdade de Letras, Universidade de Coimbra, Portugal

NADA DE SUSTOS: REPRESENTAÇÕES LITERÁRIAS DA CIÊNCIA E DA MEDICINA

1. Nada de sustos: um professor de literatura também pode dar o seu contributo, limitado embora, a um congresso em que se discute a ciência e a medicina. Aceite-se, para que esse contributo possa acontecer, que à literatura nada escapa; nos mundos que constrói – e particularmente nos mundos ficcionais – tudo cabe, porque neles está a vida que a representação literária modela e refigura, recorrendo para tal aos instrumentos e aos procedimentos que por natureza (natureza estética, entenda-se) são os seus: personagens, intrigas, imagens, tempos narrativos, metáforas poéticas, pontos de vista, estratégias de narração, etc.

De certa forma, o ponto de partida que escolhi e que está no título corresponde ao lugar de serena ponderação que é o de uma personagem queirosiana, médico e, por isso, aqui bem enquadrado, até mesmo por ser contemporâneo de Miguel Bombarda, patrono deste congresso. Cito um passo aparentemente inócuo d'*O Crime do Padre Amaro*:

> Amélia todo o dia pensou naquela história. De noite veio-lhe uma grande febre, com sonhos espessos, em que dominava a figura do frade franciscano, na sombra do órgão da Sé de Évora. (...)
> Ao outro dia a febre acalmou. O doutor Gouveia tranquilizou a S. Joaneira com uma simples palavra:
> – Nada de sustos, minha rica senhora, são os quinze anos da rapariga. Hão-de lhe vir amanhã as vertigens e os enjoos... Depois acabou-se. Temo-la mulher.
> A S. Joaneira compreendeu.
> – Esta rapariga tem o sangue vivo e há-de ter as paixões fortes! acrescentou o velho prático, sorrindo e sorvendo a sua pitada.[1]

O que aqui está em causa é a representação literária de um momento importante para o desenvolvimento fisiológico da personagem: a crise da puberdade, cuja desdramatização requer a tal serenidade do médico, capaz de articular um discurso de incidência

---

[1] Eça de Queirós, *O Crime do Padre Amaro (2ª e 3ª versões)*; edição de Carlos Reis e Maria do Rosário Cunha; Lisboa, Imprensa Nacional-Casa da Moeda, 2000, pp. 235 e 237.

psicológica com um discurso propriamente científico, implicando raciocínios causalistas. E assim, os sustos são desnecessários porque o que está a passar-se com a adolescente Amélia é, a mais do que um título, *natural*; e é sobretudo porque conhece, domina e explica a natureza (no plano fisiológico, entenda-se) que o médico exibe perante a mãe assustada as causas que observa e as consequências que é capaz de antecipar. De facto, o «sangue vivo» de Amélia arrastará os efeitos que se conhecem (as «paixões fortes»), no desenrolar da intriga d'*O Crime do Padre Amaro*. Estamos ainda e só no universo da literatura ou já, plenamente, no da ciência? Em ambos, como mostrarei.

2. Encontramo-nos aqui perante dois campos discursivos em confronto, ou seja, em relação de proximidade e de virtual tensão, de tal forma que ambos os campos confinam entre si, desencadeando essa proximidade tensões evidentes. O discurso da literatura e o discurso da ciência (mais concretamente: o da medicina) interagem em movimento de atracção e de rejeição; atracção fatal, pode dizer-se, entre medicina e literatura, para mais completada por uma derivação de insanidade possível, que é a que se enuncia no provérbio conhecido: «De médico, poeta e louco todos tempos um pouco». E alguns têm mesmo muito: porque são, pelo menos nalgum período das suas vidas, poetas e loucos, propriamente ditos (Gomes Leal, Ângelo de Sousa), porque sendo médicos não estão imunes à loucura e ainda, mais notoriamente, porque a condição do médico convive, não raro, com a condição do escritor, às vezes feito poeta[2].

Existe um imaginário literário da medicina, ilustrado por temas e por personagens que fazem dela um campo semântico artisticamente relevante e socialmente significativo. Esse imaginário possui raízes fundas e elabora-se de acordo com uma evolução muito sugestiva, no plano cultural e das mentalidades. Se em tempos remotos e mesmo nos nossos dias o exercício da capacidade de curar depende daquele – feiticeiro ou curandeiro – que domina forças ocultas e elementos da natureza (plantas, raízes, águas, etc.), logo aí um tal exercício faculta um poder inegável; esse poder é também o do uso da linguagem, cultivada em função de fórmulas herméticas e, sendo assim, incompreensíveis para os não iniciados. A partir daí desenvolve-se um poder de incidência científica, correspondendo ao domínio do corpo alheio que carece de ser curado, bem como um poder social, prolongado até aos nossos dias, como bem se sabe. A consolidação desse poder dá-se sobretudo no século xix, quando o exercício da medicina adquire uma dimensão social alargada, porque tudo, mesmo ela, tende a ser democratizado, sem que assim se perca, antes se reforce a restrita especificidade do saber do médico: este identifica-se, *grosso modo,* com o cientista.

Aquilo a que chamei imaginário literário da medicina evidencia-se também, de forma indirecta, pelo lugar temático ocupado pela doença em contextos literários. Desde logo o romantismo cultivou uma certa sedução pela doença, sedução a que só não chamo *doentia* pela conveniência de evitar a redundância. Mas não é inconse-

---

[2] Alguns exemplos conhecidos de médicos escritores: Júlio Dinis, Sousa Viterbo, Júlio Dantas, Manuel Laranjeira, António Patrício, Jaime Cortesão, Miguel Torga, João de Araújo Correia, Fernando Namora, Bernardo Santareno e António Lobo Antunes (que foi médico de loucos, note-se). Cf. Armando Moreno, *Médicos Escritores Portugueses,* Lisboa, Editora de Revistas e Livros, p. 9 e Pedro da Silveira (ed.), *43 Médicos Poetas,* s.l., Ed. do Laboratório Normal, s.d.

quentemente que Goethe formula uma das mais famosas asserções de caracterização da tensão dialéctica entre o clássico e o romântico: «O clássico é a saúde», diz Goethe, «o romântico é a doença». Assim é: o romantismo europeu fervilha de doentes tornados famosos, figuras sedutoras pelo halo de sofrimento que envolve destinos funestos – como então se dizia. Duas doentes famosas e irrecuperáveis, no romantismo português: Maria, cuja tuberculose aflora em manifestações de intuição e de acuidade auditiva, no *Frei Luís de Sousa* de Garrett; Hermengarda, finalmente mergulhada na demência, na derradeira página do *Eurico* de Herculano. E mesmo o jovem Eça, ainda seduzido por um *ethos* romântico que sempre o tentou, lança, em 1867, uma interrogação retórica a que logo responde:

> Qual vale mais, esta doença magnífica, ou a saúde vulgar e inútil que se goza no clima tépido que vai desde Racine até Scribe? Eu prefiro corajosamente o hospital, sobretudo quando a primeira febre se chama Julieta e a última Margarida!³

Aquém ou além do quadro romântico, a literatura acolhe a tematização da doença, do labor do médico e do poder da medicina, como sentidos e procedimentos com forte incidência humana, em directa correlação com o destino das personagens e com a composição social do seu mundo.

Em tempos e lugares muito diferentes, tem sido assim com escritores como Gil Vicente e Molière, Balzac e Camilo Castelo Branco, Júlio Dinis e Eça de Queirós, Zola e Gogol, Thomas Mann, Albert Camus e A. Soljenitsyne, entre muitos outros. E do amplo colectivo de escritores e obras que seria possível invocar, destacam-se representações que, em certos aspectos, constituem referências decisivas, particularmente no contexto do imaginário literário do século xix. Primeiro: a consagração de Fausto, figura em trânsito literário desde o século xvi, tornada canónica por Goethe, no que toca à problematização do poder da ciência e da magia (fronteiras imprecisas...), em busca da resolução do mistério da vida. Segundo: a revisão do mito de Prometeu, por Mary Shelley, em *Frankenstein: ou o Prometeu Moderno* (1817), equacionando a capacidade da medicina para reconstruir materialmente o corpo humano, com um deleite plástico e macabro que o cinema várias vezes explorou. Terceiro: a elaboração da dualidade do bem e do mal, favorecida pelas alternâncias de identidade que uma fórmula química viabiliza, no *Dr. Jekyll e Mr. Hyde* (1826) de R. L. Stevenson.

3. Antes de avançar, devo notar o seguinte: a representação literária da ciência e da medicina contextualiza-se no quadro da específica lógica da ficcionalidade e (por aquilo que neste caso me interessa) modula-se no âmbito periodológico do realismo. Nesse sentido, ambos os parâmetros invocados – ficcionalidade e realismo – podem jogar entre si em posição de polaridade.

Refiro-me aqui ao facto de as representações ficcionais se desenvolverem no seio de mundos possíveis, universos cuja lógica interna requer, da parte do leitor, a chamada *suspensão voluntária da descrença*. É esse acto suspensivo que instaura o movimento do *como se*, quer dizer, a aceitação de comportamentos e de figuras assimiláveis a

---

³ De «Uma Carta (a Carlos Mayer)», em *Prosas Bárbaras*, Lisboa, Livros do Brasil, s.d., p. 220.

comportamentos e a figuras do mundo real, mas não obrigatoriamente regidos pelas suas exigências e critérios. Sucede entretanto que, sem prejuízo da ampla latitude de procedimentos de que a ficcionalidade desfruta, à margem de qualquer validação no real tangível, ela pode comprometer-se em projectos literários e ideológicos com expresso propósito de representatividade social: trata-se, então, de assumir a literatura (a literatura dita *realista,* seja em sentido lato, seja em sentido restrito) como lugar de modelação de sentidos ideológicos racionalistas e materialistas, que suportam o propósito referido, solicitando-se, para isso, o privilégio de categorias ajustadas ao movimento de interacção entre real e ficção. A personagem e em especial a personagem-tipo, pela sua fiabilidade de categorias com homóloga contraparte (que não com exacta identificação) em pessoas concretas acessíveis à nossa experiência, reclamam um grau considerável de representatividade; e é isso que delas faz entidades dotadas de apreciável potencial de evidência social. Assim a personagem-cientista e a personagem-médico traduzem, pelo registo enviesado da ficção, atitudes e valores que remetem, sempre por meio desse trajecto sinuoso, para as dominantes axiológicas e sociais do mundo real com que, à sua maneira, dialogam.

Vejamos, através de um exemplo conhecido e muito sugestivo, como uma personagem-médico vive a ambivalência das relações entre realidade e ficção, num lugar de equilíbrio instável em que convivem ironia e evidência epocal. O exemplo, relativamente óbvio neste contexto, é *O Alienista* de Machado de Assis, sendo este o início do relato:

> As crónicas da vila de Itaguí dizem que em tempos remotos vivera ali um certo médico, o Dr. Simão Bacamarte, filho da nobreza da terra e o maior dos médicos do Brasil, de Portugal e das Espanhas. Estudara em Coimbra e Pádua. Aos trinta e quatro anos regressou ao Brasil, não podendo el-rei alcançar dele que ficasse em Coimbra, regendo a universidade, ou em Lisboa, expedindo os negócios da monarquia.
> – A ciência – disse ele a Sua Majestade – é o meu emprego único; Itaguí é o meu universo.[4]

Quem conhece a história d'*O Alienista* recorda-se de que Simão Bacamarte trata de observar minuciosamente os comportamentos dos habitantes de Itaguí; e que, em função dessa observação, o Dr. Bacamarte vai confinando os alienados (ou quem ele julga que o é) num hospício construído para o efeito, a Casa Verde. Só que, a pouco e pouco, o zelo do psiquiatra leva ao diagnóstico de uma demência generalizada e colectiva: invertem-se então os critérios de análise e o alegado desequilíbrio das faculdades mentais passa a ser entendido como normal, ao passo que os equilibrados são tidos por excepção. O resultado é o que se imagina: entendendo ser a única pessoa mentalmente sã de Itaguí, o médico liberta os supostos alienados e encerra-se na Casa Verde, para melhor se concentrar no estudo e na observação dos pacientes, agora devolvidos à sua vida livre.

A história parece absurda – e é. Mas é justamente por isso que a encenação machadiana de determinados temas críticos e melindrosos revela, ainda hoje, maior acuidade do que uma qualquer análise de incidência puramente clínica e com orientação es-

---

[4] Machado de Assis, *O Alienista,* Coimbra/Castelo Branco, Ed. Alma Azul, 2001, p. 3.

tritamente técnico-profissional. No fundo, o que aqui está em causa é uma reflexão, relevante também (ou até sobretudo) *fora da ficção*, tendo que ver com a indefinição de fronteiras entre loucura e sanidade e com a fluidez de critérios que leva à identificação de uma e de outra. Junta-se a isso a denúncia do poder do psiquiatra, no caso traduzido em poder de confinamento, fazendo corresponder, na prática, a alienação à radical exclusão social. Mas o excesso de zelo do médico não passa sem reparo, formulado por um vereador de Itaguí, que sensatamente põe o dedo na ferida: « – Nada tenho que ver com a ciência; mas se tantos homens em que supomos juízo são reclusos por dementes, quem nos afirma que o alienado não é o alienista?»[5]

Em última instância, quem assim fala *tem que ver com a ciência*, na medida em que se atreve a questionar (de certa forma estimulando os demais para que o façam) o poder do médico. Uma tal questionação assume, entretanto, premência e um certo potencial de actualidade, graças à calculada ambivalência do processo de representação literária dos temas da loucura e do poder da medicina: se essa representação é orientada por uma estética da ironia e do absurdo quase desrealizante, também é verdade que ela cultiva procedimentos de legitimação histórica e de difusa veridicção, por ser afirmado, logo no *incipit*, que em última instância a história de Simão Bacamarte está fundada naquilo que «as crónicas da vila de Itaguí dizem».

4. Leio no título da reunião científica em que se situa esta intervenção uma sugestão literária e queirosiana muito interessante e talvez não casual. Se falamos de «Miguel Bombarda e as singularidades de uma época» e se sabemos que essa época foi, em boa parte, a de Eça de Queirós, então ocorre associar a este título um outro, neste caso de um conto: *Singularidades de uma rapariga loura*, de 1874. Mais: se afirmamos o sentido da singularidade e a sua coincidência em ambos os títulos, reforçamos a associação por sabermos que as singularidades daquela rapariga – protagonista do primeiro relato desenvolvido publicado por Eça – têm que ver directamente com um tema clínico e de incidência mental: a Luísa das *Singularidades* de Eça é cleptómana.

O tempo de Eça e da geração a que pertenceu foi, pelos seus antecedentes e pelos seus desenvolvimentos, especialmente propício à tematização da ciência e da medicina. Tempo de revisão e mesmo de desmistificação de valores românticos, tempo de predilecções racionalistas e positivistas, nem sempre consistentemente adoptadas mas a espaços vividas de forma intensa, tempo também de consolidação ideológica e literária do romance, forma e linguagem ajustadas a semelhantes orientações e, no contexto delas, à elaboração temática da doença e da medicina como sentidos estruturantes e do médico como personagem. Uma tal atmosfera favorece o estabelecimento de alianças

---

[5] M. de Assis, *op. cit.*, pp. 42-43. A indefinição de fronteiras a que me referi lembra um passo da *Histoire de la folie à l'âge classique* (Paris, Gallimard, 1972) de Michel Foucault: «En un sens, il n'a pas de symptomatologie propre à la démence: aucune forme de délire, d'hallucination ou de violence ne lui appartient en propre ou par une nécessité de nature. Sa vérité n'est faite que d'une juxtaposition: d'un côté, une accumulation de causes éventuelles, dont le niveau, l'ordre, la nature peuvent être aussi différents que possible; de l'autre, une série d'effets qui n'ont pour caractère commun que de manifester l'absence ou le fonctionnement défectueux de la raison, son impossibilité d'accéder à la réalité des choses et à la vérité des idées.» (p. 275)

estratégicas entre literatura e ciência, conforme recentemente mostrou Maria Helena Santana numa bem informada dissertação académica, em que analisou os propósitos científicos do realismo e do naturalismo, a relevância e incidências literárias da fisiologia e do pensamento de Darwin, a questão da hereditariedade e a representação ficcional de patologias como a nevrose e a histeria [6].

É neste cenário cultural e ideológico que encontramos dois casos especialmente sugestivos, para aquilo que aqui interessa: o de Júlio Dinis e o de Eça de Queirós. Mas não podemos esquecer que esses casos fazem sentido exactamente por se desenvolverem em ambiente doutrinário propício. Recordando brevemente: dos anos 70 ao fim do século decorre uma intensa actividade de reflexão por vezes articulada com a criação propriamente dita, actividade de que são marcos textos de Júlio Lourenço Pinto (reunidos em 1884 no volume *Estética Naturalista)*, de Luís de Magalhães[7] e de Abel Botelho (neste caso: o prólogo à segunda edição d'*O Barão de Lavos*). Ao primeiro e ao terceiro deve-se uma produção literária coerente com a doutrina e com a visão científica e mesmo clínica que nessa produção instauram: a série romanesca *Cenas da Vida Contemporânea*, de Lourenço Pinto, é apresentada como «anatomia implacável da sociedade portuguesa» e Abel Botelho também não evita idêntica vocação, atestada num conjunto intitulado *Patologia Social,* de que *O Barão de Lavos* é elemento crucial, no plano da argumentação ideológico-científica e no de uma certa estilística da ciência e da doença que hoje se nos revelam irremediavelmente envelhecidas.[8]

Note-se ainda que o síndroma de excesso que atravessa alguns dos textos que referi acaba por se prolongar numa espécie de deriva decadentista, não raro com laivos satíricos, em que a reminiscência naturalista emerge sob o signo da podridão e de um certo comprazimento no vício e na decadência. O *Eusébio Macário* (1879) é já um sintoma desse deslizamento que alguns relatos de Fialho de Almeida confirmam, com uma intensidade estilística que o talento do escritor favorece[9].

5. Júlio Dinis e Eça são, pode dizer-se, casos diferentes, de maior contenção e sobretudo de maior acuidade sociológica. Por isso mesmo, os seus testemunhos ficcionais acerca dos temas e dos problemas que aqui equaciono foram (e são) não apenas mais

---

[6] Cf. Maria Helena Santana, *Literatura e Ciência na segunda metade do século XIX. A narrativa naturalista e pós-naturalista portuguesa*, Coimbra, Fac. de Letras, 2001.

[7] Veja-se o texto «O romance realista e a estética positivista», no volume VI (*Realismo e Naturalismo*, 2ª ed., Lisboa, Verbo, 2000, pp. 277-280) da *História Crítica da Literatura Portuguesa*, volume da responsabilidade de Maria Aparecida Ribeiro.

[8] Atente-se neste passo d'*O Barão de Lavos*: «O atavismo fez explodir neste com rábida energia todos os vícios constitucionais que bacilavam no sangue da sua raça, exagerados numa confluência de seis gerações, de envolta com instintos doidos de pederasta, inoculados e progressivamente agravados na sociedade portuguesa pelo modalismo etnológico da sua formação» (*op. cit.,* Lisboa, Círculo de Leitores, 1983, p. 21).

[9] Recorde-se o final de um conto («O Cancro») do volume *O País das Uvas*: «É que essa estátua de carne, maravilha suprema da beleza, é que essa mulher ideal e branca como um lírio tinha no seio uma úlcera cancerosa, de malignidade hereditária, de que sua mãe já morrera, e que lhe fazia da beleza um fruto podre, cadaverizando-lhe a vida lentamente, entre as paixões e as festas, num pavoroso inferno de agonia» (*O País das Uvas,* Lisboa, Pub. Europa-América, s.d., pp. 66-67).

impressivos, mas sobretudo mais duradouros: é essa a mais-valia de transcendência que nos é legada pelos escritores realmente importantes.

Curiosamente, Júlio Dinis está num lugar de fronteira que importa observar com atenção. Fronteira de entrada, acrescento, significando com isto que na sua breve mas intensa produção ficcional convivem um certo e remanescente idealismo tardo-romântico, com uma orientação para uma realidade social em mudança, no limiar do realismo literário; o que não impediu que o escritor tivesse ficado marcado, por muito tempo, por um estigma idealista, acentuado por imagens redutoras como a que Eça cunhou («Viveu de leve, escreveu de leve, morreu de leve») e também pela utilização política que, em contexto escolar, o salazarismo fez da obra dinisina. A popularidade dos romances de Júlio Dinis – por exemplo: d'*As Pupilas do Senhor Reitor* contam--se, até aos nossos dias, muitas dezenas de edições, adaptações várias, etc.[10] – há-de, então, ser vista à luz destes condicionamentos, tendo-se em conta também que, por circunstâncias várias, este não foi um escritor que tivesse podido promover a sua obra e a sua posteridade.

Seja como for: em Júlio Dinis regista-se um contributo importante para a ilustração oitocentista do imaginário do médico, do doente e da relação clínica. Tudo num cenário rural que, pela discreta preocupação social que nesse cenário transparece, lembra antecedentes literários reputados: por exemplo, *O Pároco de Aldeia* de Herculano e *Le médecin de campagne* de Balzac.

É no romance *As Pupilas do Senhor Reitor* (primeira publicação em folhetim em 1866; em livro: 1867), subintitulado *Crónica da Aldeia,* que se conta a história de orfandade das duas pupilas, do seu casamento e orientação tutelar dupla, por parte das duas figuras que, na aldeia, repartem um equilibrado poder de influência: o padre e o médico. No devir da história, é possível observar, antes de mais, como a profissão médica surge, no que toca a distinção pública, equiparada à condição do padre e à do letrado; as três são socialmente entendidas como únicas saídas possíveis para jovens não aristocratas que queriam escapar ao trabalho rural a que o seu estatuto social, mesmo quando relativamente desafogado em termos económicos, os destinava em princípio. Para além disso, a carreira médica patenteia, no tempo de Júlio Dinis, uma curiosa alternativa de formação, como se lentamente se fosse ampliando a oferta de escolas superiores: é o padre quem sugere a José das Dornas que mande o filho para o Porto, para a mesma Escola Médico-Cirúrgica onde Júlio Dinis ensinava. «Põe-mo a cirurgião», diz o padre, acrescentando: «Eles, hoje, dizem que saem de lá como de Coimbra, e olha que é uma boa carreira»[11].

Estão em curso, portanto, importantes mutações mentais e sociais que directamente atingem a imagem do médico e do seu *munus,* conforme é testemunhado, em registo

---

[10] Logo em 1871, Ernesto Biester adaptou o romance ao teatro, numa comédia em cinco actos e sete quadros; num manuscrito (cod. 12283) conservado na Biblioteca Nacional, encontra-se outra adaptação ao teatro, por Penha Coutinho; Júlio Guimarães produziu uma adaptação em verso, publicada em 1935; Adolfo Simões Müller recontou, para os leitores juvenis, o mesmo romance. Por outro lado, o cinema e a televisão ajudaram a fazer d'*As Pupilas do Senhor Reitor* certamente a obra mais popular de Júlio Dinis: veja-se a dissertação de doutoramento de Ana Rita Navarro, Da personagem romanesca à personagem fílmica: *As Pupilas do Senhor Reitor*, Lisboa, Univ. Aberta, 2001.

[11] Júlio Dinis, *As Pupilas do Senhor Reitor*, 3ª ed., Lisboa, Ulisseia, 1995, p. 86.

ficcional, pelo romance dinisino. Mas o discurso da medicina, como caso particular do discurso da ciência, não deixa por isso de ser um discurso de poder, mesmo quando tal é representado pela via da sátira e da caricatura. Lembro dois episódios muito sugestivos d'*As Pupilas do Senhor Reitor:* primeiro, o diálogo entre José das Dornas e João da Esquina, em que o primeiro, pai do jovem médico Daniel, expõe de forma canhestra a doutrina científica, já de si ousada, que o filho defendia – o que suscita o retraimento escandalizado do tendeiro (que é também o retraimento perante um certo poder, note-se), partidário e cliente da prática de João Semana, «que é homem sério, e não tem destas esquisitices da moda»[12]; em segundo lugar, o breve episódio em que Daniel, jovem médico, questiona em tom sobranceiro – o tom de um poder assumido de forma intransigente – o barbeiro, «que também tinha uma clínica na aldeia»[13]. Neste caso, é ainda o velho médico quem, conhecedor das singularidades do exercício da medicina em meio rural, aconselha alguma moderação, porque «quem quiser viver bem neste mundo, faz a vista grossa a muita coisa».[14]

Estas palavras de João Semana não abrem apenas uma linha temática de conivência e de pacífica convivência com o poder de uma medicina a que hoje chamaríamos alternativa. Elas anunciam também uma outra faceta do médico de aldeia que é a do moralista, faceta bem ajustada ao *ethos*, em geral de orientação moralizadora mais do que agrestemente ideológica, próprio da ficção de Júlio Dinis. E assim, João Semana afirma-se socialmente como uma espécie de médico-sacerdote (e não raras vezes encontramo-lo de facto aliado ao Reitor), capaz de conjugar o discurso da experiência com o discurso da moral e de uma férrea deontologia profissional. Neste aspecto, o comportamento do jovem médico só pode enfrentar a oposição do velho médico, particularmente naquele episódio em que Daniel seduz uma paciente; é o narrador, em registo de empática adesão, quem comenta: «João Semana era intolerante em coisas de moral, e principalmente médica. (…) Se o réu era um colega, crescia então de ponto a austeridade. Por isso o procedimento de Daniel encontrou nele um severíssimo juiz».[15]

Júlio Dinis surpreende, pois, de forma muito arguta, uma dialéctica simultaneamente profissional e geracional. Contrapõe-se nela, por um lado, a instância da experiência à instância da juventude; por outro lado, a apologia da prática (que é também uma prática social e até moral) ao culto da novidade científica, de base eminentemente teórica. Parece evidente que desta dialéctica se deduz uma discreta relativização do discurso científico puro e duro, em nome de uma concepção humanizada e até «apostólica» da medicina e da condição do médico. É isso mesmo que a figura de João Semana ilustra, com evidente projecção no imaginário extra-ficcional; por isso, o velho médico d'*As Pupilas do Senhor Reitor* revela alguma capacidade (que é a que o

---

[12] Cf. *As Pupilas do Senhor Reitor*, ed. cit., p. 124.

[13] *Op. cit.*, p. 139.

[14] *Op. cit.*, p. 140.

[15] *Op. cit.*, p. 218. Significativamente, o reitor surge aqui aliado ao médico: «Daniel tem deveres tão sagrados, entrando no seio das famílias, como nós, os párocos. (…) Quem abrirá as portas da alcova onde padeça uma filha, uma esposa ou uma irmã, ao médico, que não tem força para sufocar as paixões más do seu coração? (…) O mau padre é o pior dos homens; e parece-te que será muito melhor o médico imoral?» (pp. 201-202).

romancista soube incutir-lhe) para ser aceite pelo senso comum partilhado mesmo por quantos nem conhecem o romance de Júlio Dinis: é essa capacidade de insinuação, apenas ao alcance das personagens que transcendem os limites da ficção[16], que permite reconhecer num determinado médico que ele é um João Semana (mas talvez já restem muito poucos...), quando observamos nele propriedades que a literatura representou, devolvendo ao real, em clave ficcional, o que nele captou. Daí a razoável acuidade sociológica dos romances de Júlio Dinis: ele é, neste aspecto, um escritor susceptível de recuperação, que dificilmente se fará, contudo, à margem da revalorização – que a literatura dinisina também permite – de uma verdadeira estética do *kitsch*.

6. Eça de Queirós é outra história – ou até outras histórias. Romancista extremamente dotado do ponto de visto técnico, conhecedor profundo da sociedade portuguesa, dos seus traumas, dos seus mitos e dos seus complexos, Eça elabora uma obra ficcional não apenas representativa, enquanto testemunho social (de facto: a mais representativa de toda a nossa literatura), como ainda capaz de transcender o seu tempo, pela via da fina ironia que a atravessa. E assim, se ler Eça é, até hoje (e ainda amanhã e depois), o prazer que se conhece, para além disso os temas e os problemas que equaciona mantém bem desperta a capacidade de indagação que caracteriza a sua incomparável escrita ficcional: a imagem do médico e o imaginário da medicina não escapam a essa indagação, sendo certo, contudo, que em Eça as coisas acontecem de forma mais subtil e às vezes mais ambígua do que em Júlio Dinis.

Desde os anos 70 – anos ainda de aprendizagem – que a medicina e a ciência estão presentes na escrita e na reflexão queirosianas. E assim, a postulação do naturalismo como grande movimento de reforma de costumes e de mentalidades aparece fundada não tanto em Zola, mas na fisiologia de Claude Bernard, nos seus métodos e na sua epistemologia; refiro-me aqui sobretudo ao texto conhecido pelo título «Idealismo e Realismo», prefácio escrito (mas abortado enquanto tal) para a terceira versão d'*O Crime do Padre Amaro*. É nesse texto que a observação e a experimentação emergem como procedimentos fundamentais de um romance dito *experimental*, igualmente apregoado e caracterizado por Zola, nesse mesmo ano de 1879[17].

Mas o Eça mais interessante do ponto de vista que aqui importa não é este. O Eça que, no anos 80 e seguintes, procede a uma deriva ideológica e estética post-naturalista, com importantes incorporações finisseculares, é o que testemunha e representa uma espécie de tensão de mudança, ilustrada na reacção de Tomás de Alencar perante o radicalismo científico do naturalismo: para o «pobre Alencar», o naturalismo aparecia como um conjunto de «rudes análises, apoderando-se da Igreja, da Realeza, da Burocracia, da Finança, de todas as coisas santas, dissecando-as brutalmente e mostrando-lhes a lesão, como a cadáveres num anfiteatro...»[18]

---

[16] Ainda que, note-se, sem alcançar a universalidade que reconhecemos naquelas personagens que, diferentemente desta, possuem realmente uma dimensão transcendente: é isso que de certa forma celebramos, quando utilizamos adjectivos como edipiano, quixotesco, bovarista ou acaciano.

[17] Refiro-me aqui, evidentemente, ao longo ensaio doutrinário publicado em 1879 em *Le Voltaire* e em *Le Messager d'Europe*.

[18] Eça de Queirós, *Os Maias*, Lisboa, Livros do Brasil, s.d., p. 162.

Eça de Queirós não subscreve, por certo, a amargura ressentida do poeta de *Elvira*, mas não anda tão longe dela como poderá pensar-se, nos anos 80 em que o escritor vivia precisamente um princípio de crise de confiança nos prodígios da ciência e nas orientações do positivismo. Superado (melhor: deixado inédito) o texto «Idealismo e Realismo», o nosso romancista exara significativos depoimentos evidenciando essa crise. Alguns marcos: o prefácio aos *Azulejos* do Conde de Arnoso (1886), a crónica «Positivismo e Idealismo» (1893) inserida postumamente, tal como o prefácio citado, em *Notas Contemporâneas*, uma outra crónica sobre Ferdinand Brunetière (1894), aparecida, como a anterior, na *Gazeta de Notícias* (e mais tarde nas *Cartas de Paris*), ainda uma terceira, de reminiscência tainiana, «A Sociedade e os Climas» (1895).[19] Em registo ficcional, merece referência (uma referência muito especial) o conto *Adão e Eva no Paraíso* (1897): o que nele pode ler-se é a prevalência do imaginário bíblico, a partir do episódio do Génesis, articulado com a doutrina científica de Darwin, designadamente com a teoria da evolução das espécies, como se fosse impossível explicar a origem simiesca do homem à margem dessa tradição edénica e da carga de transcendência religiosa que ela implica.[20]

7. Chegado a este ponto, devo notar que as representações queirosianas do médico e da medicina que aqui importa reter são aquelas que, no quadro ficcional em que se encontram, surgem condicionadas por específicos factores de modelização literária. O discurso das personagens (a não confundir com o discurso do narrador nem com a posição do autor), a par da bem conhecida estilística da ironia queirosiana arrastam um potencial de ambivalência que interdita leituras lineares e puramente ideológicas dos problemas aqui em equação. Um exemplo: uma breve e ardente discussão que ocorre n'*O Primo Basílio* entre Julião Zuzarte e um estudante «de barba desleixada, e olhar um pouco doudo», acerca do vitalismo, da origem da vida, da medicina e da fisiologia, é testemunhada por Sebastião; a partir do seu olhar atónito, apreende-se não exactamente uma polémica séria e bem fundada, mas uma quase cómica divergência de posições. Deste modo, sendo moldada pela aludida perspectiva individual, o discurso dessa divergência diz pouco acerca dos conteúdos científicos em causa e muito acerca de uma certa ligeireza de ideias e de debates, bem evidenciada numa asserção de Julião sobre Deus: é «uma velha caturrice do partido miguelista».[21]

Por outro lado, personagens-médicos como esta última que citei, como o Dr. Gouveia, d'*O Crime do Padre Amaro*, ou como Carlos, d'*Os Maias*, surgem em contextos ficcionais muito diversos entre si e também com diferente grau de saliência nas respectivas acções narrativas. Julião Zuzarte é uma figura acessória, elemento apendicular no universo familiar de Jorge e de Luísa, para quem o exercício da medicina se cruza

---

[19] Cf. *Textos de Imprensa IV (da Gazeta de Notícias)*; edição de Elza Miné e Neuma Cavalcante; Lisboa, Imprensa Nacional-Casa da Moeda, 2002, pp. 347 ss., 453 ss. e 559 ss.

[20] A relevância deste conto pode bem atestar-se nos estudos que recentemente tem suscitado: é o caso das comunicações de Ana Leonor Pereira, de Maria Aparecida Santilli e de Ugo Serani, apresentadas no Congresso Internacional de Estudos Queirosianos (2000); cf. *Congresso de Estudos Queirosianos. IV Encontro Internacional de Queirosianos. Actas*, Coimbra, Almedina/ILLP, 2002, vol. II, pp. 679-694 e 877-884.

[21] Eça de Queirós, *O Primo Basílio*, Lisboa, Livros do Brasil, s.d., pp. 204 e 205.

com um enorme e mal resolvido azedume social[22]. O Dr. Gouveia e Carlos da Maia merecem, enquanto médicos, comentários mais circunstanciados.

Do Dr. Gouveia deve dizer-se, antes de mais, que está na linha de personagens similares que são quase habituais nos romances naturalistas, em especial nos de Zola: o seu parente mais próximo é o Dr. Pascal de *La faute de l'abbé Mouret,* prolongado em *Le docteur Pascal* (1893), do mesmo Zola. Trata-se, no caso do Dr. Gouveia, de uma personagem praticamente nova, na terceira versão d'*O Crime do Padre Amaro*[23], que vem articular-se, nessa mesma versão, com uma outra personagem nova, esta do lado dos padres: o abade Ferrão, padre de comportamento modelarmente caridoso e evangélico. Deste modo, a tensão do médico-cientista com o clero (particularmente com os sacerdotes dissolutos) reformula-se nos termos de uma dialéctica relativamente elaborada: se ambas as personagens, o médico e o padre bondoso, entram, de facto, em tensão conflitual, essa tensão aparece agora enriquecida pela compatibilidade moral (e pela decorrente autoridade) que caracteriza os modos de ser de ambas as personagens. Por outras palavras: por aquilo que existe de generosidade e de bondade no médico e no padre, eles são figuras complementares, um pouco à maneira do que acontecia com os seus homólogos d'*As Pupilas do Senhor Reitor*, ou seja, com João Semana e com o reitor.

O médico queirosiano é, entretanto, mais informado e cientificamente culto do que o seu colega dinisino. Daí a sua capacidade de explanação doutrinária, que dele faz uma voz ideológica relativamente vigorosa; isso mesmo é o que se observa, no final do capítulo XIII, durante o diálogo com o destroçado João Eduardo. Perante o namorado despedido por Amélia, o médico enuncia uma explicação dos factos em registo puramente darwiniano, explicação que, com um toque de crueldade porventura involuntária, nada resolve ao desgosto do moço, mas tudo esclarece quanto às balizas ideológicas e científicas por que se rege o médico. «É a lei natural», declara, ao saber que o padre empolgou a jovem beata; e acrescenta: «o mais forte despoja, elimina o mais fraco; a fêmea e a presa pertencem-lhe»[24]. Entretanto, como que para amenizar e mesmo humanizar a feição científica da figura do médico, retoma-se explicitamente a questão moral: nesta, o médico também intervém, como se nenhum aspecto da existência dos homens escapasse à sua autoridade, que é também moral. Por isso, assume um significado especial e mesmo, de certa forma, *definitivo* (no sentido mais rigoroso do termo) a lei da consciência que o médico, muito para além do alcance da fisiologia, acaba por exarar: ao comentário de João Eduardo que diz «Vossa Excelência não precisa dos padres neste mundo», replica o Dr. Gouveia:

---

[22] Ainda assim, é possível surpreender episódios em que são representadas, pela pessoa de Julião Zuzarte, questões com alguma relevância no presente contexto. Numa visita a Luísa e na presença de Basílio (cap. IV), Julião refere um livro acerca das doenças do útero, o que suscita o embaraço dos presentes, mal afeitos a termos científicos então tidos por rudes; já no final da agonia de Luísa, ocorre uma breve querela entre Julião e o Dr. Caminha, em que a vocação prática do segundo é posta em causa pela informação teórica do primeiro.

[23] Na segunda versão há uma brevíssima referência ao Dr. Gouveia: cf. *O Crime do Padre Amaro,* ed. cit., pp. 906 e 908.

[24] E. de Queirós, *O Crime do Padre Amaro,* ed. cit., p. 581.

> – Nem no outro. Eu não preciso dos padres no mundo, porque não preciso do Deus do Céu. Isto quer dizer, meu rapaz, que tenho o meu Deus dentro em mim, isto é, o princípio que dirige as minhas acções e os meus juízos. Vulgo Consciência... Talvez não compreendas bem... O facto é que estou aqui a expor doutrinas subversivas... E realmente são três horas...[25]

Pode parecer estranho que o poder do médico se estenda a um domínio que exorbita em muito a sua competência propriamente técnica. Mas não é esta, recorde-se, a que João Eduardo busca, quando procura o médico: é antes a sua autoridade de homem de ciência, «temido na Rua da Misericórdia» por «todas as amigas da casa que, apesar de se escandalizarem com a sua irreligião, dependiam humildemente da sua ciência para os achaques, os flatos, os xaropes»[26]. E assim, o poder clínico do médico desliza para a esfera do social e do moral, como se o princípio da sobrevivência e o temor da morte tivessem a capacidade de se sobrepor ao escândalo da irreligião.

Mas se as coisas (os poderes) parecem bem estabelecidas na economia interna do romance, não será exactamente assim quando avançamos para uma espécie de síntese ideológica tentativamente formulada pelos termos em que se resolvem as tensões entre médico e padre. Remeto para o episódio do parto e morte de Amélia, em que estão presentes precisamente, em jeito de diálogo de poderes, as duas figuras tutelares, o abade Ferrão e o Dr. Gouveia:

> O abade então recolheu o Breviário, a cruz – mas antes de sair, julgando do seu dever de sacerdote pôr diante do médico racionalista a certeza da eternidade mística que se desprende do momento da morte, murmurou ainda:
> – É neste instante que se sente o terror de Deus, o vão do orgulho humano...
> O doutor não respondeu, ocupado a afivelar o seu estojo.
> O abade saiu – mas, já no meio do corredor, voltou ainda, e falando com inquietação:
> – O doutor desculpe... Mas tem-se visto, depois dos socorros da religião, os moribundos voltarem a si de repente, por uma graça especial... A presença do médico então pode ser útil...
> – Eu ainda não vou, ainda não vou, disse o doutor, sorrindo involuntariamente de ver a presença da Medicina reclamada para auxiliar a eficácia da Graça.[27]

Assim, com uma ambivalência que é, em si mesma, muito significativa, a tensão entre poderes fica praticamente (e talvez calculadamente) indecidida: se o padre está certo (e di-lo) da «eternidade mística» que o médico já não refuta, é ainda a presença deste que o abade Ferrão requer, como auxílio de uma Graça aparentemente carecida do complemento da ciência. Deste modo, Eça de Queirós manteve em equilíbrio difícil o poder do padre (o espiritual, não o poder temporal dos padres devassos) e o do médico, como que incapaz, ainda em tempo naturalista, de instaurar o primado da ciência em detrimento do da religião – ou vice-versa. Enquanto escritor maduro

---

[25] *Op. cit.*, p. 589.
[26] *O Crime do Padre Amaro,* ed. cit., p. 577.
[27] *Op. cit.*, p. 985.

e já em princípio de transformação, Eça parece ter entendido que não era legítimo ir mais longe; a partir daqui, a ciência (e a medicina) regrediram a olhos vistos, na sua crença e nos seus romances.

8. É já essa regressão que encontramos, em jeito de desmitificação e mesmo de discreta irrisão, na elaboração da personagem Carlos da Maia, herdeiro rico, médico falhado e diletante assumido. Sugere-o João da Ega, com a sua palavra corrosiva mas certeira, ao declarar que o amigo «tinha nas veias o veneno do diletantismo: e estava destinado (...) a ser um desses médicos literários que inventam doenças de que a humanidade papalva se presta logo a morrer!»[28].

O contexto que enquadra estas afirmações tem que ver com um certo projecto de vida profissional, em que orientação vocacional e condicionamentos sociais se enfrentam: o «médico literário» – coisa diferente, bem entendido, do médico escritor, como o são aqueles que no início mencionei – aparece aqui conotado por sentidos de singularidade e mesmo de excentricidade, em clara deriva anti-social, no que ao exercício da profissão diz respeito. No fundo, João da Ega confirma, ainda que por outra via, o que há de bizarro no facto de um jovem de destacada origem social querer «estragar a vida receitando emplastros», como notavam as senhoras em Santa Olávia; decorre este comentário, recorde-se, de uma mais ampla discordância: «Esta inesperada carreira de Carlos (pensara-se sempre que ele tomaria capelo em Direito) era pouco aprovada entre os fiéis amigos de Santa Olávia»[29], conforme pode ler-se a propósito da educação do jovem Carlos, quando se apresta a ir estudar para Coimbra e sobretudo a romper com uma espécie de determinação de classe, que praticamente obrigava os filhos de boas famílias a serem bacharéis em Leis – como acontecerá, por exemplo, ao fidalgo Gonçalo Ramires, que «era bacharel formado com um R no terceiro ano»[30]. Não assim, portanto, com Carlos da Maia, devidamente apoiado pelo sentido prático e pela desenvoltura cultural do avô, que apoia a opção do neto.

Infelizmente, porém, a vida prática e útil que o novo médico deseja viver está, desde início, inquinada por uma certa idealização romântica da medicina, idealização porventura ainda hoje vigente: as «grandes batalhas à morte» que Carlos quer protagonizar, os «lados militantes e heróicos da ciência» que deseja valorizar, tudo isso é frustrado pelo pouco crédito que merece um médico jovem, inovador, rico e aparentemente disponível para o exercício de uma medicina de circunstância. Quando ela tende a tornar-se séria e fecunda, a corporação reage e rejeita o que parece um princípio de ameaça:

Começava a ser conhecido como médico. Tinha visitas no consultório – ordinariamente bacharéis, seus contemporâneos, que sabendo-o rico o consideravam gratuito, e lá entravam, murchos e com má cara, a contar a velha e mal disfarçada história de ternuras funestas. Salvara de um garrotilho a filha de um brasileiro, ao Aterro – e ganhara aí a sua primeira libra, a primeira que pelo seu trabalho ganhava um homem

---

[28] Eça de Queirós, *Os Maias*, ed. cit., p. 90.

[29] *Os Maias*, ed. cit., p. 88.

[30] Eça de Queirós, *A Ilustre Casa de Ramires*; edição por Elena Losada; Lisboa, Imprensa Nacional-Casa da Moeda, 1999, p. 77.

da sua família. O Dr. Barbedo convidara-o a assistir a uma operação ovariotómica. E enfim (mas esta consagração não a esperava realmente Carlos tão cedo) alguns dos seus bons colegas, que até aí, vendo-o só a governar os seus cavalos ingleses, falavam do «talento do Maia» – agora, percebendo-lhe estas migalhas de clientela, começavam a dizer «que o Maia era um asno».[31]

Estes são componentes por assim dizer sociais, apontados como origem de uma falência profissional que anuncia uma desistência aparentemente sem retorno; nestes componentes pode ler-se uma muito sugestiva representação ficcional do médico e do exercício da medicina, entendidos como função e como actividade enquadradas numa conjuntura mental e económica que decisivamente interfere em decisões profissionais relevantes; nessas e também no desenho social de carreiras (como a médica), à partida espartilhadas por constrições exteriores ao respectivo conteúdo funcional. Mas há outros ingredientes que não devem ser desprezados, estes relacionados com a idiossincrasia da personagem-médico que aqui destaco.

Carlos da Maia é, como já recordei, um diletante com atitudes de *dandy* e de esteta, como que exilado em terra provinciana, «uma «destas coisas que só se vêem lá fora», como [Dâmaso Salcede] dizia arregalando os olhos»[32]; daí a sua requintada, quase feminina (para alguns) relação com os espaços físicos, o que constitui uma forma encapotada de erigir os sentidos e o corpo como fulcro de uma existência que se afirma pela diferença e também pela dispersão. Tem, por isso, uma certa razão (a razão do seu ponto de vista burguês e convencional) o procurador Vilaça quando, ao observar os recostos e as sedas dos quartos de Carlos, nota que «aquilo não eram aposentos de médico – mas de dançarina!»[33] O consultório rege-se pelo mesmo luxo, bem sublinhado por uma visita dos amigos maravilhados, que termina com uma insinuação do Taveira, sintoma de descrença na seriedade dos propósitos profissionais de Carlos.

O gabinete de Carlos ao lado era mais simples, quase austero, todo em veludo verde-negro, com estantes de pau-preto. Alguns amigos que começavam a cercar Carlos, Taveira, seu contemporâneo e agora vizinho do Ramalhete, o Cruges, o marquês de Souselas, com quem percorrera a Itália – vieram ver estas maravilhas. O Cruges correu uma escala no piano e achou-o abominável; Taveira absorveu-se nas fotografias de actrizes; e a única aprovação franca veio do marquês, que depois de contemplar o divã do gabinete, verdadeiro móvel de serralho, vasto, voluptuoso, fofo, experimentou-lhe a doçura das molas e disse, piscando o olho a Carlos:

- A calhar.[34]

O que aqui está em causa e gravemente perturbará o projecto profissional de Carlos é uma espécie de síndroma da dispersão, conduzindo à fixação erótica e a um impenitente e constante donjuanismo. Jogando um pouco (mas só um pouco) com as palavras, apetece dizer que o médico Carlos da Maia opera uma transferência dos seus interesses, do conhecimento científico do corpo para a atracção erótica pelo corpo, já

---

[31] *Os Maias*, p. 129.
[32] *Os Maias*, p. 177.
[33] *Os Maias*, p. 10.
[34] *Os Maias*, p. 99.

outro e diferentemente postulado. O que arrasta implicações éticas muito importantes e pouco lisonjeiras para Carlos: o severo João Semana ou o austero Dr. Gouveia não deixariam de verberar uma tal transferência, coisa que, em tom diferente, é igualmente denunciada por outro médico d'*Os Maias*:

> Já o fino Dr. Teodósio lhe dissera um dia, francamente: «Você é muito elegante para médico! As suas doentes, fatalmente, fazem-lhe olho! Quem é o burguês que lhe vai confiar a esposa dentro de uma alcova?... Você aterra o pater-famílias!»[35]

Nem de propósito: a relação de Carlos com Maria Eduarda começa com uma visita médica, por causa de uma indisposição que atinge Rosa, estando a mãe ausente em Queluz. E é exactamente aí que se enceta o tal movimento de transferência, por força de um processo metonímico em que a atenção do médico (ou de quem devia comportar-se como tal) se fixa num casaco branco que se oferece, como corpo substitutivo:

> Mas o olhar de Carlos prendia-se sobretudo a um sofá onde ficara estendido, com as duas mangas abertas, à maneira de dois braços que se oferecem, o casaco branco de veludo lavrado de Génova com que ele a vira, a primeira vez, apear-se à porta do hotel. O forro, de cetim branco, não tinha o menor acolchoado, tão perfeito devia ser o corpo que vestia: e assim, deitado sobre o sofá, nessa atitude viva, num desabotoado de seminudez, adiantando em vago relevo o cheio de dois seios, com os braços alargando-se, dando-se todos, aquele estofo parecia exalar um calor humano, e punha ali a forma de um corpo amoroso, desfalecendo num silêncio de alcova. Carlos sentiu bater o coração. Um perfume indefinido e forte de jasmim, de marechala, de *tanglewood* elevava-se de todas aquelas coisas íntimas, passava-lhe pela face como um bafo suave de carícia...

Depois, tudo se acentua e acelera quando, de novo por causa de uma doente (agora miss Sara), Carlos reencontra Maria Eduarda. A partir daí, as coisas precipitam-se, em direcção à relação amorosa e ao desenlace trágico que são conhecidos – e o médico desaparece de cena. Vale esse desenlace trágico como punição para o grave desvio funcional e ético que fez do médico um amante consumido na voragem do destino? É talvez exagerado afirmá-lo; mas parece certo dizer que a frustração do exercício da medicina constitui um aspecto particular de um tenaz estigma de perdição que teimosamente se abate sobre os Maias, frustrando, em Carlos, um trajecto de vida – nos planos profissional, cultural, social e até amoroso – que tudo parecia favorecer, mas que se resolve, por fim, em esterilidade, em morte e em dispersão.

9. A representação do médico e da medicina n'*Os Maias* não assume a relevância ideológica que encontramos n'*As Pupilas do Senhor Reitor* (romance, por isso, muito menos «inocente» do que poderia supor-se), nem n'*O Crime do Padre Amaro*: neste caso, essa relevância é de certa forma programada e vincula-se a um projecto de geração, conforme notei. Pelo seu lado, a representação do exercício da medicina n'*Os Maias*

---

[35] *Os Maias*, p. 187.

desenvolve sobretudo uma metáfora de falência pessoal e familiar: sendo embora um acessório de caracterização, ela é, como tal, muito significativa.

Isso não afecta a validade do discurso literário, pelo viés e pelas ambiguidades da palavra ficcional, como testemunho do crescendo, na segunda metade do século XIX, de uma prática e de uma função cada vez mais destacadas, do ponto de vista social: assim se revela o incremento de um poder progressivamente consolidado (o poder do médico e do seu discurso), bem como as implicações éticas de uma profissão melindrosa e, com tudo isso e em paralelo, a reivindicação do direito à saúde como afirmação do domínio do corpo. Noutros termos: o que estes testemunhos literários confirmam é, conforme escreveu Fernando Ruivo, «a transição da preocupação dominante com a salvação das almas para a da saúde dos corpos, à sua maneira recolocando o homem no centro do [universo da medicina]»

A proeminência da medicina e do médico, atestada em textos literários, ilustra o que se lê no ensaio que acabo de citar: que as profissões não se alicerçam «num dado momento apenas pela sua capacidade de responder a determinadas necessidades sociais ou de as saber criar, mas também pelo motivo de contribuírem ou, de qualquer modo, se relacionarem com os universos simbólicos em cujos parâmetros as sociedades se organizam e as práticas se legitimam»[36].

Fica em aberto uma indagação que não me cabe fazer: a que consiste em saber até que ponto estes textos e estes temas correspondem a preocupações e a traumas que transcendem o século XIX. A psicose da doença, a ostentação das fragilidades do corpo, a par da mitificação do médico e da vigência do seu poder corporativo, constituem manifestações de um imaginário da enfermidade e do enfermo frequentemente projectado no discurso político endereçado a quem faz desse imaginário o seu modo de vida. Trata-se provavelmente de um problema nacional, apelando à mais funda consciência dos cidadãos. E talvez, por fim, a voz de Afonso da Maia, vinda lá do espaço ficcional em que se faz ouvir, tenha uma razão que chega até ao nosso tempo; assim são os grandes romances. Cito e termino com as palavras do avô de Carlos da Maia, quando trata de argumentar em favor da opção que o neto faz pela carreira médica: «Num país em que a ocupação geral é estar doente, o maior serviço patriótico é incontestavelmente saber curar»[37].

•

Resumo – As representações literárias da ciência e da medicina constituem procedimentos de longa e muito antiga elaboração, em contextos de criação literária. Modelando imagens e figuras de forte incidência social e psicológica (a doença, a saúde, o médico, o enfermo, o poder da medicina, etc.), essas representações são aqui consideradas em função de um concreto cenário sociocultural: o da segunda metade do século XIX.

Da passagem do romantismo ao realismo literário e da euforia científica do naturalismo ao cepticismo finissecular, transitam imagens e valorações que acompanham, em registo próprio, o devir científico e social da ciência e da medicina. A figura do médico será aqui objecto de atenção especial: personagem frequente no romance naturalista, a figura do médico concentra elementos temáticos e ideológicos significativos; ao mesmo tempo, ele suscita juízos em que se projecta um certo imaginário da ciência e, em particular, da medicina.

---

[36] Fernando Ruivo, «A construção de um projecto profissional: o caso da medicina», in *Revista Crítica de Ciências Sociais*, 23, Setembro, 1987, pp. 129-130.

[37] Eça de Queirós, *Os Maias*, p. 89.

Abstract – Literary representations of science and medicine are long and very old procedures, in the contexts of literary creation. These representations shape certain images and figures of a strong social and psychological incidence (illness, health, the doctor, the patient, the power of medicine, etc.), and they are here considered according to a concrete sociocultural scenery: the second half of the nineteenth century.

In the transition from romanticism to literary realism and from the scientific euphoria of naturalism to the scepticism of the end of the century, images and values change, following the scientific and social transformation of medicine and science in general, in its own register. The figure of the doctor will be the object of special attention here: an usual character in the naturalist novel, the figure of the doctor concentrates significant ideological and thematic elements; at the same time, he leads to judgements that reveal a certain imaginary of science, and particularly of medicine.

António Pedro Pita
Faculdade de Letras e CEIS20, Universidade de Coimbra, Portugal

MIGUEL BOMBARDA: UM INTELECTUAL MATERIALISTA

O projecto científico de Miguel Bombarda, tal como se apresenta num dos seus textos mais famosos (Os neurones e a vida psíquica, 1895), consiste em reconstituir (e, talvez mesmo, provar) a materialidade integral da esfera do existente.

As aquisições definitivas da investigação sobre o neurónio – o neurone, na expressão de Bombarda – devida a Ramon y Cajal constituem um momento decisivo dessa reconstituição. É a função neuronal que integra cada indivíduo no movimento do real, é pela actividade do neurónio que, para o comportamento dos indivíduos, cujo centro é a vida psíquica, pode encontrar-se uma explicação positiva, porque é na estrutura, composição e dinâmica neuronais que o movimento do mundo, ou o mundo como movimento, se transforma no movimento dos indivíduos.

O neurónio é, pois, um mediador ou, mais precisamente, um operador da adequação entre os estímulos e as respostas. Torna visível que o movimento, elemento-chave para compreensão do mundo inorgânico e do mundo orgânico, é também o elemento-chave para a compreensão do mundo humano. Esse «tornar visível» não é uma força de expressão: constituído em objecto de investigação anatómica e, por isso, susceptível de ser visto e analisado, o neurónio é o lugar onde se vê que só matéria e vibração existem no mundo inorgânico, só matéria e vibração encontramos nos organismos e, por isso, só da matéria e da vibração pode resultar a inteligibilidade dos chamados fenómenos do espírito.

A doutrina neuronal constitui, por conseguinte, o elo decisivo para considerar o comportamento humano um fenómeno da natureza cuja inteligibilidade, como a de todos os outros fenómenos da natureza, reside na matéria e na vibração.

Neste ponto, não será excessivo considerar que a doutrina neuronal, como Miguel Bombarda a compreende, é tangente ao pensamento de Espinosa, para quem o homem não constitui uma esfera autónoma mas subordinado, pelo contrário, às determinações da natureza.

Compreende-se que Miguel Bombarda leia na doutrina neuronal uma «verdadeira revolução»[1] que atinge a psicologia, para mais em estado de incerteza epistemológica quanto à sua própria cientificidade, num dos seus pontos mais frágeis: a oscilação entre

---

[1] Miguel Bombarda, «Os neurones e a vida psíquica» in *Jornal da Sociedade das Sciencias médicas de Lisboa*, LXI (1897) p. 129-180.

(eventual) metafísica do espírito e a aspiração ao estudo rigoroso do comportamento. Uma psicologia positiva, uma psicologia científica, uma concepção materialista da psicologia pressupõem o determinismo – e a possibilidade de observação anatómica do neurónio preenche o requisito, na medida em que fundamenta o determinismo, decide «a velha questão dos filósofos» e dá «o último golpe nas escolas espiritualistas»[2].

O facto de a edição do texto de Miguel Bombarda publicar vários desenhos não é acidental nem mero expediente para comodidade do leitor. A experimentação laboratorial positiva, que é a prova última do rigor reivindicada por Miguel Bombarda, trabalha no regime da evidência, cuja sede é a visão[3], que não engana, não pode enganar. Miguel Bombarda não se limita a ver e a fazer, nesse ver, a prova de verdade; faz com que o leitor veja para que a mesma verdade que já se lhe patenteou possa impôr-se também ao leitor do seu texto[4] para que ele chegue à verdade do determinismo.

A verdade do determinismo joga-se na causalidade. A pressuposição da verdade do determinismo, como Miguel Bombarda reiteradamente exemplifica, é a causalidade mecânica. Bombarda multiplica os exemplos: as qualidades de um elemento antecedente/causa transferem-se para o consequente/efeito, e a química (que é em última instância uma mecânica) desta transferência, que pertence da ordem do visível, determina o comportamento do indivíduo porque percorre toda a extensão do seu sistema nervoso.

Poderíamos dizer que estamos perante uma modalidade de comportamento des-subjectivado, anónimo, um plano de imanência em que o poder do indivíduo, os seus actos e a sua vida realizam, em modo singular, o poder e a vida do mundo no qual está inscrito e de cujas forças constitui um arranjo singular.

Uma «história natural do homem»[5], velha aspiração do pensamento positivo, seria enfim possível. Mas sob duas coordenadas fundamentais: a influência do mundo sobre o indivíduo exerce-se em modo de analogia e o seu resultado é a consciência.

Quanto à primeira, Miguel Bombarda multiplica os exemplos: «Temos aqui o neurone. Queremos que ele vibre energicamente, com entuasiasmo, que sejam faiscantes os seus produtos? Projectemos sobre ele algumas gotas de Champagne. Queremo-lo, pelo contrário, amolecido, inerte, improdutivo, embrutecido? Afoguemo-lo em alcool, administremos-lhe o clofofórmio, narcotisemo-lo pelo ópio, pelo cloral... O neurone sentirá, vibrará, conforme todas essas acções que sobre ele incidam, e os seus produtos serão de todo em todo diferentes, segundo a qualidade e a energia da acção»[6]. A vida psíquica, como resultado directo destas acções, é uma mecânica regional que se recorta no «ideal de uma interpretação mecânica de todos os fenómenos do universo»[7]. Do ponto de vista de Miguel Bombarda, este mecanicismo integral corresponde à última onda da secularização na justa medida em que invade os terrenos onde, duran-

---

[2] Idem, ibidem, p. 132.

[3] Cf. Fernando Gil, *Traité de l'évidence*, Editions Jêrome Millon, Grenoble, 1993, p. 16.

[4] M. Bombarda, o.c., p. 133.

[5] Idem, *A Biologia na vida social*, Lisboa, 1900, p. 18.

[6] Idem, «Os neurones e a vida psíquica», p. 143.

[7] J. Largeault, «Causes, causalité, détermination» in *La querelle du déterminisme*, Le Débat, Gallimard, Paris, 1990, p. 181.

te séculos, o conhecimento da vida psíquica permanecera mergulhado em mistério[8] e remove, com a força objectiva de uma «poderosa luz», todas «aquelas entidades metafísicas que se ensarilhavam na vida espiritual[9]. «A fisiologia geral do sistema nervoso (escreve), o modo por que se sabia que eram conduzidas as excitações e por que se constituíam os arcos reflexos, indicavam a necessidade de eliminar de vez das concepções científicas todas essas velharias, absolutamente inadaptáveis às modernas conquistas da fisiologia»[10].

Como, por isso, os homens e as sociedades se materializaram[11] e «o homem passou a ser um objecto da história natural»[12], é possível escrever uma «história natural do homem» cujo ponto de partida reside na anatomia e cujo princípio de inteligibilidade se encontra na fisiologia.

De certo modo, numa óptica de continuidade filosófico-científica, os trabalhos de Ramon y Cajal prolongam e consumam o contributo de Feuerbach: se Feuerbach realizara uma antropologização do espírito pela valorização do conceito de corpo, a qual lhe permitia afirmar os sentidos como «orgãos do absoluto» e definir o género humano como o campo de posição e resolução dos problemas e a historicidade como condição e limite da consideração do absoluto, as investigações neuronais de Ramon y Cajal mostram o tempo e o modo de naturalização do género humano e da história.

Como todos os homens de pensamento dignos desse nome, e por mais discreta que seja a operação, Miguel Bombarda não se limita a integrar-se numa história já feita: dá uma configuração particular à história que quer prosseguir e torna-se, deste modo, herdeiro de uma tradição que é, por isso, em grande parte, obra sua. Outras comunicações ocupar-se-ão, certamente, deste processo: Miguel Bombarda transforma as possibilidades em necessidade e constrói a evidência primeira susceptível de ser desenvolvida na banca da experimentação anatómica e na lamela da fisiologia. Limito-me a sublinhar que esta rede de pressupostos não se reduz ao elemento da materialização integral dos homens e das sociedades, abrange também a própria noção de matéria. À via prosseguida por um autor como Espinosa, de que parece ser próxima a afirmação da imanência absoluta, e pela força da sua genealogia intelectual, Miguel Bombarda parece preferir Descartes. Estamos num momento fundamental da história do determinismo, aliás ainda sem palavra para o nomear. A definição cartesiana de causalidade física tem, evidentemente, uma importância retrospectiva. Mas reveste-se, igualmente, de uma importância prospectiva: no mundo cartesiano, só é possível um tipo de efeitos – as modificações dos estados das partes da matéria; e só é possível um tipo de causas – os choques dos corpos uns contra os outros. Assim, no mundo material, causar é percutir e uma causa não é outra coisa do que um corpo que repercute num outro: a eficiência de uma causa reside na quantidade de movimento de um corpo que atinge outro corpo[13].

---

[8] M, Bombarda, «Os neurones e a vida psíquica», p. 142.
[9] Idem, ibidem, p. 142.
[10] Idem, ibidem, p. 142.
[11] Idem, *A Biologia na vida social*, Lisboa, 1900, p. 13.
[12] Idem, ibidem, p. 18.
[13] Cf.: Krysztof Pomian, «Histoire d'une problématique» in *La querelle du déterminisme*, p. 27-28.

Basta, porém, que uma noção-chave de Espinosa – a noção de afecto, que é o nome correspondente ao verbo afectar – seja irredutível à noção de causa, para que os caminhos se bifurquem. Não é possível expor, agora, o fundo desta demarcação. Ela centra-se, precisamente, na noção de causa. A causa espinosiana não é, em primeiro lugar, transitiva. É de uma acepção de causalidade eficiente como causa de um efeito distinto que Espinosa se demarca, abrindo com a respectiva definição a sua obra mestra e concedendo-lhe o privilégio teórico de a tornar «o arquétipo de toda a causalidade, o seu sentido originário e exaustivo»[14]. No modo como um corpo afecta outro corpo, manifesta-se a potência da Natureza (cuja identificação com Deus é um tópico nuclear), e não simplesmente a força ou o movimento daquele determinado corpo.

Por isso, o tema da causalidade proporciona a Descartes e a Espinosa desenvolvimentos irredutíveis e gera irredutíveis correntes materialistas.

Esta questão prende-se directamente com o pensamento de Miguel Bombarda num ponto preciso que ajuda a definir a singularidade da sua posição cientista. Miguel Bombarda coloca no centro da mecânica psicológica a noção de consciência. No sentido em que a mecânica psicológica é uma região do programa de concepção mecânica de todos os fenómenos do universo, a noção de consciência não se limita aos homens mas alarga-se aos animais, vegetais e minerais. Vejamos o seguinte passo: «O cérebro é um oceano de amebas neurónicas que de contínuo estão em movimento, que de contínuo estão a articular-se e a desarticular-se. Esta agitação incessante é a consciência. Não é uma agitação que dê a alguma coisa estranha, a uma alma sobreposta, a sensação de consciência. A própria agitacão constitui essa sensação. A agitação é a própria consciência. (...) Essa agitação é universal e universal é a sensação de consciência. Consciência no homem, consciência no animal ou na planta, consciência nas massas minerais. Um carvão incandescente é consciente. A questão está apenas no grau dessa consciência. Luminosa no homem, obscura nos graus mais baixos da vida, quase extinta nos corpos não organizados. Por toda a parte a agitação, por toda a parte o movimento, por toda a parte a vibração, por toda a parte a sensação correlativa»[15].

Digamos que, pela doutrina contida neste passo, Miguel Bombarda poderia situar-se como intermediário entre o sonho de d'Holbach e La Mettrie e as neurociências contemporâneas, que pretendem dar conta da consciência pelos processos cerebrais. A consciência não é um «fragmento da alma» ou «uma emanação de Deus»[16].

Porém, da mesma orientação do determinismo psíquico, a escola neurológica portuguesa extrairá consequências diversas. Egas Moniz considera que a vida psíquica «é um sistema, sem cessar em evolução, de forças elementares, antagonistas, componentes ou resultantes», há um «determinismo da nossa vida consciente. Como estas forças não obedecem senão às condições da sua própria realização colocam a vida psíquica na dependência determinada dessas condições. Estas condições são inconscientes: o inconsciente é a base universal da vida psíquica»[17].

---

[14] Gilles Deleuze, *Spinoza – philosophie pratique*, Editions de Minuit, Paris, 1981, p. 77.

[15] M. Bombarda, «Os neurones e a vida psíquica», p. 145.

[16] M. Bombarda, «Os neurones e a vida psíquica», p. 145.

[17] Egas Moniz, *Licção do Curso de Neurologia – As bases da psicanálise* (separata de *Medicina Contemporânea*) Lisboa, 1915, p. 7-8.

A vida psíquica pode identificar-se com a rede complexa de causalidades: causar é percutir e a percussão circunscreve a causalidade ao modo do presente. A consciência é um fenómeno presente e coextensivo à rede de causalidades: Miguel Bombarda inscreve-se neste materialismo. Se, porém, a causa for irredutível ao modelo da percussão porque a causa é uma expressão da potência infinita da Natureza – como no pensamento espinosiano –, já não é possível estabelecer uma aproximação analógica entre a causa e o efeito. A causa não é só excessiva relativamente aos efeitos, é também obacura e de uma obscuridade só parcialmente aclarada nos (e pelos) efeitos. Nesta via, que permite afirmar que os fundamentos dos fenómenos psíquicos são inconscientes, Miguel Bombarda por certo não se reconheceria, adversário que se mostrou da própria noção de «sub-consciente», que considera uma noção gerada pela velha metafísica, mais uma dessas palavras com que se tenta interpretar situações psicológicas «e que ao mundo espírito não significam absolutamente nada»[18].

Mas o que mais importa, se não é a doxografia ingénua nem a repetição desprevenida, também não é a crítica cega às condições históricas em que se constitui uma determinada formação discursiva de intenção científica. A maior ambição de Miguel Bombarda – quero dizer: o propósito explícito da corrente científica em que se inscreve – é a conquista da transparência sobre os fenómenos psíquicos, a última região da natureza ainda envolvida nos mistérios que têm envolvido os homens desde tempos imemoriais e impedido o conhecimento de si próprios e da sua relação com a sociedade e a natureza. Deste ponto de vista, e a letra do diagnóstico não está longe do discurso nietzschiano, a história da humanidade é a história de uma doença, dessa «grave enfermidade mental»[19] cujo sinal mais expressivo, síntese de todos os sintomas, é o lugar de excepção que reserva ao Homem. De facto, a complexificação científica foi implicando desde o século XVII o descentramento do indivíduo ou, para sermos mais precisos, a sua transformação em objectos integráveis e integrados em campos de investigação progressivamente quantificados.

Sabemos hoje, porventura com uma outra convicção e uma outra urgência, que a racionalidade científica não é toda a racionalidade. Mas sabemos também que o próprio da racionalidade científica que anima Miguel Bombarda assenta justamente na pressuposição de que é toda a racionalidade. E sabemos ainda que, ao preencher os requisitos de cientificidade, as ciências cederam com frequência à tentação totalizadora, isto é, à suposição de que o seu ponto de vista, volvendo-se em visão pan-óptica, poderia deslocar-se do terreno da justeza para o terreno da Verdade.

Ao escrever que «de tempos imemoriais tem a humanidade sofrido de grave enfermidade mental», Miguel Bombarda já está no campo ideológico da Verdade. Quero dizer: as investigações que desenvolveu – e que o tornaram figura cimeira devido à abertura de novas perspectiva em fisiologia, psicologia e neurologia – são deslocadas dos sujeitos individuais para a Humanidade como sujeito. As questões sociais são re-escritas em linguagem científica desligada do meio em que era pertinente e beneficiam da prova experimental a que nunca, noutras condições ideológicas, os problemas sociais poderiam aspirar.

---

[18] M. Bombarda, «Os neurones e a vida psíquica», p. 161.

[19] Idem, *A Biologia na vida social*, p. 8.

É compreensível o optimismo de Miguel Bombarda quando refere a «a rápida história da entrada triunfante e fecunda da ciência da vida nas relações sociais»[20] ou «a concepção científica do homem a insinuar-se na consciência social»[21].

Não se trata, aqui, de uma analogia mas de uma redução efectiva do social ao biológico: a verdade do social está condensada no biológico[22] porque a história do homem e da sociedade é uma história natural, quer dizer, uma história que se apreende na rede do determinismo psicológico.

Miguel Bombarda está consciente de que uma tal conclusão implica uma reorganização epistemológica pela qual algumas áreas científicas transfigurem os seus objectos e os seus métodos e conquistem os objectos e os métodos de outros saberes – porque, se a redução à natureza (entendida com matéria) é um facto, as disciplinas tendem para a unificação sob o critério da biologia, concebida como ciência total.

As expressões que traduzem esta operação revestem-se de particular importância: «É preciso que a psicologia deixe de ser uma ciência de laboratório e de mera aplicação individual para que se converta no magnífico sol fecundante da vida das sociedades. É preciso que a fisiologia ultrapasse os limites de uma ciência exclusiva a médicos e venha esclarecer a multidão de males sociais que sem ela terão de se arrastar sem fim, na escassez de remédio como na carência de prevenção. Urge que a história natural do homem, desde a actividade do mais humilde órgão até aos arcanos do pensamento, se constitua na base sólida e inabalável , na base inflexível, porque é a verdade mesma, de todas as relações entre os homens, de todas as leis e de todos os códigos em que se firmam as sociedades»[23].

Por isso, não menos importante é a conclusão: «Já é grande o papel do médico na sua faina de aliviar o sofrimento, de combater a doença. Mas como ele não se amplifica grandiosamente quando o enfermo é a sociedade inteira e a enfermidade é o erro a extirpar, as ilusões a desfazer, a superstição a esmagar... O médico clínico é rigorosamente e por larga parte um expressão de egoísmo; o médico social significa o anseio mais puro».

A noção de médico social é nuclear para a consideração de Miguel Bombarda como intelectual. É bem claro que não utilizo esta noção na sua acepção genérica. Pelo contrário, só a sua utilização estrita pode dar conta do problema que pretendo sublinhar: embora possam até coexistir na mesma pessoa, o cientista, o escritor e o artista devem distinguir-se do intelectual na medida exacta em que o próprio do intelectual é ler nas feições particulares de um acontecimento a afloração de um sentido e de uma Verdade que não é da ordem do transitório. O discurso do intelectual, mesmo (ou sobretudo) se é crítico ou heterodoxo é um discurso de Verdade. Não se ocupa das questões particulares que são as dos artistas ou dos escritores ou dos cientistas: reconduzem os contributos de todos eles à unidade de um sentido que pode ser dissolvente da ordem actual ou prefiguração de uma ordem a vir.

---

[20] Idem, ibidem, p. 8.
[21] Idem, ibidem, p. 15.
[22] Cf.: idem, ibidem, p, 17.
[23] Idem, ibidem, p, 18.

A noção de médico social é a noção-chave caracterizar a dimensão intelectual do trabalho de Miguel Bombarda. Uma sociedade que se reconheça doente, colocada perante os meios da sua própria cura, quererá escolher salvar-se pela mão do clínico militante da vida e da felicidade: a história natural, a que é devolvida, recupera, assim, de facto, um organismo que sempre lhe pertenceu.
Finalmente, re-estabelece-se a unidade da matéria.

•

Resumo – A comunicação tem um âmbito muito limitado: parte de uma leitura de Os neurones e a vida psíquica e da relação deste com um outro texto intitulado A biologia na vida social e centra-se na actividade de Miguel Bombarda, cuja longa actividade como médico e cientista exerceu reconhecida influência científica e ideológica no campo republicano, como intelectual, na acepção específica desta categoria.

O sentido dessa actividade lê-se com nitidez na noção de medicina social contraposta à de medicina clínica e na confiança de que só ela seja capaz de debelar a grave enfermidade mental que aprisiona os homens desde tempos imemoriais.

João Rui Pita
Faculdade de Farmácia e CEIS20, Universidade de Coimbra, Portugal

FARMÁCIA, MEDICAMENTOS E MICROBIOLOGIA EM MIGUEL BOMBARDA

O século XIX, século de «explosões científicas», para utilizar a expressão consagrada de René Taton, é também um período de enorme significado para as ciências da saúde, muito particularmente para os domínios da farmácia, terapêutica e microbiologia, os objectos que suscitaram esta nossa reflexão em torno de Miguel Bombarda.

Entre 1851 e 1910, respectivamente anos do nascimento e falecimento de Miguel Bombarda, opera-se o que podemos designar de revolução fármaco-terapêutica. É também período dourado da microbiologia que desponta como disciplina científica no quadro das disciplinas médicas, tendo como figuras tutelares e emblemáticas Pasteur e Koch.

A justificação para este estado de coisas é simples. Vejamos quais as inovações que marcaram a segunda metade do século XIX e os primeiros anos do século XX do ponto de vista fármaco-terapêutico. Desde logo, isolamento de substâncias activas que se iniciou nos primeiros anos do século XIX. São isolados princípios activos que se mostraram de interesse capital na produção medicamentosa e, do mesmo modo, desenvolvem-se outros agentes quimioterápicos. Entre os muitos exemplos que poderíamos dar assinalem-se, por exemplo, a pilocarpina, a cocaína, a heroína, entre os hipnóticos assinale-se a descoberta do cloral, do sulfonal, do veronal, do luminal. É, também, o tempo da descoberta do ácido salicílico, do ácido acetilsalissílico, do desenvolvimento da opoterapia (ou medicação hormonal) com a descoberta e entrada na terapêutica de produtos como, por exemplo, a adrenalina. Em 1900 Landsteiner descobre os tipos sanguíneos ABO. Christian Eijkman em finais do século XIX desenvolve preocupações terapêuticas que vão desembocar na descoberta das vitaminas; em 1909 iniciaram-se os trabalhos em torno da vitamina A em função dos trabalhos de Hopkins e Stepp. Apuram-se os trabalhos sobre os anestésicos, que por volta dos anos 40 do século XIX iniciaram caminhada sem retorno, e que contribuíram decisivamente para a afirmação das especialidades cirúrgicas. A fisiologia experimental moderna lançada para a comunidade científica em função dos trabalhos profundos e metódicos de Claude Bernard permitiu reproduzir no laboratório os fenómenos orgânicos e com isso lançava-se, também, a possibilidade de se experimentarem os medicamentos e de se avaliarem as suas qualidades, laboratorialmente. Estavam lançados os dados para o desenvolvimento da farmacologia experimental que teve como pioneiros Rudolf Buchheim, Binz e Schmiedeberg. Também deve ser assinalado o nascimento da terapêutica experimental que teve como figura pioneira Paul Erlich que coloca a terapêutica experimental no patamar das disciplinas científicas. Ficou célebre o «seu» salvarsan 606 e posteriormente o salvarsan 614, compostos mercuriais utilizados no tratamento da sífilis. Paul Erlich preconiza a existência da uma medicação semelhante às famosas «balas mágicas» por ele pensadas, isto é, uma medicação capaz de actuar no organismo humano, objectiva e selectivamente, destruindo os germes mas sem lesar o organismo. Deste modo, na medida em que Erlich estabelecia o primado da acção terapêutica do medicamento e da sua capacidade de actuação, relativamente à força curativa da natureza, é considerado como o nome maior da farmacologia do positivismo. Apuram-se novas formas farmacêuticas como as cápsulas gelatinosas, os injectáveis e os comprimidos. Vulgariza-se a utilização da gelatina e da glicerina nos medicamentos, apuram-se técnicas farmacêuticas destinadas a produzir medicamentos em grande escala mas com maior rigor fármaco-terapêutica. A produção de medicamentos em indústrias farmacêuticas passa a ser uma efectiva realidade, consolidando-se, gradualmente, este sector farmacêutico.

É longa, também, a lista de microorganismos descobertos na segunda metade do século XIX e que caracterizam, justamente, o nascimento e a afirmação da microbiologia como disciplina científica no seio das disciplinas médicas. As escolas de Pasteur e de Koch e toda a galeria de microbiologistas oitocentistas testemunham o valor das descobertas microbianas e a sua importância capital para a higiene, saúde pública e para o bem estar das populações. Nomes como dos de Chamberland, Calmette, Yersin, Nicolle, Löffler, Gaffky, Hueppe, Pfeiffer, Conradi, Kitasato, entre muitos, partilharam interesses microbiológicos e através deles é possível observar o papel fulcral da microbiologia na comunidade científica. No último quartel do século XIX foram descobertos e isolados microorganismos responsáveis por doenças infecciosas que constituíam enorme preocupação para a comunidade médica e para as populações. Assim, passava a haver uma maior capacidade de actuação quer a nível terapêutico, quer a nível preventivo pois sabia-se a entidade responsável pela doença e as condições de vida que facilitavam a propagação dos micororganismos. Foram identificados microorganismos responsáveis por doenças como o carbúnculo, a tuberculose, a cólera, o tétano, a peste, a febre tifóide, etc. A medicina tropical tomava, também, novos contornos com a descoberta do modo de propagação do parasita da malária. Assim, a higiene pública converte-se a partir de meados do século XIX numa disciplina experimental sustentada, entre outras, nos progressos operados na microbiologia e na estatística, tendo surgido o primeiro Instituto de Higiene em Munique, em 1875, fundado por Max Von Pettenkoffer.

Deste modo, conhecendo-se os microorganismos responsáveis pela propagação de uma dada doença, havia a possibilidade de tentar atalhar a progressão da doença através de terapêuticas medicamentosas, através de medidas preventivas individuais ou através de medidas preventivas colectivas. Este estado de coisas permitia, também, aos Governos legitimar mais consistentemente as suas actuações no plano da política sanitária justamente pela fundamentação científica que agora lhes era possibilitada. Assim, aumentava-se a base de sustentação e de actuação da medicina social na segunda metade do século XIX, e assim, de acordo com Juan Riera, «a saúde humana é um assunto de interesse social; a medicina é uma ciência social; as medidas para promover a saúde e lutar contra a doença devem ser não só médicas mas também sociais»[1].

Miguel Bombarda, microbiologia e saúde pública: a polémica com Eduardo Abreu

---

[1] Juan Riera, *Historia, Medicina y Sociedad*, Madrid, Pirámide, S.A., 1985, p. 406.

Na história da medicina portuguesa, Miguel Bombarda é essencialmente conhecido como psiquiatra. Teve, porém, outras preocupações. Basta estarmos atentos às polémicas que manteve na *Sociedade das Ciências Médicas de Lisboa* e às suas inúmeras publicações para verificarmos que estava consciente do que de mais actual se ia fazendo fora de Portugal nos diversos da medicina e das ciências da saúde. A fisiologia, a histologia e a microbiologia constituíram algumas das várias preocupações científicas de Bombarda. Julgamos, porém, que não se deve falar de Miguel Bombarda microbiologista ou fisiologista, tanto mais que Bombarda nunca centrou as suas atenções no trabalho laboratorial, nunca foi homem de laboratório, mas deve falar-se antes de Miguel Bombarda dinamizador ou divulgador da microbiologia e da fisiologia.

Miguel Bombarda faz eco dentro do país do que de mais avançado se ia fazendo no estrangeiro. Tentou dinamizar a histologia e a fisiologia enquanto ciências laboratoriais dando a conhecer a mentalidade fisiopatológica de Claude Bernard. Tentou, igualmente, dar projecção em Portugal à mentalidade etiopatológica tendo escrito bastante sobre as inovações pasteurianas e a figura de Pasteur. Manteve polémica violenta com Eduardo Abreu durante cerca de meio ano na *Sociedade das Ciências Médicas de Lisboa*, a propósito da validade da vacinação contra a raiva, da qual era um forte defensor, embora não defendesse a obrigatoriedade da vacinação na população portuguesa. Esta polémica pode ser vista nas páginas da revista que Bombarda fundou e dirigiu em Lisboa, *A Medicina Contemporanea*. O periódico publicou em Janeiro de 1887 um extracto do relatório apresentado ao Governo por Eduardo Abreu. Para este médico, era bastante discutível o processo utilizado por Pasteur na profilaxia da raiva, metodologias de trabalho utilizadas e, também, os êxitos alcançados em França no tratamento e profilaxia da raiva. Eduardo Abreu era, também, defensor da fundação em Portugal de um estabelecimento destinado aos estudos bacteriológicos sugerindo que o Governo deveria ter a seus ombros esta importante iniciativa. Por isso, Eduardo Abreu é inequívoco ao abrir o seu relatório dizendo: «Na minha opinião, o sr. Pasteur não cura a raiva. E enquanto à tão apregoada eliminação da raiva, tenho a dizer que longe dela tender a desaparecer, está pelo contrário aumentado numa proporção verdadeiramente assustadora»[2].

Nas páginas de *A Medicina Contemporanea* encontramos a polémica que durante cerca de meio ano envolveu Bombarda, Eduardo Abreu e outros médicos. Das palavras de Miguel Bombarda sobressai a admiração incondicional por Pasteur, não pelo seu trabalho científico, mas também, pelo seu perfil de homem de ciência; mas, também, sobressai a sua actualidade científica e a tentativa de dinamizar e divulgar dentro do país o que de mais actual se ia fazendo no estrangeiro em questões de microbiologia.

Na polémica que manteve na *Sociedade das Ciências Médicas de Lisboa*, Eduardo Abreu, emissário a França do Governo português a acompanhar doentes raivosos e para avaliar e observar os trabalhos de Pasteur, era fortemente cáustico para os trabalhos do cientista francês. Colocava em causa as suas faculdades mentais, justificando o facto no acidente vascular cerebral que Pasteur havia sofrido, não dava valor ao laborató-

---

[2] Eduardo Abreu, «A raiva (Extracto do relatorio apresentado ao governo)», *A Medicina Contemporanea*, 5 (3) 1887, p. 17.

rio onde as investigações se realizavam e dava pouca credibilidade à metodologia de trabalho utilizada por Pasteur e toda a sua escola de microbiologistas. Fazia salientar o fracasso das vacinações contra a raiva dizendo que se pode concluir que «depois do tratamento de Pasteur, morre-se mais de raiva»[3]. Em 1887 Eduardo Abreu dizia: «há cinco meses que Pasteur não está à frente dos seus trabalhos. Pasteur está doente em Itália, tratando da sua saúde, completamente perdido para a ciência porque não está no gozo das suas faculdades mentais»[4]. Ao descrever o laboratório em Paris onde se realizavam experiências sobre a raiva, Eduardo Abreu é brutalmente cáustico dizendo o extracto de acta o seguinte: «Assim não viu nada do que esperava, nem Pasteur fazendo experiências em animais, nem cães danados em gaiolas, e pelo contrário, achou impossibilidade de penetrar no laboratório e via injecções a indivíduos àcerca das quais nem se indagava se haviam sido mordidos por animais, nem outras circunstâncias importantes nestes casos. Achou tudo isto irregular e parecia-lhe haver de sério somente as experiências, já feitas nos cães, nem uma na espécie humana; apenas dominava ali o medo e a enorme concorrencia de pessoas supostas atacadas duma doença tão rara como a raiva é»[5]. Eduardo Abreu retratou sumariamente Pasteur dizendo que o retrato mais fiel para Pasteur era o de «paralítico e hemiplégico perfeito»[6]. Eduardo Abreu referia todavia que o que estava em causa era acima de tudo uma discussão científica, dizendo que «admira e venera muito Pasteur e os seus trabalhos, mas revolta o ver que os seus defensores mais enérgicos sejam jornais como *L'Univers*, jornais católicos de Espanha e em Portugal *A Ordem*, órgãos sabidos dos Jesuítas, e os quais taxam de materialistas os que discutem Pasteur, acusando-os de combaterem o sábio por causa das suas crenças e convicções religiosas e defendendo-o eles com argumentos de igual valor. Não é este o meio de discutir devidamente um facto científico e por esta razão entende dever ser cauteloso no modo de aceitar as descobertas sem às sujeitar à crítica racional»[7]. Para Eduardo Abreu, «Pasteur *não cura* a raiva; pretende fazer só profilaxia (…) Para o efeito profiláctico, faltam os fundamentos científicos, que houve nas outras vacinas, onde conhecidos os micróbios, atenuados e tendo-se verificado os seus efeitos, como doença benigna, se chegou, então cientificamente a obter a *vaccina*. Para estas, Pasteur exigiu isto tudo; para a raiva e para aplicar inoculações ao homem, não quis tanto»[8]. As opiniões de Eduardo Abreu foram rebatidas por Eduardo Burnay,

---

[3] Sociedade das Sciencias Medicas de Lisboa. Acta da sessão de 25 de Junho de 1887, *A Medicina Contemporanea*, 5 (28) 1887, pp. 217-220.

[4] Sociedade das Sciencias Medicas de Lisboa. Extracto da sessão de 16 de Abril, *A Medicina Contemporanea*, 5 (19) 1887, pp. 149-150.

[5] Sociedade das Sciencias Medicas de Lisboa. Extracto da sessão de 14 de Maio, *A Medicina Contemporanea*, 5 (19) 1887, p. 162.

[6] Sociedade das Sciencias Medicas de Lisboa. Extracto da sessão de 14 de Maio, *A Medicina Contemporanea*, 5 (19) 1887, p. 162.

[7] Sociedade das Sciencias Medicas de Lisboa. Extracto da sessão de 14 de Maio, *A Medicina Contemporanea*, 5 (19) 1887, p. 162.

[8] Sociedade das Sciencias Medicas de Lisboa. Acta da sessão de 25 de Junho de 1887, *A Medicina Contemporanea*, p. 218.

Sousa Martins e Miguel Bombarda, tendo havido uma certa defesa de Eduardo Abreu por parte de Silva Carvalho. A discussão sobre a validade dos trabalhos de Pasteur arrastou-se com intervenções regulares de Miguel Bombarda que havia elaborado um relatório apresentado ao Conselho da Escola Médico-Cirírgica de Lisboa sobre a vacina da raiva[9] e onde se encontra já plasmado um atrito existente entre Abreu e Bombarda. Basta, por exemplo, estarmos atentos à parte final do relatório: «Deve-se estabelecer em Lisboa um instituto de bacteriologia anexo para vacinações anti-rábicas, instituto ligado à Escola de Medicina e dirigido por um professor que vá estudar a Paris a técnica pasteuriana e aí obtenha os animais inoculados de raiva necessários para que os trabalhos se encetem. A viagem científica do professor é essencial; nem os tubos de vacina, a que o sr. Abreu de refere no seu livro e de que ele é o único a falar, nem quaisquer trabalhos que ele tenha feito no seu modesto laboratório, podem por modo algum evitar aquela viagem»[10]. Enquanto que Bombarda acusa Eduardo Abreu de «tratar de pormenores»[11], de «raciocinar *à priori*»[12]. Faz sublinhar que «O sr. Abreu está fora dos actuais métodos científicos, os seus raciocínios são à priori, o determinismo que em palavras tanto adora não tem os seus respeitos»[13]. Disse de Eduardo Abreu que «como experimentador, pouco vale»[14] acusando-o contrapor unicamente às experiências de Pasteur «as suas, sobre as quais diz, com louvável modéstia – e seguramente com verdade – que (...) não tem a aprendizaghem experimental, bastante, para vir agora altivo, citar as suas experiências»[15]. Bombarda sublinha que o trabalho e a argumentação de Eduardo Abreu não passa de uma «controvérsia teológica», parafraseando um texto inserto na *Gazette Hebdomadaire*. Eduardo Abreu, dizia que a diferença entre ele e Bombarda era a seguinte: «um [Abreu], que vai a Paris, procura bem ver os factos, estuda, trabalha, sacrifica o seu tempo e a sua carreira, experimenta, e no fim de tudo, porque achou resultados diversos dos que Pasteur obteve, conserva-se numa prudente dúvida; outro que sem ir ver, sem estudar a questão no lugar próprio, sem ter feito a mínima experiência, analisa um trabalho, socorrendo-se de documentos posteriores

---

[9] Miguel Bombarda, «A vaccina da raiva. Extracto do relatorio apresentado ao conselho da Escola medico-cirurgica de Lisboa, pelo prof. Miguel Bombarda», *A Medicina Contemporanea*, 5 (14) 1887, pp. 105-108; 5 (15) 1887, pp. 113-116; 5 (17) 1887, pp. 129-132.

[10] Miguel Bombarda, «A vaccina da raiva. Extracto do relatorio apresentado ao conselho da Escola medico-cirurgica de Lisboa, pelo prof. Miguel Bombarda», *A Medicina Contemporanea*, 5 (14) 1887, pp. 105-108; 5 (15) 1887, pp. 113-116; 5 (17) 1887, p. 132.

[11] Sociedade das Sciencias Medicas de Lisboa. Actas das sessões de 2 e 7 de Julho de 1887, *A Medicina Contemporanea*, 5 (30) p. 235.

[12] Sociedade das Sciencias Medicas de Lisboa. Actas das sessões de 2 e 7 de Julho de 1887, *A Medicina Contemporanea*, 5 (30) p. 235.

[13] Sociedade das Sciencias Medicas de Lisboa. Actas das sessões de 2 e 7 de Julho de 1887, *A Medicina Contemporanea*, 5 (30) p. 235.

[14] Sociedade das Sciencias Medicas de Lisboa. Actas das sessões de 2 e 7 de Julho de 1887, *A Medicina Contemporanea*, 5 (30) p. 235.

[15] Sociedade das Sciencias Medicas de Lisboa. Actas das sessões de 2 e 7 de Julho de 1887, *A Medicina Contemporanea*, 5(30) p. 235.

a ele e conclui terminantemente em favor daquilo que não viu e de experiências que não procurou, ao menos, repetir»[16].

A polémica arrasta-se até Agosto de 1887. Nos últimos meses há o esgrimir de Bombarda e Sousa Martins, contra Eduardo Abreu e Silva Carvalho. A polémica assume, por vezes uma natureza sarcástica como o ridículo em que Eduardo Abreu colocou Sousa Martins, partidário incondicional das teorias pasteurianas ao dizer que este era capaz de eliminar os microorganismos de uma espátula na preparação de medicamentos por esmagamento destes. Dizia Abreu: «como S. Ex.ª timbra em querer explicar tudo, com a primeira teoria que lhe surge no cérebro, e depois timbra em sustentar essas teorias, ele orador [Eduardo Abreu] vai demonstrar que a explicação do S. Ex.ª para um homem da pujança intelectual do sr. Sousa Martins, deve ser classificada como uma fantasia, mas que se a mesma explicação saisse da boca doutro médico, sem a ciência e talento do respeitável Professor – seria classificado como *asneira* – e o seu autor teria de lutar para sempre com o epíteto de *Calino*.»[17].

Miguel Bombarda tinha a consciência de que a aplicação da vacinação, nomeadamente, a aplicação das inovações pasteurianas à higiene era um passo decisivo para a melhoria das condições de vida da população. Estava também consciente de que em Portugal as questões de política sanitária e a implantação de medidas de higiene eram decisivas e para isso é importante a fundação de um Instituto Central de Higiene que formasse médicos sanitários num país em que a higiene pública «é hoje a miséria mesma, quer como ensino, quer como aplicação»[18] e que a criação desse instituto «seria contrariar desgraçadamente um dos mais importantes progressos que em matéria de medicina pública se têm empreendido em Portugal»[19]. Também são esclarecedoras as palavras de Miguel Bombarda a propósito das medidas sanitárias que era urgente tomar em Portugal, por exemplo, no artigo que redigiu a propósito da peste em Portugal. Refere Bombarda: «Não é pois aos governos que se devem impor as responsabilidades da situação que atravessamos. É ao povo e só ao povo. Pois se nós estamos num país em que ainda se fazem preces públicas a pedir a Deus Nosso Senhor que nos livre da epidemia e em que médicos há que ousam escrever publicamente que não acreditam na epidemia da peste, porque epidemia significa grande número de doentes e grande número de óbitos e porque não acreditam em micróbios! Verdade seja que dizem com toda a seriedade que o vão processar, o que nos permite esta última exclamação. Pois se estamos num país em que se processam médicos por terem em ciência opiniões, por mais abstrusas que sejam!»[20]

Miguel Bombarda, farmácia e medicamentos

---

[16] Sociedade das Sciencias Medicas de Lisboa. Acta da sessão de 25 de Junho de 1887, *A Medicina Contemporanea*, p. 218.

[17] Sociedade das Sciencias Medicas de Lisboa. Acta da sessão de 6 de Agosto de 1887, *A Medicina Contemporanea*, 5 (37) 1887, p. 291.

[18] Bombarda, M., «Instituto Central de Hygiene», *A Medicina Contemporanea*, 18 (7) 1900, p. 53.

[19] *Idem, Ibidem*, p. 54

[20] Bombarda, Miguel, «A peste em Portugal», *A Medicina Contemporânea*, 17 (36) 1899. p. 304.

Do maior interesse é, igualmente, a sensibilidade de Miguel Bombarda para assuntos de natureza farmacêutica e de produção medicamentosa. Bombarda por várias vezes reflectiu sobre o interesse da produção medicamentosa e da existência de farmácia, considerando a prestação de cuidados farmacêuticos uma «obrigação de velar pelos interesses mais sagrados das populações». Bombarda vive justamente num período de industrialização acentuada da produção medicamentosa. Da passagem da farmácia artesanal para a farmácia industrial e está consciente desta alteração que se operava na farmácia. Miguel Bombarda estava consciente da revolução terapêutica que se operava em torno da produção medicamentosa, não só ao nível das matérias-primas mas, também, ao nível das próprias formas farmacêuticas. Miguel Bombarda fala mesmo de «uma verdadeira febre de descobertas em matéria médica, tanto na clínica especial como na clínica comum»[21].

São extremamente interessantes as considerações que faz a propósito da preparação medicamentosa no relatório que elaborou sobre o Hospital de Rilhafoles para o ano de 1892/93. Diz Miguel Bombarda: «A falta da distribuição dos doentes por categorias, bem como a provisória inutilização do estabelecimento hidroterápico em reconstrução, a carência de um local onde se faça uma instalação electroterápica, a privação enfim de oficinas e de mais terreno de cultura em que se possam empregar os doentes, tudo isto se reduziu este ano o tratamento em Rilhafoles a ser quase exclusivamente um tratamento farmacológico. Neste ponto encontrei-me logo de princípio com uma dificuldade que a simplificação do serviço exigia se removesse rapidamente – a falta dum formulário especial»[22]. Se, por um lado, Miguel Bombarda estava consciente da importância da hidroterapia e da electricidade médica, por outro lado estava igualmente consciente que «nestes últimos tempos tem-se multiplicado o número de medicamentos especialmente destinados ao tratamento da loucura e das doenças nervosas e era necessário formular em todos os dias nas requisições a fazer para a farmácia»[23]. Por isso, sublinhava que «tornava-se pois necessário elaborar para Rilhafoles o que de há muito anda feito no hospital de S. José – um formulário que incluísse os medicamentos mais seguros, aqueles que têm dado mais provas da sua eficácia e dispondo-os em fórmulas especiais reduzir a simples números as receitas a escrever. Daqui nasceu o formulário»[24]. Miguel Bombarda vais mais longe ao referir que aos anexos ao formulário do Hospital de S. José se podiam adicionar outros medicamentos com particular interesse para as doenças mentais. Inclui 28 novas formulas que lhe pareciam «excelentes ou têm recebido aplicação na especialidade»[25].

O apêndice ao formulário proposto por Miguel Bombarda era o seguinte[26]:

A - Borato de soda em pó fino – vinte e cinco centigramas.............................0,25
    Em um papel.

---

[21] *A Medicina Contemporânea*, 1894, p. 43.
[22] *Idem*, p. 37.
[23] *Idem*.
[24] *Idem*.
[25] *Idem*, p. 43.
[26] *Idem*, pp. 43-45.

B - Brometo de etilo – dez gramas 10
      Em um vidro.
C - Cloralose em pó fino – cinquenta centigramas 0,50
      Em um papel.
D - Empolas de nitrito de amilo de cinco gotas .... nº 1
E - Empolas de cloreto de etilo de vinte gramas .... nº 1
F - Hipnal em pó fino – um grama 1
G - Pental – dez gramas 10
      Em um vidro.
H - Fenacetina em pó fino – trinta centigramas 0,30
      Em um papel.
I - Pílulas de aconitina:
      Aconitina amorfa – meio miligrama 0,0005
      Extracto de meimendro – dois centigramas 0,02
      F.S.A. uma pílula.
J - Pílulas de cloreto de ouro e de sódio:
      Cloreto de ouro e de sódio – um centigram 0,01
      Extracto de doce-amarga – um centigrama 0,01
      F.S.A. uma pílula.
K - Poção de acetato de zinco:
      Acetato de zinco – dois gramas 2
      Soluto gomoso – auqrenta e oito gramas 48
      Dissolva.
L - Poção de azotato de soda:
      Azotato de soda – três gramas 3
      Água destilada – trinta e sete gramas 37
      Xarope comum – dez gramas 10
      Dissolva o azotato na água; junte o xarope.
M - Poção de bromofórmio:
      Bromofórmio – cinco gotas V
      Essência de canela – três gotas III
      Glicerina – cinquenta gramas 50
      Misture. Agite o frasco quando usar.
N - Poção de butil-cloral
      Butil-cloral hidratado – um grama 1
      Glicerina – seis gramas 6
      Água destilada – quarenta e três gramas 43
      Misture
O - Poção de cólquico e acónito:
      Tintura de cólquico – sete gotas 7
      Tintura de acónito – três gotas III
      Água destilada – cinquenta gramas 50
      Misture.

P - Poção de éter acético:
      Éter acético – dez gotas X

Soluto gomoso – cinquenta gramas..........50
Misture.
Q - Poção de gelsemium:
Tintura de gelsemium – cinco gotas..........V
Soluto gomoso – cinquenta gramas..........50
Misture.
R - Poção de hidrato de cloral e cloridrato de morfina:
Hidrato de cloral – um grama..........1
Cloridrato de morfina – um centigrama..........0,01
Água destilada – trinta e nova gramas..........39
Xarope de casca de laranja azeda – dez gramas..........10
Dissolva o cloral e a morfina na água; junte o xarope..........
S - Poção de hipnal:
Hipnal – um grama..........1
Água destilada – trinta e nove gramas..........39
Xarope de casca de laranja azeda – dez gramas..........10
Dissolva o hipnal na água – junte o xarope.
T - Poção de somnal:
Somnal – dois gramas..........2
Água destilada – trinta e oito gramas..........38
Xarope comum – dez gramas..........10
Dissolva o somnal na água: junte o xarope.
U - Poção de trinitrina:
Soluto alcoólico de trinitrina a 1 por 100 – duas gotas..........II
Água destilada – cinquenta gramas..........50
Misture.
V - Soluto de cânfora (1ª fórmula):
(Para injecção hipodérmica)
Cânfora – cinquenta centigramas..........0,50
Dissolva em azeite esterilizado q.b. para completar dez
centímetros cúbicos.
W - Soluto de Cânfora (2ª fórmula):
(Para injecção hipodérmica)
Cânfora – um grama..........1
Dissolva em éter sulfúrico q.b. para completar dez
centímetros cúbicos.
X - Soluto de extracto de ópio:
(Para injecção hipodérmica)
Extracto aquoso de ópio – cinquenta centigramas..........0,50
Água destilada – oito gramas..........8
Dissolva; junte glicerina q.b. para completar dez
centímetros cúbicos.

Y - Soluto de fosfato de sódio:
(Para injecção hipodérmica)

>   Fosfato neutro de sódio – dois decigramas 0,2
>   Dissolva em água de loureiro-cerejeira q.b. para completar
>   dez centímetros cúbicos.
> Z - Timacetina em pó fino – vinte e cinco centigramas 0,25
>   Em um papel.
> AA -Tetronal em pó fino – um grama 1
>   Em um papel.
> BB -Trional em pó fino – um grama 1
>   Em um papel.

Miguel Bombarda refere que a elaboração daquele formulário obedeceu a um número de necessidades. Entre as mais urgentes sublinha a abolição da colher como medida (o que considerava muito subjectiva) e depois facilitar a administração do medicamento. Por isso refere que «tudo quanto seja simplificar num hospital de loucos, onde a maior parte dos doentes não estão submetidos a qualquer tratamento farmacêutico, onde a tendência dos encarregados da enfermagem é nivelar todos os doentes pelos crónicos, pelos incuráveis, tudo quanto seja simplificar, repito, é uma vantagem para o doente em tratamento e uma garantia de que as prescrições médicas serão fielmente cumpridas»[27].

Miguel Bombarda estava consciente de que se vivia um enorme período de efervescência fármaco-terapêutica. Referia que a terapêutica farmacológica atravessava naquela momento um período de «febre e de confusão que têm tornado muito pouco nítidas as ideias dos alienistas a respeito da multidão dos novos remédios propostos»[28]. Contudo, considerava que os medicamentos por ele propostos tinham «efeitos verdadeiramente brilhantes»[29]. Assim, notava que as injecções hipodérmicas de hiosciamina nos doentes com forte agitação muscular e nas manias furiosas tinha uma acção muito calmante e hipnótica. Nos casos de *delirium tremens* mais agudos recomendava altas doses de cloral e de morfina. Ergotina em injecção hipodérmica era indicada, por exemplo, em casos de «delírio agudo». Depois sublinhava a acção hipnótica de substâncias como o trional, tetronal e metilal, destacando a acção do trional referindo que se tratava de «um dos mais poderosos hipnóticos, senão o primeiro deles». Contudo, dizia que ainda não dispunha de dados suficientemente válidos para dizer o mesmo de um produto muito utilizado na época, o bromofórmio. Também referia que as injecções hipodérmicas de morfina nos estados melancólicos lhe pareciam preferíveis às injecções de ópio, tendo-se pronunciado igualmente sobre a eficácia dos brometos na epilepsia.

Miguel Bombarda, hidroterapia e electroterapia

---

[27] *A Medicina Contemporânea*, 1894, p. 45.

[28] *Idem*.

[29] *Idem*, p. 46.

No referido relatório que elaborou sobre o Hospital de Rilhafolles para o ano de 1892/93, Miguel Bombarda aborda, igualmente, a problemática da hidroterapia e da electroterapia. Isto é: duas vertentes terapêuticas que entre finais do século XIX e meados do século XX assumiram um papel de relevo na terapêutica afim da terapêutica medicamentosa.

Miguel Bombarda sublinhava que o Hospital de Rilhafoles estava bem montado no que diz respeito a banhos de imersão embora reconhecesse que os outros modos de aplicação da água deixavam bastante a desejar, em parte pela falta de espaço existente. Bombarda era minuciosa nas propostas que realizou com vista à hidroterapia passar a constituir «um dos mais importantes recursos terapêuticos do hospital»[30] embora considerasse que o recurso à hidroterapia deveria ser rodeada da maior atenção dado que por exemplo existiriam, no seu entender, «perigos que acompanham este tratamento quando é necessário forçar os doentes e eles opõem uma grande resistência»[31].

No mesmo relatório Miguel Bombarda refere-se à electroterapia. Indica que o único material electroterápico existente em Rilhafoles era uma máquina de Gaiffe de correntes intermitentes, não havendo local para fazer qualquer instalação electroterápica. Miguel Bombarda referia que a electricidade médica era «útil no tratamento das doenças nervosas comuns»[32], sublinhando que deveria ser muito mais utilizada do que até então era. Vincava que tal como a hidroterapia, a electroterapia poderia ser uma fonte de rendimento para o hospital, assim fosse devidamente organizada, montada e posta em funcionamento uma unidade dessa natureza. Adiantava mesmo um conjunto de aparelhos que no seu entender eram essenciais: «uma máquina electroestática de Whimhurst, grande modelo, uma meza electroterapêutica com uma bateria de 36 elementos, um galvanómetro, um aparelho de bobinas, um combinador de Wateville, comutadores, excitadores, etc.»[33].

Deste modo, Miguel Bombarda estava consciente do valor da hidroterapia e da electroterapia na medida em que se sintonizava com o que de mais actual se ia fazendo naqueles domínios terapêuticos.

Conclusões

Com o presente trabalho pretendemos contribuir para o estudo das ciências farmacêuticas em Portugal entendidas em sentido amplo. Pretendemos, igualmente, avaliar o modo como Miguel Bombarda interpelava essas mesmas ciências. Concluimos, positivamente sobre a actualidade científica de Bombarda em matérias de farmácia e de medicamentos, bem como em terapêuticas afins da terapêutica medicamentosa, como é o caso da hidroterapia e da electroterapia.

Resumo – Miguel Bombarda é uma figura multifacetada da história da medicina portuguesa. Mesmo dentro da sua actividade docente e científica, Miguel Bombarda, conhecido como psiquiatra, teve preocupações

---

[30] *A Medicina Contemporânea*, 1894, p. 47.

[31] *Idem*.

[32] *Idem*, p. 48.

[33] *Idem*.

diversas. Basta estarmos atentos às polémicas que manteve na Sociedade das Ciências Médicas de Lisboa e às suas publicações para verificarmos que estava consciente do que de mais actual se ia fazendo fora de Portugal nos diversos domínios da medicina e das ciências da saúde.

Miguel Bombarda fez eco dentro do país do que de mais avançado se ia fazendo no estrangeiro. Tentou dinamizar a histologia e a fisiologia enquanto ciências laboratoriais dando a conhecer a mentalidade fisiopatológica. Tentou, igualmente, dar projecção em Portugal à mentalidade etiopatológica tendo escrito bastante sobre as inovações pasteurianas e a figura de Pasteur. Manteve polémica na Sociedade das Ciências Médicas de Lisboa com Eduardo Abreu, a propósito da validade da vacinação contra a raiva, da qual era um forte defensor. Em diversos textos publicados, Miguel Bombarda esforça-se por dinamizar a experimentação microbiológica e por dar a entender os benefícios das descobertas microbiológicas não só na prevenção da doença mas também na afirmação da robustez física da população.

Miguel Bombarda estava atento, também, ao que de mais actual se fazia na terapêutica das doenças mentais, muito particularmente na produção medicamentosa. Se observarmos alguns dos seus escritos, bem como os relatórios que elaborou sobre o Hospital de Rilhafoles apercebemo-nos que Miguel Bombarda tinha preocupações farmacoterapêuticas. Bombarda tem a consciência de que se operava na farmacologia uma autêntica revolução e essa consciência traduzia-a numa enorme prudência para com a medicação a utilizar no Hospital de Rilhafoles. É interessante avaliarmos o apêndice e seus anexos ao Formulário de medicamentos do Hospital de S. José feito a pensar no Hospital de Rilhafoles e os comentários que Miguel Bombarda teceu. Miguel Bombarda tentou aliar os medicamentos às terapêuticas físicas até então utilizadas nos doentes mentais, como era prática habitual. Pós, cápsulas, grânulos, pílulas, poções, alguns solutos injectáveis, xaropes, são algumas das formas farmacêuticas escolhidas por Bombarda para veicular substâncias activas que conciliam os produtos de origem vegetal e os de origem química como, por exemplo, diversos brometos, a cânfora, derivados do ópio, pental, sulfonal, etc. uma terapêutica que incluía essencialmente medicamentos no arsenal terapêutico.

Na presente conferência veremos então como Miguel Bombarda se encontrava bem desperto para as questões microbiológicas e farmacoterapêuticas e para a sua importância para a medicina da época.

Abstract – Miguel Bombarda is a multifaceted figure in the history of Portuguese medicine. Even in his teaching and scientific activity, Miguel Bombarda (known as psychiatrist) had different cares. If we pay attention to the controversy he held in the Medical Science Society of Lisbon and to the work published, we realize that he was aware of the most recent activity in the fields of medicine and sciences of health outside Portugal.

In Portugal, Miguel Bombarda was the echo of the most advanced activity that was taking place abroad. He tried to point out the importance of histology and physiology as laboratory sciences by showing the physiopathological mentality. He also tried to give prominence to etiopathological mentality in Portugal, writing many pieces about Pasteur and his innovations. He held a controversy with Eduardo Abreu in the Medical Science Society of Lisbon about the validity of the anti-rabies vaccine, which he strongly defended. In several texts published, Miguel Bombarda makes an effort to stimulate microbiological experiments and to show the benefits of microbiological discoveries not only in the prevention of illness, but also for the physical robustness of the population.

Miguel Bombarda was also aware of the most recent activity in mental disease therapeutics, especially as far as the production of medicines was concerned. If we analyze some of his pieces of writing, as well as the reports he made about Rilhafoles Hospital, we realize that Miguel Bombarda had pharmacotherapeutical cares. Bombarda was conscious of the fact that a true revolution was taking place in pharmacology, and that conscience was revealed in the enormous prudence he had in the use of medicines in Rilhafoles Hospital. It is interesting to analyze the appendix and annexes to the Formulário of medicines in S. José Hospital (which was elaborated with Rilhafoles in mind) as well as the comments made by Miguel Bombarda. Miguel Bombarda tried to combine medicines with the physical therapeutics used until then in the mental patients, a common practice at the time. Powders, capsules, granules, pills, potions, some solutions to be injected, syrup... these are some of the pharmaceutical forms chosen by Bombarda to give the patient active substances that combine products of vegetal origin and products of chemical origin, such as several bromides, camphor, pental, sulphonal, opium by-products, etc... a therapy that essentially included medicines in the therapeutic arsenal.

This conference aims at analyzing how Miguel Bombarda was actually aware of microbiological and pharmacotherapeutical questions and their importance to medicine at that time.

Romero Bandeira* ; Céu Teiga** ; Sara Gandra** ; Sandra Pereira-Pinto***

* *Inst. Ciências Biomédicas Abel Salazar (Univ. Porto) e CEIS20, Univ. Coimbra, Portugal*
** *Al. Mestrado em Medicina de Catástrofe, ICBAS, Universidade do Porto, Portugal*
*** *Mon. História da Medicina, ICBAS, Universidade do Porto, Portugal*

A ÉPOCA DE MIGUEL BOMBARDA NA CONCEPTUALIZAÇÃO DA URGÊNCIA PRÉ-HOSPITALAR

Introdução

O conceito de urgência extra-hospitalar individual e colectivo desenvolve-se e inicia a sua consolidação neste período, 1880-1910.

O aparecimento do Rx (1895), da indústria dos plásticos (1880), da telegrafia sem fios (1892), do voo do helicóptero (1907), da câmara de filmar (1888), do radiotelefone (1901), dos grupos sanguíneos (1980). Durante o cerco de Paris em 1870, 160 civis foram evacuados por balões de ar quente tendo, ao que parece, todos sobrevivido à novel e insólita evacuação (Wingert, 1977).

No Porto, em 1910, Pedro Vitorino Ribeiro, com uma brilhante tese intitulada Socorros de Urgência (Breves Notas) apresentada à Faculdade de Medicina do Porto, opina esclarecidamente acerca da Urgência Extra-Hospitalar.

Sem o *statu quo ante* cientifico tecnológico adquirido durante a época de Bombarda, não seria possível falar-se de Suporte Avançado de Vida, equacionado no seu sentido mais amplo a nível do domínio da urgência extra-hospitalar.

Júlio Dinis (Cruz 2002) nas suas proposições de defesa de dissertação a apresentar à Escola Médico-Cirúrgica do Porto em 1861 enunciou que: *o ensino clínico feito por meio da prática nos Hospitais é incompleto*

Os quatro Cavaleiros do Apocalipse imortalizados na celebre xilogravura de Albrecht Dürer de 1498 (Aris, 2002) têm um denominador comum que é a própria Morte. Se no instante zero da vida todos os homens são iguais, ao invés do postulado para o nascimento, múltiplos foram os mecanismos, induzidos uns e criados outros, no sentido de que aquele efémero instante fosse retardado; de tal jeito e forma que foi criada a palavra «imortal»!

A Medicina a esse estudo se entregou afanosamente aportando para esse momento todos os cuidados possíveis tendo-se desenvolvido o conceito de urgência médica extra--hospitalar com a intervenção a nível das vítimas individuais ou mesmo multivitimas.

O braço armado de um dos cavaleiros de Albrecht Dürer é o terrorismo forma actualizada e versátil da Guerra na sua versão mais execrável. Guerra é também sinónimo de feridos e mortes. E, na Humanidade, se uns se comprazem em alardear os seus malefícios outros procuram por todos os meios ao seu alcance atenua-los.

A situação paradoxal que hoje se coloca em termos de valer a todos e ao mesmo tempo teve a sua expressão máxima no dia 11 de Setembro de 2001 a nível dos EUA. Não só porque se tratasse do maior número de vítimas e nas circunstâncias mais inusitadas, mas pela transmissão mediática de imagens e por se tratar do país mais moderno do Mundo porque vítimas de atentado terrorista sempre houve, quer ele se produza sob a porta de Brandenburg em Berlim, num recôndito *pueblo* do País Vasco ou numa longínqua paragem oriental.

No dizer de José António Baptista (1996) a o período em que viveu D. Carlos I (1863-1908) pode ser considerada uma época renascentista no domínio dos estudos científicos em Portugal sem infelizmente ter tido a repercussão prática desejável, fruto da «posição cultural de uma sociedade menos inimiga do que indiferente». Corroboramos por inteiro esta opinião sendo dela exemplo paradigmático o que se passou no âmbito da medicina como aquilataremos no desenvolvimento deste trabalho.

A época de Miguel Bombarda é charneira porque nos seus últimos anos, indubitavelmente que a urgência médica extra hospitalar foi buscar conhecimentos e experiência à Medicina de Guerra, trazendo-a para o terreno não só na univítima como nas multivitimas. Podemos mesmo aventar que foi a época dourada no estabelecimento e generalização máxima dos princípios e premissas do socorro longe dos muros da alvenaria hospitalar.

A Medicina de Guerra

A Medicina de urgência caracteriza-se por uma necessidade imperiosa de prestar socorros sem delongas. Tal como Emmanuelli x e Emmanuelli J (1996) nos transmitem ela radica-se na Medicina Geral com base na experiência prodigalizada pela Medicina de Guerra e o desenvolvimento da anestesia e da reanimação. Se, como médico, Ambroise Paré é considerado no séc. XVI o pai do soldado e com ele a medicina da frente de batalha se começa a implementar e a desenvolver é, porém, com os náufragos, em que o afogamento é considerado a primeira causa de mortalidade acidental e quando os poderes públicos se decidam a intervir a nível da sociedade civil. A tremenda incompetência do serviço de saúde militar traduzia-se em resultados catastróficos.

Na sua tese de doutoramento Bandeira (1995) relata-nos:

As Campanhas Napoleónicas são disso um exemplo claro. Sobressaindo como introdutor de novos métodos científicos e técnicas que revolucionaram a época em que foram estabelecidas, e que ainda hoje nos influenciam, avulta o Barão Jean Dominique Larrey, que se tornou um paradigma no relacionamento médico-doente e que na qualidade de Médico – Chefe dos exércitos de Napoleão, este, tivesse escrito no seu testamento: «Lego ao Cirurgião em Chefe, Larrey, cem mil francos. É o homem mais virtuoso que jamais conheci»

Uma notícia necrológica foi publicada no tomo XVIII do mês de Julho de 1843 do Jornal da Sociedade de Ciências Médicas de Lisboa, dado ele ter sido seu sócio honorário.

Ao rebentar a guerra de 1792, é colocado no exército do Reno, com as funções de Adjunto do Cirurgião Mor, sendo verdadeiramente a partir desta altura que se torna inovador, em matéria de saúde militar. Profundamente preocupado com as condições em que eram socorridos e tratados os militares atingidos na frente de batalha, tornam-se célebres os seus desaguisados com a intendência militar, com efeito não existia em, da mesma forma que no resto da Europa, Serviço de Saúde independente no seio da organização militar (a autonomia do Corpo de Saúde Militar data em França unicamente de 1917).

Já havia sido criado por Percy um grupo de auxiliares sanitários e respectivas ambulâncias cujo fim era prestar os primeiros socorros e fazer o levantamento de feridos. A ambulância do barão Percy chamada wurst (da palavra alemã salsicha) porque os passageiros estavam ás cavaleiras sobre uma caixa de material que fazia lembrar uma salsicha; este equipamento imaginado por Percy, muito rápido e atrelado por seis cavalos, transportava 8 cirurgiões e podia conter nos seus cofres socorros para 1 200 feridos. Antes de Larrey os cirurgiões e as suas pesadas ambulâncias – cuja distribuição era decidida no gabinete do Intendente – não chegavam senão 24 horas ou 36 horas após o combate, segundo diz o próprio Larrey nas suas memórias, não restando outra alternativa senão reunir os cadáveres e os moribundos.

Criou, pois, as célebres ambulâncias volantes ligeiras, as quais passaram a oferecer um transporte mais rápido e eficaz, possibilitando que os soldados recebessem pouco depois de feridos, por vezes mesmo debaixo de fogo os socorros devidos. No entanto as suas ambulâncias que foram inspiradas nas baterias volantes de artilharia que rapidamente podiam ser mudadas de posição, permitiam igualmente o destacamento para os lugares necessários, durante a batalha, de pessoal e material requeridos quer para tratamentos definitivos, quer para operações. Foi pois, o primeiro cirurgião que levou o quirófano às linhas de batalha devendo ser posta em evidência a coragem dos soldados que valentemente enfrentavam o bisturi, tão grande era a confiança que depositavam no Cirurgião – Chefe do Grande Exército.

A nova Cirurgia Militar para além do tratamento dos feridos e dos enfermos compreendia a organização do transporte dos feridos e dos enfermos e da sua assistência facultativa na frente da batalha, o abastecimento das enfermarias e hospitais de campanha, a formação técnica do pessoal sanitário auxiliar, inclusivamente a adopção de medidas preventivas baseadas em estudos epidemiológicos.

Os decretos de 18 de Setembro de 1824, de 1 de Abril de 1831 e de 3 de Maio de 1832 consagram a submissão do Serviço de Saúde ao da Intendência mas reorganizam os Hospitais Militares e criam o Corpo de enfermeiros pedidos desde há longa data por Larrey.

Os batalhões de Saúde perpetuaram durante a II Guerra Mundial no Serviço de Saúde da frente o que tinham sido os Auto-chir de 1915 e as ambulâncias volantes de Percy e Larrey

Imaginou o transporte dos feridos no dorso do camelo na Campanha da Síria, «tratava-se de usar os camelos, única montada do país. Consequentemente mandei construir cestos, dois por camelo dispostos em forma de berço, que o animal carregava de cada lado da sua bossa suspenso por correias elásticas de modo a transportar um ferido deitado a todo o comprimento».

Esteve presente num total de 26 campanhas como ele próprio diz no prefácio da sua «Clinique Chirurgicale» e não 25 como habitualmente se encontra citado; em 60 batalhas e 400 combates, tendo sido ferido três vezes.

Em Conclusão, foi o percursor do actual conceito de MASH (Mobile Army Surgical Hospital).

As «Filles de la Charité» tal como se encarregavam de grande parte dos estabelecimentos hospitalares civis também o faziam para os militares.

Foram oficialmente integradas nos hospitais militares através do Regulamento do Serviço de Saúde Francês de 31 de Agosto de 1865 embora, seguindo o exemplo do seu patrono S. Vicente Paulo em 1658, acompanhavam desde há muito o Exercito nos campos de batalha (Guillermand 1988).

Um outro conflito, a Guerra da Itália que iria opor Franceses e Sardos aos Austríacos alguns anos depois, traduzir-se-ia por um menor tempo de operações mas por uma gravidade acrescida, tendo atingido o zénite no campo de batalha de Solferino. Para se ter uma ideia das perdas, o Exercito Francês teve 3 409 mortos ou desaparecidos e 9 407 feridos, o Sardão 1 949 mortos ou desaparecidos e 3 405 feridos, o Austríaco teve perdas na casa dos 20 000 homens (Guillermand 1988)

Foi este cenário de Guerra que gerou a ideia da Cruz Vermelha.

Conforme nos mostra Laffont *et al.* (1959) ela nasceu do horror da guerra, que veio suscitar neste caso uma iniciativa pacifica de envergadura internacional. Henri Dunant escreveu «O Sol do dia 25 de Junho de 1859 iluminou em Solferino um dos espectáculos mais horríveis que se possam apresentar à imaginação. O campo de batalha está juncado de cadáveres, de homens e de cavalos».

Em Portugal e conforme nos descreve Álvaro Rodrigues (1986) o primeiro bacharel formado pela Universidade de Coimbra entrou para o Corpo dos Cirurgiões Militares em 1846, tendo-se iniciado no ano seguinte as primeiras anestesias por meio de um aparelho improvisado, o eterizador.

Conforme Ferreira de Mira (1947) nos relata Cunha Belém em 1879 publica um trabalho sobre medicina militar no campo de batalha, bem como um estudo sobre o transporte de feridos. Desnecessário se torna encarecer que a publicação deste tipo de experiências torna plausível a sua aplicação à sociedade civil, o que foi um facto, como a seguir veremos.

Epidemias

A segunda metade do Séc. XIX trouxe à Medicina conceitos inovadores: o exame clínico, com a actualização de exames paraclínicos laboratoriais e a utilização de novos aparelhos, indo desde a introdução dum termómetro médico, Wunderlich, 1856, até ao registo no fim do século da actividade eléctrica cardíaca por Einhoven. No estudo das células avulta o nome de Virchow e na fisiologia o de Claude Bernard. Pasteur e Koch na Microbiologia (Gonzalès 1997).

Mas a acção no limitar das hemorragias, na anestesia e na luta contra a infecção, ao serem estabelecidas as noções de assepsia e antissepsia associadas à introdução de novos medicamentos, conduziram à emergência duma nova filosofia médica apoiada em tecnologia médica que permitiu formular uma intervenção extra-hospitalar.

Tal como Dürer nos representou para a época em que viveu, as epidemias continuaram a fazer repercutir em todos os povos a sua influência catastrófica na Sociedade. Portugal a elas não ficou indemne e a epidemias da cólera de Lisboa em 1894 e da peste do Porto de 1899 foram marcantes. Torres-Pereira (1896) refere-nos igualmente que em 1893 se assinala como o primeiro ano da luta anti-rábica em Portugal conforme no-lo descreveram Câmara Pestana e Anibal Betteucourt em 1894. De acordo com o mesmo autor, em Portugal, só existiam em 1896 duas associações restritas a médicos, a Sociedade de Ciências Médicas de Lisboa e a União Médica do Porto.

Manuel Bento de Sousa na epidemia que assolou Lisboa em 1894, que alguns autores classificaram de colerina, preconizou o uso de Hospitais – Tenda. (Ferreira--de-Mira 1947).

Obviamente que se tratava de um avanço para a época e muito especialmente em Portugal, na medida em que o conceito de hospital se encontrava arreigado aos princípios clássicos de construção para aqueles edifícios, e só o aparecimento abrupto de multivítimas, associado a um tempo bem delimitado no tratamento das mesmas condicionou a equação do seu uso. Foram o prenúncio dos actuais Postos Médicos Avançados (PMA) e dos Centros Médicos de Evacuação (CME).

No dobrar do Séc. XIX, dois médicos portugueses, autênticos interventores no terreno, tal como hoje os denominaríamos, sofreram o azorrague da peste. O notável bacteriólogo Câmara Pestana, que morre em 15 de Novembro de 1899 ao ser contagiado pela doença no Porto, com 36 anos apenas e Ricardo Jorge que se viu obrigado a abandonar a cidade Invicta, face à hostilidade desencadeada contra a sua pessoa, uma vez que a brilhante e esclarecida acção científica desenvolvida no combate à peste colidia fortemente com interesses conómicos vigentes.

A problemática do socorro extra-hospitalar

Como outros hospitais em Portugal o Hospital Geral de Santo António sempre se viu envolvido em acções de Urgência Extra– hospitalar. Como Hospital Universitário foi escola de muitos clínicos e proeminentes figuras, de entre eles o Dr. Joaquim Pedro Vitorino Ribeiro, que apresentou a sua dissertação em 1910 denominada «Socorros de Urgência(Breves Notas)» onde relatou a necessidade e as vantagens da organização dos serviços de cuidados de emergência. (Bandeira 1995):

«Apresentada como dissertação inaugural à Faculdade de Medicina do Porto em 1910, a doutrina nela expendida é duma actualidade marcante.

Constituída por 58 páginas de texto, logo nas palavras prévias o autor escreveu:

«O desastre sucedido num diário desta cidade, onde em um aluimento foram arrastadas dezenas de pessoas da altura de um andar. Contaram-se numerosos feridos e dez mortos.

Acorreram prestes os bombeiros, libertando os desventurados do pavoroso amontoado em que jaziam. Sucessivamente iam sendo transportados em macas para o hospital os que não podiam caminhar por seu pé. Ferimentos, asphyxias, fracturas, tudo foi, se bem que mal, a caminho da misericórdia, numa extensa caravana desoladora. Eis a questão. Se houvesse um serviço de socorro organizado, com pessoal idóneo, médicos e auxiliares, uma selecção teria sido feita no momento, e não haveria por certo a registar um número tão elevado de mortos.

Aventarei mesmo que todos escapariam... algumas das vitimas, as sufocadas por asphyxia, deveriam ser socorridas imediatamente nas casas próximas.

Matou-as a longa caminhada para o hospital. As conclusões das autópsias o confirmam: das dez vitimas, nove morreram devido a asphixia por sufocação e uma pela hemorragia proveniente dos ferimentos.»

E mais adiante «Proclamar, pois, as sumas vantagens da organização dos socorros médicos nos sinistros, do estabelecimento de postos nas margens, fluviaes e marítimas, e da vulgarização dos socorros de urgência, taes são os intentos déste desprendido tentamen que a lei determinou, mas que a razão dos factos concebeu, embora precipitadamente, atabalhoadamente...»

O I Capítulo intitula-se «Necessidade e vantagens do serviço de pronto socorro. Sua organização em diversos países» *do qual se extracta:*

«Contudo, no sentido de socorros de urgência, nenhuma tentativa séria foi ainda feita. Os estabelecimentos hospitalares que tentam suprir esta falta são, sob tal ponto de vista, o que todos sabem – insuficientes. A ineficácia da sua acção resulta simplesmente de ser – demasiado tardia.

Tal sucede aqui, no Hospital de Santo António. Único oásis no meio de um enorme deserto, muitas vezes a sua Iympha nem chega a humedecer os lábios d'aqueles que o demandam.

O último sopro de vida extinguiu-se no caminho. Concretizemos. Afoga-se uma criatura no Douro, e por qualquer meio é agarrada e conduzida a terra. Que é uso fazer-se em tal conjectura? Apitar, para acudir a polícia que manda buscar uma maca à esquadra mais próxima e faz transportar, com uma duvidosa ligeireza, o desventurado para o Hospital da Misericórdia.»

No fim deste capítulo escreveu:
«Taes são, singelamente esboçados, os serviços de pronto socorro nos variados países que lhes têm dedicado o interesse que merecem. Muito seria para estimar que alguma coisa n'este sentido fosse tentada em Portugal, não esquecendo também a divulgação dos cuidados de urgência que é d'uma provadíssima utilidade.»

A visão do problema é tão lúcida que carece de qualquer tipo de comentário.»

Sem sombra de dúvida que o socorro urgente extra-hospitalar junto da população foi cometido em larguíssima escala aos Bombeiros, mais do que a qualquer outra Instituição o que é facilmente compreensível se atentarmos a que os Corpos de Bombeiros Voluntários dependem fundamentalmente de Associações Humanitárias as quais não só são uma emanação das necessidades das populações a nível dos Municípios, mas também por que estão espalhadas por todo o País.

Acresce ainda o facto de que a sua implementação nos principais núcleos urbanos se fez rapidamente sobretudo na época em que estamos a tratar.

Ao ler o trabalho de Agostinho (1995) a nossa atenção foi chamada para um documento intitulado «Da ambulância» e que é um *fac simile* do art. 56 dos Estatutos da AHBV de Ponte de Lima – 1887. Com base no mesmo trabalho aquilatamos o grande desenvolvimento que tiveram as Secções de ambulâncias entre 1878 e 1920.

Em 1878 os BV de Santarém, possuíram a sua primeira ambulância, e em 1910 os B.V. da Figueira da Foz e os de Portalegre criam a sua. Em 12 de Outubro de 1897 os Bombeiros Voluntários do Porto já teriam o seu Corpo de Saúde, mas em 1885 os B.V. de Guimarães puseram a sua ambulância ao Serviço da autoridade sanitária perante uma epidemia de cólera.

Esta estrutura sanitária tinha por missão aquilo que hoje denominamos por medicina ocupacional, além da intervenção no terreno; «Na generalidade dos casos, as Secções de Ambulância eram integradas por médicos, chamados facultativos, farmacêuticos e pessoal do respectivo corpo de bombeiros, a quem eram ministrados ensinamentos específicos para a prática dos curativos e socorro. Aspirantes e praças para auxilio das facultativas eram nomeados pelo respectivo comandante» (Agostinho 1995).

As acções do socorro extra-hospitalar torna-se-iam impossíveis se da parte da indústria farmacêutica não houvesse um desenvolvimento paralelo. Tal como Rui Pita (1998) no-lo transmite, a indústria farmacêutica incrementou a sua actividade no final do Séc. XIX com o aparecimento de novos laboratórios liderados por destacados farmacêuticos. Igualmente é de encomiar a produção científica farmacêutica, como diz aquele autor, na segunda metade do Séc. XIX e nos primeiros anos do presente.

Reflexões Conclusivas

A cem anos de distância de uma época a todos os títulos brilhante, o respeito pela vida humana foi equacionado e forjado de tal forma que ainda hoje o vivemos, e, acicatados de tal ordem que em Portugal apesar de nos separar um abismo não só qualitativo mas também quantitativo de outros países um grupo de profissionais do socorro médicos, enfermeiros bombeiros e organismos congéneres esforçam-se a todo o transe para colmatar falhas às quais o Estado não consegue dar resposta criando cidadão de segunda no interior e de primeira nalgumas localidades do Litoral.

Porém, no âmbito do socorro extra-hospitalar a época de Miguel Bombarda continua, como uma luz bruxuleante, a iluminar-nos e a indicar teimosamente o caminho a seguir.

Procuremos fazê-lo.

BIBLIOGRAFIA

AGOSTINHO E. (1995) Desenvolvimento do Serviço de Saúde nos Bombeiros Portugueses. In: Herminio--Santos F. (ed.). BOMBEIROS PORTUGUESES - Dois Séculos de História (1395-1995), Vol I, Serviço Nacional de Bombeiros Portugueses e Liga dos Bombeiros Portugueses, Lisboa pp. 43-60.

ARIS A. (2002) Medicina en la Pintura. Lunwerg Editores, Madrid.

BANDEIRA R. (1995) Medicina de Catástrofe – Da Exemplificação Histórica à Iatroética. Tese de Doutoramento, ICBAS. Porto.

BAPTISTA, A. M. (1996) A primeira idade da Ciência. Gradiva, Lisboa

CRUZ, L. (2002) Júlio Dinis, Biografia. Quetzal Editores, Lisboa

EMMANUELLI, X. e Emmanuelli J. (1996) Au Secours de la Vie, La medicine d'urgence. Ed. Gallimard. Evreux.

FERREIRA DE MIRA, M. (1947) História da Medicina Portuguesa. Ed. Empresa Nacional de Publicidade. Lisboa.

GONZALÈS, J. (1997) Initiation à l'histoire de la Medicine. Editores Heures de France. Thoiry.

PITA, J. R. (1998) História da Farmácia. Ordem dos Farmaceuticos – Sec. Reg. Coimbra, Minerva, Coimbra.

RODRIGUES, A. (1986) Desenvolvimento da Cirurgia Portuguesa até aos finais do Séc. XIX. In: Vascon-cellos-Marques A. (ed.) História e Desenvolvimento da Ciência em Portugal, Vol. I. Academia das Ciências de Lisboa, Lisboa pp. 506-527.

Torres-Pereira, A. (1986) História e Desenvolvimento da Bacteriologia em Portugal. In: Vasconcellos--Marques A. (ed.) História e Desenvolvimento da Ciência em Portugal, Vol. I, Academia das Ciências de Lisboa, Lisboa pp. 529-575.

Wingert, W. (1977) Setting Standards for Critical Care Transport: Fitz – Gibbon's Law Revisited. In: Hackel A. (ed) Internacional Anesthesiology Clinics, Vol, xxv, Critical Care Transport. Litle, Brown & Co, Boston, pp. 139-157.

•

Resumo – O conceito de urgência extra-hospitalar individual e colectivo desenvolve-se e inicia a sua consolidação neste período (1880-1910).

O aparecimento do Rx (1895), da indústria dos plásticos (1880), da telegrafia sem fios (1892), do voo de helicóptero (1907), da câmara de filmar (1888), do radiotelefone (1901), dos grupos sanguíneos (1900); durante o cerco de Paris em 1870, 160 civis foram evacuados por balões de ar quente tendo, ao que parece, todos sobrevivido à novel e insólita evacuação. No Porto, em 1910, Pedro Vitorino Ribeiro, com uma brilhante tese intitulada Socorros de Urgência (Breves Notas) apresentada à Faculdade de Medicina do Porto opina esclarecidamente acerca da Urgência extra-hospitalar.

Sem o statu quo ante científico-tecnológico adquirido durante a época de Bombarda, não seria possível hoje falar-se de suporte avançado à vida, equacionado no seu sentido mais amplo a nível do domínio da urgência extra-hospitalar.

Abstract – The concept of individual and collective extra-hospital emergency was developed and began its consolidation during this period (1880-1910).

The emergence of the X-Ray (1895), the plastics industry (1880), wireless telegraphy, the helicopter (1907), the camera (1888), the radiotelephone (1901), blood groups (1880). In 1870, 160 civilians were evacuated by heated air balloons during the siege in Paris, having apparently survived to this unusual and extraordinary evacuation. In 1910, Pedro Vitorino Ribeiro presents enlightened arguments about extra-hospital emergency in a brilliant thesis entitled 'Socorros de Urgência (Brief Notes)' and presented to the Faculty of Medicine in Oporto.

Without the scientific-technological statu quo ante acquired during the epoch of Bombarda, it would not be possible to talk about advanced support to life today, which consists of extra-hospital emergency in the largest sense.

José Morgado Pereira
Hospital Sobral Cid e CEIS20, Universidade de Coimbra, Portugal

A EVOLUÇÃO DAS IDEIAS PSIQUIÁTRICAS EM MIGUEL BOMBARDA

A obra de Miguel Bombarda (1851-1910) é muito vasta. Abordarei algumas obras que ilustram o seu pensamento psiquiátrico e psicopatológico, e a evolução das ideias psiquiátricas tal como se reflecte nos seus livros. Não falarei do doutrinador, do higienista, do polemista, do médico forense, do autor de trabalhos importantes mas mais específicos como o estudo sobre a pelagra, ou de revisão de aspectos fisiológicos e histológicos, para me centrar nos livros que tocam as ideias psiquiátricas gerais. Uma nota prévia: a sua sensibilidade psicológica e psiquiátrica é-nos hoje em certa medida estranha. A sua vida e a sua obra foram primeiramente admiradas, depois desvalorizadas, hoje o objectivo que importa cumprir é uma tarefa hermenêutica, justamente procurando compreender e contextualizar.

1. *Do delírio das perseguições* (1877)

É a sua tese inaugural e importante porque indica a direcção psiquiátrica do jovem médico, porque mostra um observador e um clínico perspicaz e o seu conhecimento dos autores do seu tempo, nomeadamente alemães e franceses. É um pequeno livro que aproximo da linhagem do posterior «*Delírio do Ciúme*», e do seu estilo: a ilustração com casos da sua casuística, a citação oportuna de autores, o apontamento crítico. E no terreno das ideias psiquiátricas Bombarda é mais complexo do que se tem dito e escrito.

Como entidade separada, o delírio de perseguição é descrito por Charles Lasègue (1852), e mais tarde por Legrand du Saulle (1871), precisamente referidos por Bombarda. Já estão presentes nesta tese algumas das linhas de força das suas opiniões sobre as doenças mentais. Assim, embora reconheça que «*....muitas das vezes são as causas morais o ponto de partida da alienação mental... têm-se dado a essas causas um predomínio exagerado.... Ora a anatomia patológica e a fisiologia normal têm-se convertido no objectivo de todos os que trabalham lá fora....*».

Distingue entre loucura dinâmica e loucura material.

A primeira é rara, pelo contrário «*....as formas de loucura em que uma acção física anormal e irregular, em grandeza, em sede, etc, se exerce sobre os elementos nervosos cerebrais, são as formas mais frequentes, aquelas que abundam nos hospitais....*».

No caso do delírio das perseguições esse delírio «*é o produto de uma doença cerebral, consequência de lesões intersticiais ou parenquimatosas da substância cortical do cérebro que o microscópio tem encontrado quase em todas as formas de alienação mental e que, apesar de não ter sido ainda possível descobrir as suas relações para as formas consideradas, constituem todavia a causa material, visível, do estado de alienação*». E remata, com o seu estilo apaixonado: «*...tal como a mielite, a cerebrite acabará por ser decomposta: o caminho está traçado, os obreiros em actividade e todos os dias novos resultados se juntam aos que já têm sido colhidos para a Ciência*»; «*....e a hereditariedade, sendo uma das causas mais importantes das doenças mentais, a causa das causas (U. Trélat) deve ter muita importância na etiologia do delírio das perseguições*». Também acreditava que o estado da civilização condiciona o desenvolvimento da loucura, pois «*...o cérebro na sua evolução tornou-se um órgão mais complicado, como existe nos povos civilizados actuais e sobretudo na raça branca.... sujeito pois a perturbações mais intensas, variáveis e frequentes*». Descreve muito bem a raridade das alucinações visuais naqueles delírios, e a sua grande frequência no delírio alcoólico com ideias de perseguição, descrevendo igualmente de forma notável os sintomas associados, referindo os importantes trabalhos de Lasègue e depois analisando os diversos tipos de alucinações. Critica finalmente a «*...ideia do delírio das perseguições constituir uma doença do espírito, dando a esta palavra o sentido teológico*», antes constituindo a concepção delirante «*a alucinação da inteligência*», para reforçar a ideia de um compromisso de lesão material cerebral.

2. *Contribuição para o estudo dos microcéfalos* (1894)

Também baseado na sua casuística, o autor leva a cabo um estudo pioneiro entre nós na abordagem deste tipo de malformações, estudando em termos anatomopatológicos, psicológicos e antropológicos diversos casos de microcefalia, concluindo pelo carácter patológico da microcefalia – estados de degenerescência herdados ou adquiridos, decorrentes de alterações teratológicos, ou sequelas de doenças cerebrais intra ou extra-uterinas. Reconhecendo o papel da hereditariedade e valorizando os estigmas (caracterização morfológica), critica no entanto o atavismo, teoria em que C. Vogt atribuía um carácter de regressão simiana à microcefalia tal como noutras doenças, opondo-lhe pelo contrário, um significado patológico degenerativo dentro dos quadros embriológicos exclusivamente humanos.

É claro que Bombarda tem uma visão estritamente organicista, ressaltando as monstruosidades e anormalidades, mas a investigação orgânica ia na direcção certa e o seu espírito crítico separa-o, na questão do atavismo, dos evolucionistas e positivistas.

3. *Lições sobre a epilepsia e as pseudo-epilepsias* (1896)

Esta obra foi por alguns considerada a mais importante no âmbito clínico, embora a concepção moderna da epilepsia se tenha afastado totalmente das concepções de Bombarda.

É um livro que utiliza uma teoria explicativa global da doença mental, então em voga, estigmatizante dos doentes epilépticos, em que significativamente não chega a apresentar estudos clínicos dos seus casos.

Mas é o livro-chave de Bombarda sobre a teoria da degenerescência, e é esse hoje o seu maior interesse. O tom é dado logo de início «*A epilepsia legítima, a verdadeira epilepsia é uma degenerescência, o que quer dizer uma monstruosidade, principalmente cerebral*», e o epiléptico é «*um perigo para a sociedade*». As Epilepsias secundárias, sintomáticas de outras afecções, são designadas por Bombarda pseudo-epilepsias.

Pela extraordinária importância que teve durante décadas, torna-se necessário desenvolver o tema da degenerescência, seu início, evolução e decadência.

A) - A teoria da degenerescência, cuja formulação primeira surge em 1857 por B-A. Morel, é definida como «*transformação patológica atingindo o homem perfeito tal como foi criado, ... ou dum tipo primitivo de que a história natural da humanidade se afasta progressivamente*». São desvios negativos deste tipo primitivo que progridem de geração em geração, até à extinção da espécie. Colocando no mesmo plano causas físicas e morais e apontando para o sistema nervoso como o sistema alvo por excelência, Morel descreve causas físicas e morais, individuais e gerais e enfatizando a noção de «predisposição», pelo peso que tinha a influência hereditária e o facto de diversos estados degenerativos poderem interferir reciprocamente na transmissão hereditária. As loucuras hereditárias tornaram-se assim um grupo de enorme dimensão.

É V. Magnan que mais tarde irá reconceptualizar a Teoria da Degenerescência, reflectindo já a influência da obra de Darwin entretanto publicada. As degenerescências não seriam desvios de um tipo primitivo ideal, mas desenvolvimentos deficitários postos em marcha por factores degenerativos inibidores do desenvolvimento em distintas etapas da evolução humana, que avançam de geração em geração. O desequilíbrio mental corresponderia a um determinado grau de degenerescência. Ora a incorporação da teoria da evolução leva a um relacionamento dos «estigmas» com aspectos característicos de etapas evolutivas anteriores que na regressão se manifestam como «atavismos». Anote-se que os estigmas podiam ser tanto físicos (atrofias, hipertrofias, distrofias) como morais (atraso intelectual ou afectivo, inadaptação social).

B) - Ora Bombarda aceita a importância do livro de Morel de 1857, mas criticando «*a ideia de um tipo primitivo criado, condensando o ideal humano e sujeito a acções nocivas que lhe imprimissem desvios sucessivamente crescentes*», o que era algo «*incompatível com a ciência, pois progressos científicos e círculos teológicos são coisas inconciliáveis*». Para Bombarda, foram mais tarde Schule e Krafft-Ebing na Alemanha e Magnan na França os autores que efectuaram a síntese elevada, unitária, e científica que verdadeiramente actualizou a obra de Morel. Aí temos de novo o estilo apaixonado de Bombarda pela ciência, «*A síntese irrompe brusca, completa e poderosa; mas já antes a ideia paira por todos os espíritos pensadores; já antes andam eles invadidos por um esfarrapado de noções desconexas que a ideia nova vem ligar num todo que aparece tão luminoso como se fora coisa já familiar*». Ao falar das degenerescências hereditárias, menciona as intoxicações de que destaca o álcool, as doenças de que destaca a sífilis, mas também as condições do meio físico ou do meio social. Os estigmas da degenerescência podem ser anatómicos, nervosos, psíquicos e sociais. Acaba por concluir que os degenerados não pertencem à sociedade e constituem um corpo estranho sem qualquer utilidade (degenerescência extra-social) ou até molestar a sociedade (degenerescência anti-social). O cérebro deles caracteriza-se pela «*fácil comotividade, pelo desequilíbrio intelectual, impulsividade e por isso tantas vezes se torna um criminoso*» (*o crime é um fruto da degenerescência*).

Numa passagem fundamental ao estudar casos de degenerescência epiléptica, Bombarda afirma «*a hereditariedade dos caracteres adquiridos por necessidades de adaptação, que avigorados e enraizados na luta pela existência, constitui a base mesma do aperfeiçoamento das espécies, isto é, da evolução*», no que parece uma concepção de fundo lamarckiana, mas com elementos darwinianos. E nem sempre, acrescenta, «*a transformação nas gerações sucessivas se traduz por fenómenos de progressão, antes caracteres regressivos ressaltam aqui e ali no estudo das espécies animais e vegetais. Quanto aos fenómenos hereditários que se observam no campo neuropático há transformações, mas regressivas, há selecção mas faz-se às avessas, uma selecção em que os caracteres mórbidos se vão acentuando cada vez mais nas gerações sucessivas*». A degenerescência é progressiva, tanto mais porque os degenerados se procuram uns aos outros: os fruto dos seus enlaces são «*agravamentos sucessivos até ao idiotismo e à esterilidade. Os idiotas são o grau terminal da degenerescência*». Sobre a mentalidade epiléptica define-a assim: «*a inconsciência mais ou menos completa, produzida por um juízo defeituoso e pela perda da vontade e da fiscalização comotiva - são susceptíveis, irritáveis, difíceis de viver, teimosos, caprichosos, bizarros*»....

A partir de certa altura a contaminação ideológica, as formulas vagas e a perda da objectividade são óbvias: «*na análise das relações da eclâmpsia com a epilepsia, os factos têm pouco peso, visto que essa doença é da mulher e a mulher é uma degenerada - inferioridade psíquica, estreita dependência do homem e um certo grau de anomalia mental que a torna meia antagónica com o ambiente social*». Afirma também que a «*degenerescência comicial se oferece como doença atavística*»; e «*os alienistas, com os italianos à frente têm descoberto laços íntimos que prendem a epilepsia à criminalidade*»; em termos médico-legais «*o epiléptico é sempre um alienado*»; depois também refere « *a degenerescência da religiosidade*». Também existem contradições, pois no início do livro critica os muitos erros de interpretação de Lombroso, tal como o livro «Degenerescência» de Max Nordau, assim como a designação de epilepsia larvada ou mascarada (Morel), mas à frente afirma que as formas larvadas são hoje manifestas para quem souber ver. A aproximação à criminologia de Lombroso, apesar de algumas criticas, é aqui evidente. Não só diz que pode haver crises muito graves e fugitivas mas também que não há alienista que não reconheça a epilepsia sem paroxismos. E acrescenta «*entre os criminosos não reconhecidamente epilépticos quantos e quantos não devem entrar nos quadros comiciais. Crimes com carácter de impulsão, violência e de insignificante ou nula motivação ressumem feições claramente epilépticas*»[1].

C) - Pela importância que se reveste o tema da teoria da degenerescência irei delinear algumas conclusões numa tentativa de compreensão a discutir e completar:

1º.) - A ideia de degenerescência testemunha a aplicação à medicina mental dos métodos da ciência positiva, tal como concebida na altura, sendo a doença encarada como física e psicológica, mas também como facto biológico geral. A psiquiatria integrava-se na medicina como especialidade positiva, passando inclusivamente a apresentar pela primeira vez verdades biológicas e orgânicas, nomeadamente os estigmas.

---

[1] Para Bombarda a epilepsia tinha deixado de ser um mal misterioso, mas afinal todo o seu livro enuncia uma mitologia hereditária!

2º.) - Esta vasta concepção antropológico-psiquiátrica era uma teoria explicativa global que isolou um novo e amplo grupo mórbido - as loucuras hereditárias.

3º.) - A teoria da degenerescência apresentou-se como contrapartida médica da biologia Lamarckiana, com referências claramente anteriores às posições de Darwin em Morel e referências ao cérebro que radicavam em F. J. Gall.

4º.) - A protecção da família e da ordem social preocupava a psiquiatria da altura, frente à inquietação perante a degenerescência hereditária, o alcoolismo, a sífilis, entre outros males. A moral científica convergiu assim com a ordem social e a coesão familiar vistas como estruturas naturais.

5º.) - As explicações hereditárias, caucionaram de forma aparentemente cientifica a marginalização social dos doentes mentais, que deviam ficar nos asilos, protegendo a sociedade de seres considerados indesejáveis e perigosos.

D) - A influência desta teoria só começa a declinar nos princípios do séc. xx. Gilbert Ballet afirma que o vocabulário psiquiátrico do séc. xx não necessita do termo degenerescência. O seu discípulo Genil-Perrin (1913) mostra que a teoria era mal definida, vaga e susceptível de numerosas interpretações psiquiátricas todas diferentes. Outros factos importantes para a ultrapassagem desta teoria são:

1º.) - A expansão da neurologia no final do séc. xix.

2º.) - A obra de Charcot que prova a impossibilidade de perceber a histeria sem uma teoria psicológica, pela incapacidade de todas as abordagens organicistas

3º.) - A descoberta do inconsciente, a obra de Freud e Pierre Janet, revalorizando o espírito psicológico com valor próprio e não resíduo psicológico de um sistema nervoso enfraquecido pela hereditariedade.

4º.) - Ballet defende a aproximação entre a neurologia e a psiquiatria que se tinham afastado, sendo a epilepsia caso paradigmático da importância desta aproximação, pois enquanto neurologistas como H. Jackson e Gowers procuravam hipóteses fisiopatológicas para a crise epiléptica analisando detalhadamente, descrevendo, interpretando os tipos de crises epilépticas e classificando-as, a perspectiva psiquiátrica dominante considerava a epilepsia como uma doença mental resultado de processos degenerativos e progressivos.

5º.) - A descoberta em 1913 do organismo responsável pela sífilis, no parênquima cerebral dos doentes com paralisia geral, veio comprovar que a tão discutida paralisia geral ocorria durante o período terciário da sífilis.

6º.) - A redescoberta e aplicação das regras de transmissão hereditária no principio do século, já assinaladas antes por Mendel, desmontam os fundamentos da teoria da degenerescência.

4. *O delírio do ciúme* (1896)

É o livro mais importante na investigação clínica do nosso autor, que já analisei no prefácio da sua reedição. Bombarda volta aos estudos de caso, e descreve o delírio sistematizado de ciúme, numa altura onde era pouco valorizada a sua especificidade, ou muito associado ao alcoolismo crónico. Ora Bombarda detecta a sua diversidade etiológica e depois descreve em pormenor o referido delírio, defendendo a sua unidade estrutural com as paranóias. Neste livro o autor nunca se afasta de um certo empirismo semiológico, e mostra-se um clínico atento encontrando nas descrições dos casos todas as transições entre a perseguição raciocinante e a perseguição clássica, incluindo os querelantes. Conclui finalmente que a organização paranóica é comum a grupos de diversos temas, e isto sem fazer qualquer uso de considerações de teor ideológico ou científico como no livro anteriormente analisado. Apesar da sua crença biologista (cérebro lesado igual a espírito enfermo) fala em lesão do mecanismo intelectual, intuição de que poderia haver mecanismos psicológicos em causa. Estes são em resumo alguns dos méritos desta obra reconhecida como pioneira por diversos historiadores da psiquiatria.

5. Conclusão

Tal como em Haeckel e o seu Monismo Naturalista de que se sentia tão próximo, podemos falar em Cientismo para caracterizar Bombarda. A Ciência traria consigo a Verdade, a Racionalidade e o Progresso. Haeckel no seu livro «O Monismo», fala nas Ciências da Natureza e nas Ciências do Espírito, mas para asseverar que as segundas não são mais que uma parte das primeiras. E chega a dizer que «*a Psicologia e a Psiquiatria do futuro devem fazer-se celulares, e em primeiro lugar investigar as funções psíquicas das células*».

São elementos característicos da obra de Bombarda como Lousã Henriques resumiu há já algumas décadas:

1 - Biologismo, invadindo claramente a esfera social.
2 - Culto exaltado da humanidade e apologia da ciência.
3 - Determinismo negador do livro arbítrio.
4 - Associacionismo, Atomismo, Localizacionismo.
5 - Degenerescência em termos teratológicos.
6 - Reconhecimento da introspecção, coadjuvando a fisiologia nervosa.

Caracteristicamente o monismo naturalista de Bombarda separa-se também aqui do positivismo, que entre nós incorporou em grande medida as correntes evolucionistas, tornando-se dominante em termos científicos e ideológicos.

Acrescente-se que, apesar do seu biologismo, Bombarda mostra-se mais aberto que os alienistas do seu tempo à valorização do meio e à aceitação do papel da sociogénese, tal como se comprova ao abordar temas penitenciários e médico-legais.

A leitura e valorização críticas, (no sentido Kantiano) de Miguel Bombarda, cuja obra é anterior à revolução do pensamento psiquiátrico dos inicios do séc. xx, é a única maneira de homenagearmos a grande figura do político, cidadão, médico e investigador, desaparecido de maneira trágica no auge da sua carreira.

BIBLIOGRAFIA

1) Bombarda, M. – *Do Delírio das Perseguições*. Lisboa, 1877.

2) Bombarda, M. – *Contribuição para o estudo dos microcephalos*. Lisboa, 1894.

3) Bombarda, M. – *Lições sobre a epilepsia e as pseudo-epilepsias*. Lisboa, 1896.

4) Bombarda, M. – *O delírio do ciúme*. Lisboa, 1896. Reedição, Lisboa, 2001.

5) Fernandes, Barahona – Miguel Bombarda, personalidade e posição doutrinal. A Medicina Contemporânea, 1952.

6) Furtado, Diogo – Miguel Bombarda. Jornal do Médico, XIX, n° 470, 1952.

7) Genil-Perrin – *Histoire des origines et de l'evolution de l'idée de dégénérescence en medicine mentale*. Paris, 1913.

8) Haeckel, Ernest – *O Monismo. Profissão de fé de um naturalista*. Porto, 1947, 3ª edição.

9) Henriques, Lousã – *As concepções materialista, positivista e evolucionista e a psiquiatria portuguesa*. Coimbra, 1966.

10) Postel, Jacques – L'idée de degenerescence en psychiatrie et l'introduction du Darwinisme en France au XIX siècle. L'information psychiatrique, vol. 52, n° 7, 1976.

11) Seabra-Diniz – Miguel Bombarda, homem da sua época. A Medicina Contemporânea, 1952.

12) Soeiro, Navarro – Homenagem a Bombarda. A Medicina Contemporânea, 1952.

•

Resumo – Após uma breve caracterização geral da obra de Miguel Bombarda, o autor examina alguns dos seus principais trabalhos que permitem abordar as ideias psiquiátricas de Bombarda e a evolução da Psiquiatria tal como se reflecte na obra do grande alienista, a partir de «O Delírio de Perseguições» que testemunha bem o início do interesse pela especialidade, mostra o seu conhecimento dos autores europeus e ilustrando o tema com casos da sua casuística. Com «Contribuição para o estudo dos Microcéfalos» passa-se para um trabalho precursor do estudo da deficiência mental e em certa medida da Psiquiatria infantil e juvenil, assistindo-se à interpretação de casos que ilustram a visão biologista, sua importância e suas limitações.

Com o livro sobre »A Epilepsia e a Pseudo-epilspsias» Bombarda conduz-nos pormenorizadamente na interpretação e conclusões sobre as epilepsias à luz da teoria da degenerescência, ilustrando os limites de um olhar clínico inevitavelmente contaminado por ideias dominantes nessa época e cuja crítica se expõe. Já no «Delírio do Ciúme», publicado no mesmo ano, Bombarda leva a cabo um trabalho pioneiro sobre o tema, mesmo em termos europeus, que arranca de um grande espírito de observação e que é um modelo de investigação clínica para o seu tempo, e que se tornou referência.

Finalmente, tenta-se mostrar que as concepções psiquiátricas de Bombarda são inseparáveis da sua visão filosófica, da sua concepção de ciência, da sua opinião política, da atitude para com a religião, e da concepção sobre medicina e doença do médico higienista, do tenaz organizador, do biologista convicto e do apóstolo de uma «visão nova» da sociedade do seu tempo.

Abstract – After a brief broad characterization of Miguel Bombarda's work, the author will analyse some of his most important pieces of writing, which permit to approach not only Bombarda's psychiatric ideas, but the evolution of psychiatry such as it is presented in the work of this famous alienist after 'O Delírio das Perseguições'. This piece of work is an important testimony of the emergence of interest concerning psychiatry. It also shows his knowledge of European authors, illustrating the theme with cases of casuistry. 'Contribuição para o estudo dos Microcéfalos' is a precursor of the studies about mental handicaps and, to a certain extent, of child and juvenile Psychiatry, where it is possible to observe the interpretation of cases that illustrate a biologist vision, as well as its importance and limitations.

With the book about 'A Epilepsia e a Pseudo – epilepsias' Bombarda leads us in the interpretation and conclusions about epilepsy in the light of the theory of degeneracy. He illustrates the limits of a clinic eye, inevitably contaminated by the dominant ideas of the time, whose critic he exposes. In 'Delírio do Ciúme', published in the same year, Bombarda undertakes a pioneer work, even in European terms, about the subject. This is the result of a great spirit of observation and a model of clinical research for his time; therefore, it has become a reference.

Finally, I will try to show that Bombarda's psychiatric notions are inseparable from his philosophical vision, his conception of science, political opinion, attitude towards religion, and conception about medicine and illness in the hygienist doctor, the tenacious organizer, the convict biologist and the apostle of a 'new vision' of society in his time.

Rita Garnel
Universidade Autónoma de Lisboa

A CONSOLIDAÇÃO DO PODER MÉDICO: A MEDICINA SOCIAL
NAS TESES DA ESCOLA MÉDICO-CIRÚRGICA DE LISBOA (1900-1910)

Introdução

Numa obra já clássica, Georges Gusdorf sublinhava em 1971[1], a importância da emergência do poder dos intelectuais no contexto da cultura das Luzes. Fenómeno novo, numa sociedade em transformação, o intelectual iluminista assumiu-se como o decifrador do significado da marcha da história «ou do espírito do tempo» e, simultaneamente, como o porta-voz de uma opinião pública que se alargava. Partindo de um diagnóstico pessimista do presente, não espanta o seu empenho militante na regeneração da sociedade, quer defendessem o retorno a um 'paraíso perdido', quer se empenhassem na construção de um futuro novo. Compreende-se. Ao acreditar que conheciam o fim da história, a tarefa que reivindicavam era a de iluminar o caminho e procurar acelerar um desfecho que, inevitavelmente, chegaria. As estratégias de convencimento do(s) poder(es) e do público do acerto destas visões do mundo foram múltiplas e são indissociáveis das estratégias de consolidação do poder desta elite, que se começava a destacar por uma autonomia e um valor sociais inéditos. Serão, doravante, a inteligência, o nível cultural, a criatividade e a *expertise* os critérios que definem o lugar particular dos intelectuais[2] «e o valor relativo de cada um dentro do grupo», portador de um saber secularizado que colocam ao serviço da uma sociedade nova, que queriam mais justa, mais equilibrada e mais saudável e, não menos importante, capazes de o transmitir ao público e convencer o poder a actuar segundo os critérios definidos pelo seu conhecimento particular. O que implicou a capacidade de apontar verdades desagradáveis, levantar questões incómodas e sustentar polémicas com outros saberes/poderes. Quer isto dizer que os intelectuais foram definindo a sua vocação como a de um contra-poder, tanto mais eficaz quanto maior exposição pública conseguiam, inseparável, portanto da imagem que de si próprios ofereciam[3].

---

[1] Georges Gusdorf, *Les Principes de la pensée au siècle des Lumières,* Paris, Payot, 1971.

[2] Christophe Charle, *Les intellectuels en Europe au XIXe siècle. Essai d'histoire comparée*, Paris, Seuil, 1996, p. 23.

[3] Edward Saïd, *Representations of the intellectual. The 1993 Reith Lectures*, New York, Vintage Books, 1994, p. 11.

Tratou-se, em suma, de um combate pelo poder simbólico e cultural que atravessa o século XIX, inseparável do processo de construção do Estado moderno e das transformações económicas e sociais.

É neste contexto que se compreende, a partir dos finais do século XVIII, a modificação do papel dos médicos e o poder crescente da medicina. Convictos de que o progresso do conhecimento conduziria ao progresso social, o seu saber especializado permitia-lhes olhar um novo objecto «a sociedade» e diagnosticar cientificamente os seus males. Porque é a credibilização crescente da ciência que lhes permitirá reivindicar um lugar destacado do conjunto das elites intelectuais. Como os publicistas, escritores ou filósofos, também o médico se crê responsável pela educação da opinião pública e da urgência de convencer o Estado das medidas a tomar para que a população, a maior riqueza das nações, se não estiole, vítima das epidemias e doenças.

A crescente capacidade de convicção deste grupo é correlata de uma transformação da imagem do corpo e de uma deslocação das atenções médicas da doença para a saúde. Isto é, por um lado, o desenvolvimento da medicina descobre o corpo como portador de resistências insuspeitadas[4] «consequência directa da descoberta da inoculação anti-variólica», e por outro, o reavivar das tradições hipocráticas centra a atenção do médico nas condições do meio[5]. Prevenir a doença torna-se o objectivo principal de um saber que atribui às condições mesológicas um papel decisivo na sua eclosão. Por isso, o papel do médico e da medicina não se esgotam no diagnóstico e tratamento do corpo individual, mas visam um reordenamento total da sociedade e do espaço que ela habita. A medicina afirma, ainda no século XVIII, a prioridade da sua missão social e o médico assume-se como o detentor exclusivo de uma certa tecnologia que socializa o corpo em função da força produtiva[6].

Ora, o retomar das velhas tradições hipocráticas e a importância crescente da mesologia não surpreende no contexto de uma cultura que elevava a metáfora organicista a conceito estruturante. Isto é, recusando a separação do homem da natureza à maneira mecanicista do século XVIII, o pensamento Oitocentista, quer pelo lado da filosofia, da literatura[7], da poesia ou da história, quer pelo lado da sociologia e da ciência, postula uma unidade indissociável entre o homem e o meio, totalidade essa que seria o único princípio válido de interpretação do real. As formas de organização humana seriam um objecto natural entre outros, como a sociologia comtiana vinha dizendo, as interpretações darwinistas permitiam e os trabalhos de Spencer confirmavam.

A crescente medicalização da sociedade é, pois, inseparável desta convicção de que se o homem é um organismo da natureza, ele só pode ser percebido na interrelação com

---

[4] Georges Vigarello, *Histoire des pratiques de santé. Le sain et le malsain depuis le Moyen Âge*, Paris, Seuil, 1999, p. 148.

[5] Patrick Bourdelais, «Les Logiques du dévéloppement de l'hygiène publique» *in Les Hygiénistes. Enjeux, modèles et pratiques (XVIIIeme-XXeme siècles)*, Paris, Éditions Belin, 2001, p. 12.

[6] Michel Foucault, «Nacimiento de la medicina social» *in Estrategias de poder. Obras esenciales,* Volumen II, Barcelona, Paidós, 1999, pp. 365-366.

[7] Sobre as relações entre literatura e ciência, veja-se Maria Helena Jacinto Santana, *Literatura e Ciência na segunda metade do século XIX. A narrativa naturalista e pós-naturalista portuguesa*, Coimbra, Faculdade de Letras, 2000 (dissertação de doutoramento policopiada).

os outros organismos que o circundam, sejam eles físicos ou sociais. Daí que Miguel Bombarda, em 1900, afirmasse que a sociedade era um organismo e a sociologia nada mais era do que a extensão das ciências biológicas[8]. Quer isto dizer, que ao médico e à medicina caberia o papel de tratar a doença e/ou prevenir o seu aparecimento no corpo individual e no corpo social; ou dito de outro modo, os detentores deste saber tornam-se em instância de controlo social. É que, os médicos, a partir do século XVIII, desenvolveram um saber analítico sobre a sociedade, observando, contando, medindo, esquadrinhando o tecido social e propondo as medidas de vigilância necessárias à manutenção da saúde. Tal como outras instituições de poder, o médico ajudava a tornar visível, e por isso controlável, uma população que aumentava sem cessar. Por isso não surpreende que estas medidas de controlo da salubridade pública, ainda em Setecentos, tenham sido competências policiais. A saúde tornava-se um objectivo político[9]. O alargamento do olhar médico justificava a sua intervenção na sociedade e, poder-se-ia mesmo sustentar que a mundividência médica que se foi construindo e impondo ao longo de Oitocentos, é (mais) uma utopia que, como todos os exemplos do género, produzia uma visão totalizadora.

Assim, a importância dada à mesologia exige, do médico, um olhar atento sobre as condições climáticas e meteorológicas, o relevo ou os solos, mas também não descurar as circunstâncias sociais, o que implicará ter em conta a política, a economia, a cidade e o campo, bem como os comportamentos demográficos; o indivíduo, nos seus aspectos propriamente nosográficos, e crescentemente, nos seus aspectos intelectuais e morais são também assunto seu e caracterizados segundo os critérios do normal e patológico que só o médico saberia utilizar. Como Miguel Bombarda afirmava, em 1898, «Não tem dúvida que as questões demográficas, higiénicas, criminais, tudo enfim que se pode agregar sob a rubrica de medicina social, tudo isto tem sido objecto de vulgarização (...). Mas por maior que seja essa vulgarização dificilmente seremos convencidos de que uma questão higiénica possa ser tão proficuamente estudada por um engenheiro como por um médico, ou de que um facto antropológico ou criminal possa receber as mesmas luzes das leis da biologia ou da tábua dos logaritmos.»[10]

O que os médicos dizem só tem importância e só produz efeitos porque souberam tornar-se auxiliares indispensáveis do Estado e alcançar posições de reconhecida autoridade e valor social. As estratégias adoptadas passaram pela credibilização do diploma que lhes assegura o reconhecimento da sua competência intelectual, isto é, os certifica como peritos, pelas lutas pelo monopólio de um mercado, pela mobilização profissional e pela capacidade de convencimento do público. A audiência cresceu na medida em que os médicos foram capazes de alargar as suas redes de sociabilidade e conseguiram intervir publicamente: em jornais, revistas, sociedades científicas, congressos,

---

[8] Miguel Bombarda, *A Biologia na vida social. Discurso inaugural do anno academico. 1900-1901*, Lisboa, Sociedade das Sciencias Medicas de Lisboa, 1900, p. 12.

[9] Michel Foucault, «La Politica de la salud en el siglo XVIII» in *Estrategias de poder. Obras essenciales*, Volumen II, Barcelona, Paidós, 1999, pp. 331-333.

[10] Miguel Bombarda, «Serviços de Estatística» in *A Medicina Contemporanea. Hebdomadario Portuguez de Sciencias Medicas*, XVI Anno, nº 29, 17-VII-1898, p. 232-233.

conferências, que divulgam os seus nomes e os seus argumentos, e que, em suma, os colocam como clercs que devem ser escutados, ainda que nem sempre sejam seguidos.

A cidade, com a sua densidade demográfica crescente será diagnosticada como área de intervenção prioritária. A população, analfabeta também necessitava de ser educada. A propaganda médica dirige-se-lhe em tom paternalista, vigiando os seus comportamentos e as suas sociabilidades, não hesitando em patologizar a diferença. A correcta definição do lugar de cada um no organismo social e a uniformização dos comportamentos serão o desiderato dos poderes e, também, do poder médico que contribuiu largamente para o desenvolvimento de uma visão panóptica da cidade e dos seus habitantes.

A não conformação com a padronização será entendida como perigosa e comportará, muitas vezes, a exclusão. A busca da prova física e/ou mental que justificam o confinamento no hospital ou na prisão, abriu espaço para uma luta entre saberes/poderes. O peso da hereditariedade degenerescente e, crescentemente, o argumento mesológico explicariam os comportamentos desviantes; eram, por isso, problema médico.

Ainda que muitas destas ideias sejam divulgadas através dos meios de propaganda, ou pela inserção de médicos em órgãos de poder é, sobretudo, no contacto directo com a população que a pedagogia higienista se fará «a família será o melhor agente da medicalização da sociedade»[11]. Por isso, se escolheram as dissertações inaugurais da escola médico-cirúrgica de Lisboa, como objecto que testemunha o grau de interiorização de uma visão construída ao longo dos cinco anos da preparação académica. E que, com raras excepções, será aquela que estruturará o pensamento e a prática dos futuros médicos.

As teses da Escola Médico-Cirúrgica de Lisboa

Entre os anos lectivos 1899-1900 e 1909-1910 foram apresentadas 351 dissertações inaugurais à Escola Médico-Cirúrgica de Lisboa. Destas, 76 têm, explicitamente, uma vocação social, o que corresponde apenas a cerca de 22%. Dir-se-ia que a Medicina Social não tinha muita expressão.

No entanto, ao verificar o peso das outras áreas disciplinares na produção das teses chega-se facilmente a conclusão inversa. Recorde-se que o curso de medicina, nos inícios do século XX, se dividia por quinze cadeiras. Assim, ao distribuir as 351 teses por essas disciplinas, verifica-se que o peso de qualquer destas é muito menor.

A Medicina Social colheu as preferências dos alunos finalistas não só pela convicção do muito que haveria a fazer nesta área, mas, também, porque era assunto que se prestava a divagações de senso comum; os alunos limitavam-se, pela maior parte, à reprodução do que tinham ouvido nas aulas, ao resumo de alguma bibliografia ou a dar parte de um conjunto de ideias que reflectem a vulgarização higienista e os *a prioris* do seu sexo e grupo social, bem como a reprodução acrítica do paradigma organicista dominante.

---

[11] Michel Foucault, «La Politica de la salud en el siglo XVIII», *Estrategias de poder. Obras essenciales*, Volumen II, Barcelona, Paidós, 1999, p. 334.

Assim, o aluno Couto Nogueira[12] sustentará que a sociedade nada mais era do que o prolongamento da solidariedade inter-celular. Com esta afirmação, fundamentava o organicismo social para concluir que o médico, «ao ser chamado para junto de um doente», deveria considerar «primeiro o perigo que corre a colectividade, depois o indivíduo». A Medicina Social exigia que o olhar médico que não se contivesse numa terapêutica sintomática mas deveria antes buscar as causas dos males da sociedade. Ou seja, a medicina quereria, maior parte nos diagnósticos e na resolução dos problemas sociais, ou dito de outra forma, a luta do saber médico era, claramente, uma luta pelo poder.

O lugar de Portugal na civilização contemporânea e o seu destino ocuparam alguns finalistas. Gonçalves Lopes propôs-se proceder à caracterização antropométrica dos beirões, procurando discernir a individualidade da raça portuguesa[13]. Subjacente a este desiderato estavam, as velhas questões historiográficas acerca da emergência do Portugal independente, que um certo positivismo historiográfico sustentava à luz das características étnicas e culturais do povo português. Os trabalhos de Leite de Vasconcelos, explicitamente invocado, mas também os de Pereira de Castro e Carlos Ribeiro, ou ainda o debate acerca da teoria do moçarabismo de Teófilo Braga tornavam pertinente o argumento antropológico na defesa da independência de nação, num momento em que as colónias pareciam cada vez mais ameaçadas e os receios do 'perigo espanhol' se mantinham latentes.

A escolha dos beirões tornava-se natural a quem aceitava o pressuposto de que estes portugueses, mais não eram do que os descendentes dos lusitanos, e que estes teriam sido a matriz do desejo de independência. Com tais a priori, não espanta que o autor afirmasse a diferença antropológica marcada entre os povos que habitavam a raia, «pois à sub-dolicocefalia da Beira se opõe a mesaticefalia elevada dos habitantes fronteiriços espanhóis. (...) Tudo Isto quer dizer que nós, os portugueses, temos tanto direito ou mais que qualquer outra nação à vida política independente». Como se vê, também um sentimento, como o patriotismo, podia ser legitimado pela ciência.

A defesa da expansão colonial foi objecto de dissertações, quer pelo trabalho de Birne Pereira[14] que procura estudar a aclimação dos colonos, quer pelos que se debruçaram sobre o béribéri[15] ou sobre o paludismo, problema que também dizia respeito a muitas zonas do Portugal continental.

Tendo como objectivo a justificação da colonização europeia e, muito particularmente, a portuguesa, Rodrigo José Rodrigues[16] constrói uma curiosa visão da história da humanidade. Assim, recusa a especificidade humana do fenómeno migratório e

---

[12] Aníbal do Couto Nogueira, *O abuso do álcool*, Lisboa, Imprensa Libânio da Silva, 1905.

[13] A.Gonçalves Lopes, *Os Beirões. Estudo anthropologico.*, dissertação inaugural, Lisboa, Typographia de F. Silva, 1900.

[14] Francisco Birne Pereira, *Hygiene Colonial. Ilha de S.Tomé e Principe*, dissertação inaugural, Lisboa, Typographia Industrial Portugueza, 1902.

[15] Júlio Afonso da Silva Tavares, *Béribéri*, Lisboa, 1906.

[16] Rodrigo José Rodrigues, *Migrações. Esboço de suas causas fundamentaes e consequencias, sob o aspecto da pathologia geral*, Famalicão, Typographia Minerva, 1902.

procura demonstrar a esterilidade do trabalho dos que lhe buscavam explicações na configuração «económica, política, moral ou religiosa». Tal como as outras espécies, os grupos humanos migrariam movidos por uma determinação biológica e não fruto de um livre arbítrio, individual ou colectivo. Não é que não reconhecesse a importância condicionante da mesologia, mas para Rodrigues, as movimentações humanas, teriam outra causa: como Darwin, sustentava o carácter universal e determinante do *struggle for life*, mas, invocando as lições do seu mestre Bettencourt Raposo, sublinhava a importância de uma simétrica «luta pela morte», que condicionaria a primeira. Na verdade, o professor da Escola Médica defendia a prioridade da luta pela morte, resultante da constatação banal de que «todos os seres por viverem se condenam a morrer[17], que durante a sua vida alteram e viciam o meio em que vivem, e que, para que uns vivam, é necessário que muitos outros morram; assim, «a luta para viver faz-se por meio de concessões à morte».

Mas se a luta pela morte, variante ou não da luta pela vida, impelia as migrações humanas esta explicação não parecia suficiente. É que, Rodrigues acreditava que tal movimentação se subordinava a uma outra lei: a que deveria conduzir a humanidade a uma estabilidade final, o que na sua interpretação seria sinónimo de uma «perfeita igualdade biológica». Assim, e interpretando Spencer, ia mais longe e acreditava que a heterogeneidade crescente conduziria, no futuro, à realização da homogeneidade. A miscegenação resultante do cruzamento das várias 'raças' seria a concretização de uma «tendência necessária, fatal«, realização suprema de uma teleologia inscrita na biologia: a heterogeneidade spenceriana seria, pois, mero passo intermédio no caminho circular, que do homogéneo cosmológico inicial conduzia ao homogéneo final da espécie humana.

O lugar de Portugal no esquema de Rodrigues era claro: depois de traçar em digressão histórica a aventura secular da colonização portuguesa, sublinhava os exemplos de miscegenação, que os portugueses sempre tinham dado, passo decisivo em direcção ao fim, biologicamente homogéneo, da história. Dir-se-ia que «antecipando um dos argumentos centrais do luso-tropicalismo», Portugal, longe de estar decadente ou degenerado, afinal, caminhava na vanguarda da humanidade.

Outra opinião, porém, decorre de outros trabalhos que apostavam, mais modestamente, por caracterizar a situação higiénica do país, rural[18], ou urbano. Os trabalhos sobre a qualidade da água[19] ou as dissertações sobre desinfecção pública[20], ou mais particularmente sobre a desinfecção domiciliária[21] reflectem as conclusões do higienismo sobre o controlo epidemiológico. Os sistemas de tratamento de esgotos também não ficaram por tratar. Num trabalho minucioso em que, dificilmente, se distingue

---

[17] Citação de Bettencourt Raposo, *Lições de Pathologia Geral. Curso de 1899-1900*, nº 1, *Jornal da Sociedade de Sciências Medicas*, em idem, ibidem, p. 24.

[18] António Eduardo da Silva, *Algumas paplavras sobre o estado da Hygiene rural no nosso paiz*, dissertação inaugural, Lisboa, Typographia de Francisco Luís Gonçalves, 1910.

[19] Daniel Esquível Maia Saturnino, *A inquinação hidro-telúrica e a bacteriólise*, Lisboa, 1909.

[20] Alberto Marinho Ferreira Mendes, *Breve estudo sobre desinfecção publica*, Lisboa, 1906.

[21] António Dias da Silva, *Desinfecção official dos domicilios em Lisboa*, Lisboa, 1906.

onde acaba o médico e começa o engenheiro, António Brederode[22] expõe os diferentes tipos de tratamento das águas sujas, sublinhando a necessidade imperativa de proceder ao seu tratamento antes de as lançar aos rios. Uma certa e incipiente consciência ecológica parecia despontar.

A qualidade e sistema de distribuição dos alimentos foram objecto de vários trabalhos: desde a falta de higiene dos vaqueiros que à porta dos fregueses mungiam as vacas sem lavar as mãos[23], às adulterações do leite e à falsificação dos géneros alimentícios[24], as teses sublinham o enfraquecimento progressivo da população. Corrêa Guedes[25] a par da habitação, considerada «o nó górdio da questão social«, estabelecerá a correspondência entre as taxas de tuberculose e os preços dos bens de primeira necessidade, condenando vigorosamente o proteccionismo agrícola que mantinha os preços elevados, mesmo quando havia excedente na oferta.

Um dos problemas urbanos mais debatidos, ao longo do século XIX, foi, como se sabe, a localização dos cemitérios, a sua gestão e os modos de enterramento. Nos inícios do século XX, a questão já não era colocada nos mesmos termos. Se do ponto de vista do pensamento higienista os receios miasmáticos já não tinham razão de ser, a falta de espaço nos cemitérios de Lisboa, o controlo epidemiológico e a luta pela laicização da sociedade suscitavam o debate sobre a cremação. Que os cemitérios higienicamente organizados e geridos, não faziam perigar a saúde pública será a tese defendida por Silva Faia[26] e Proença Fortes[27]. Seguindo a lição de Ricardo Jorge, entendem que a cremação só poderia ser defendida à luz de convicções filosóficas, religiosas ou políticas, mas não invocando os ditames do higienismo, que há longo tempo demonstrara a inocuidade da inumação e não colocava entraves à localização dos cemitérios no centro das cidades.

Como se sabe, com a tuberculose, o alcoolismo e a sífilis foram considerados as pestes do século XIX. E o medo do contágio levou a que se insistisse em medidas que visavam limitar os contactos entre os corpos, disciplinando comportamentos e afectos; a fundação, em 1905, de uma Liga contra os apertos de mão[28] é sintomática.

Não espanta por isso que muitos trabalhos as tenham tomado por assunto. O alcoolismo preocupou os alunos, sobretudo, porque teria poderoso efeito numa degenerescência hereditária. Daí que Aires Tavares considerasse o alcoolismo da mulher mais grave[29]. Não é que se temesse que a criança, filha de alcoólico, estivesse

---

[22] António de Mello e Lacerda Brederode, *Breves palavras sobre depuração urbana*, Lisboa, Typographia de J. F. Pinheiro, 1906.

[23] Domingos António Lopes, *O Leite*, Lisboa, Imprensa Lucas, 1904, p. 9.; João Madeira Pinto, *Breve estudo sobre o valor do «soro de manteiga» (leite desnatado)*, Lisboa, 1904.

[24] Carlos de Sousa Pais, *Falsificação dos géneros alimentícios*, Lisboa, 1904.

[25] J. Corrêa Guedes, *Um aspecto da questão social na etiologia da tuberculose*, Lisboa, Ateliers Graphicos de B. Nogueira Sucessor, 1908, pp. 83-124.

[26] José Pinto da Silva Faia, *Covais*, Lisboa, Imprensa Africana, 1902.

[27] Júlio Proença Fortes, *Restos mortaes*, Lisboa, 1906.

[28] «Variedades. Liga contra o aperto de mão» in *A Medicina Contemporanea.Hebdomadario Portuguez de Sciencias Medicas*, XXIII Anno, nº 50, 10-XII-1905, p. 400.

[29] Aires Guilherme Tavares, *Alcoolismo*, Lisboa, Typographia Belenense, 1908, p. 37.

predestinada ao mesmo fim: mas acreditava-se na herança da predisposição que o meio social de pobreza e vício agravariam fatalmente. Não espanta, já que a invocação do alcoolismo, individual e familiar, na explicação do crime, da degenerescência epiléptica ou da tuberculose era argumento familiar.

A visão totalizadora da medicina induziu alguns alunos a apresentarem teses sobre temas muito variados. Costa Júnior[30], apresenta um curioso trabalho sobre a composição dos diferentes tecidos «com inegável interesse para a Medicina Legal» estabelecendo relações entre aquela, as cores e as formas e o estado de saúde individual; de caminho, não deixou de enfatizar, naturalmente, a irracionalidade da moda feminina.

A saúde infantil e os transtornos que um mau sistema escolar poderiam produzir nos futuros cidadãos tinham que preocupar os médicos. Que a presença do médico se tornava imprescindível na escolha dos curricula, na organização racional e cientificamente caucionada do emprego do tempo, do tipo de mobiliário adequado, encontra-se claramente traduzida nos trabalhos dos finalistas.

Assim, Francisco Formosinho insiste na necessidade da inspecção médica da escola primária[31]; caberia ao médico verificar as condições sanitárias dos edifícios, promover a vacinação e organizar para cada aluno um boletim sanitário que ajudaria a tornar mais visíveis os alunos e as suas doenças. A fadiga escolar é a preocupação do trabalho de Fernando Waddington[32], que propõe, entre outras medidas, a redução das «matérias abstractas e de pura erudição e aumentando tanto quanto possível as de conhecimentos próprios para desenvolverem a observação, a maneira de pensar e o senso prático». Tal como o pensamento pedagógico finissecular ensinava, a escola devia ser o lugar de interiorização da cidadania «e não era o pensamento higiénico, afinal, uma das suas vozes?» e esta decorria da observação; cabia ao professor, ensinar um modo especial de olhar a natureza fazendo sobressair a lição de solidariedade nela contida.

A vigilância, policial e médica, das classes laboriosas, perigosas e viciosas não podia deixar de ter em conta os locais da sociabilidade popular. Em torno de botequins e cafés foi-se construindo uma imagem negativa pelo desregramento social a que, aparentemente, davam lugar. O barulho, as cenas de violência, o consumo do álcool, os horários tardios, a mistura de gentes, tudo nesses lugares parecia justificar a suspeição. Costa Ribeiro[33] partilha, por inteiro, dessa representação desaprovadora e puritana, e entende demonstrar que o café, pelos consumos que proporciona ou pela proximidade ao prostíbulo, faz perigar a sociedade e não tem dúvidas em classificar a 'vida de café' como desviante da «ordem orgânica e social que constitui ou deve constituir a normalidade« do comportamento.

---

[30] José Duarte da Costa Junior, *Breves considerações sobre o vestuario em hygiene*, Lisboa, Imprensa Libânio da Silva, 1905.

[31] Francisco Júdice Formosinho, *Inspecção médica na escola primaria*, Lisboa, Imprensa Lucas, 1909, pp. 18-19.

[32] Fernando Waddington, *Esfalfamento cerebral (nas escolas)*, Lisboa, Typographia de J. F. Pinheiro, 1907.

[33] Domingos da Costa Ribeiro, *Algumas palavras sobre os effeitos perniciosos da vida de café*, Lisboa, Ateliers Graphicos de Brito Nogueira Sucessor, 1908.

A protecção das mulheres grávidas pobres foi o assunto escolhido por Adelaide Cabette[34], futura figura cimeira do movimento feminista, que insistirá na necessidade do Estado assumir as suas responsabilidades, promovendo os meios que garantissem a saúde da mãe e, logo, o desenvolvimento físico dos filhos. Esta foi também a preocupação de Nunes Claro que defenderá a criação de creches industriais e um horário flexível para as mães trabalhadoras[35], de modo a permitir a amamentação dos filhos. Também Rodrigues Garrana[36] defende a superioridade da amamentação materna e condena o hábito de recorrer a amas. Nos trabalhos que se debruçam sobre este tema insiste-se, pois, em definir a mulher, prioritariamente, pela sua função reprodutiva.

Este modelo de mulher, que a medicina diagnosticava como normal, reforçava o seu papel doméstico e recusava-lhe a intervenção no domínio público com argumentos que se queriam biológicos. Não só porque se acreditava na sua menor inteligência e controlo emocional mas, também, porque as reivindicações da luta feminista agudizavam, quer os receios da competição laboral, quer os temores do esbatimento das diferenças sexuais; daí que fosse pertinente perguntar: a redefinição do feminino não implicaria o questionamento da masculinidade? Esta foi a preocupação de Manuel Vieira que procurará, à luz da ciência, situar a mulher num lugar social de complementaridade: sem desvios ao plano da natureza, cuja «acção diversificadora» deveria ser estimulada, o homem seria «o elemento dinâmico, o elemento força, o elemento extra-orgânico captador das substâncias alimentares; a mulher, o elemento estático, o elemento fornecedor das mesmas substâncias para a formação de um corpo de forças harmónico tanto, sob o ponto de vista social como para uma boa força reprodutora»[37]. Com os dois papéis assim definidos, a ordem social não estaria ameaçada; a linguagem da sociologia comtiana «que, como se sabe, dividia-se em estática e dinâmica», neste como noutros aspectos, caucionava uma visão conservadora da sociedade.

Ao longo do século XIX, também se acreditou que a manutenção da ordem e da moral da família dependia, em grande parte, da prostituição. Mas desejava-se a sua invisibilidade e o seu controlo policial e médico. Ao Estado, pela matrícula obrigatória, caberia identificar, quantificar e disciplinar as meretrizes e, aos médicos, a inspecção vigilante das toleradas, responsáveis primeiras pela propagação da sífilis.

A falta de informação e de educação sexual de rapazes e raparigas é acentuada por Carrasco Guerra que também chama a atenção para a gravidade da prostituição clandestina e/ou ocasional. O aluno insiste sobretudo no carácter hereditário da doença, causadora de degenerescência, e por isso em alertar para os perigos do casamento. Não propondo medidas radicais, Carrasco Guerra apela para um maior esclarecimento da população, através da educação e propaganda, como meio de evitar os casamentos

---

[34] Adelaide de Jesus Damas Brazão Cabette, *A protecção de mulheres gravidas pobres como meio de promover o desenvolvimento físico de novas gerações*, Lisboa, 1900.

[35] Joaquim Nunes Claro, *Porque morrem as creanças (as crèches industriaes)*, Lisboa, Minerva do Commercio, 1906, p. 47.

[36] José Maria Rodrigues Garrana, *A Proposito do aleitamento materno*, Lisboa, A Liberal - Officina Typographica, 1908.

[37] Manuel Lourenço Vieira, *A Mulher à luz da sciencia (alguns apontamentos apenas)*, Lisboa, Imprensa Africana, 1908, p. 64.

irresponsáveis. A mesma via é proposta por Tierno da Silva, que, menos conservador, entende que o controlo da epidemia não poderia centrar-se, exclusivamente, na disciplina médica e policial das prostitutas. Assim, consciente de quanto o seu projecto era utópico, sugere que, a par, se impusesse uma inspecção aos rapazes que desejassem frequentar as casas de passe[38]. Tal projecto seria exequível com a construção de bairros especiais: isto é, para melhor controlo da epidemia propõe-se que, a par da marginalização social de certas mulheres, se demarcasse também espacialmente o território da marginalidade.

A caracterização da prostituta portuguesa foi a intenção de Tovar de Lemos que, utilizando a antropometria, contribuía para o objectivo de tornar visíveis, aos olhos do poder, estas mulheres que, dado o padrão de normalidade feminina definido pelas elites, se podiam considerar casos patológicos. Certo de que, «naquelas mulheres deveria existir um desvio da mulher normal, uma cerebração diferente e que a deveríamos considerar como um tipo degenerado«[39], o aluno tentará perceber quais os estigmas que poderiam ajudar a reconhecer a predisposição para a actividade. Deste modo, a prevenção poderia actuar, pelo menos em alguns casos. É que, apesar do determinismo implícito no seu trabalho, acabava por aceitar que um número não quantificado destas mulheres não estava, fatalmente, destinada ao exercício da profissão. Mas outras, quer pela estigmatização abundante, quer por condições mesológicas adversas, hereditárias ou não, pareciam não poder escapar. E ainda bem, já que reconhecia a função social pacificadora da prostituição. Por isso, afirmou que em certos casos «a disposição individual é tão grande que a acção mesológica se torna nula« e nesses casos estar-se-ia, de facto, em presença da prostituta-nata. Lemos dava provas de conhecer as teorias da antropologia criminal finissecular, particularmente Lombroso e Tarnowsky, que matizava sob a influência do pensamento dos seus mestres mais sensíveis à importância da mesologia.

Algumas dissertações entenderam a epilepsia, o alcoolismo, a sífilis e a tuberculose como patologias a ter em conta no apuramento da responsabilidade criminal. Este foi o objectivo de Luís Cebola, que fruto das suas observações no manicómio dirigido por Miguel Bombarda, procurou definir o conceito de degenerescência. Admitindo a sua hereditariedade, Luis Cebola está também convicto de que ela se denuncia por estigmas «físicos e sobretudo mentais«[40]. O mesmo é dizer que só o perito estaria em condições de avaliar a presença dos sinais reveladores. Ao médico deveria caber maior e mais decisivo papel na orientação da sociedade, em particular na decisão judicial.

Júlio Dantas[41] foi mesmo mais longe. O estudo que faz das manifestações artísticas dos internados em Rilhafoles leva-o à conclusão de que a loucura e a decadência não

---

[38] José Nunes Tierno da Silva, *Syphilis. Algumas palavras sobre a sua prophylaxia e tratamento pelas injecções mercuriaes*, Lisboa, Typographia Minerva Central, 1906, p. 101.

[39] Alfredo Tovar de Lemos, *A Prostituição. Estudo anthropologico da prostituta portugueza*, Lisboa, Centro Typographico Colonial, 1908, p. V.

[40] Luís Cebola, *A Mentalidade dos epilepticos*, Setúbal, Typographia de J. L. Santos e Com.ta, 1906, p. 30.

[41] Júlio Dantas, *Pintores e poetas de Rilhafoles*, Lisboa, Livraria Editora Guimarães, Libanio & Cia, 1900.

se encontravam só no manicómio. Conservadoramente, e seguindo a interpretação de Max Nordau «que não cita, mas certamente conhece», entende que a obra da maior parte dos poetas e pintores mais cotados do seu tempo seriam sintoma de perturbação mental. Assim os receios de uma degenerescência a permear o tecido social eram reforçados e Dantas concluía pelo papel fundamental do médico, também na orientação artística da nação. Mais do que qualquer outro intelectual, só o médico, *maître a penser* por excelência, por uma formação adequada à etapa científico-técncia em que a humanidade teria entrado, poderia diagnosticar o atavismo ou a paranóia reveladas pela arte, que longe de deslumbrar, deveria estigmatizar socialmente o seu autor e o seu público, merecedores, afinal, de tratamento médico.

O internamento prisional, por seu lado, foi o escopo do trabalho de João Gonçalves[42]. Sabe-se que, ao longo do século XIX foram várias as doutrinas sobre a prisão, quer aquelas que acentuavam o isolamento como meio essencial à regeneração do criminoso, quer as que insistiam ser o trabalho disciplinado e a vida em comum os meios de conseguir esse objectivo. O aluno finalista entende provar como o sistema celular da Penitenciária de Lisboa propiciava a loucura e, como o preso, ao terminar a sua pena e ao ser devolvido à vida social, em lugar de contribuir positivamente para a sociedade viria, afinal, aumentar o seu desregramento.

Conclusão

Como se vê, no fim da sua preparação académica, os novos médicos tinham de facto interiorizado a visão totalizadora construída pelos seus mestres, certos de serem capazes de discernir a fronteira que separava os comportamentos normais dos patológicos e, sobretudo, estavam conscientes de qual deveria ser o seu papel na construção da sociedade saudável, o que explica a relevância dada à perspectiva social nos temas escolhidos e ideias defendidas e a secundarização das questões ligadas à terapêutica mais individualizada. Ou, como Miguel Bombarda magistralmente explicitou «O médico clínico é rigorosamente e por larga parte uma expressão de egoísmo; o médico social significa o anseio mais puro a que nunca pôde levantar-se a ambição do homem pelo bem dos seus irmãos»[43].

Assim, às teses em voga no trânsito do século XIX para o século XX, a Medicina Social contrapunha um optimismo ilimitado, em que a decadência da raça ou a degenerescência dos portugueses eram, crítica e retoricamente acentuadas para melhor insinuar a possível solução. O médico e o seu saber prometiam, confiadamente, um futuro novo para Portugal.

---

[42] João Gonçalves, *A Loucura penitenciaria. Dissertação inaugural*, Lisboa, Imprensa Libanio da Silva, 1899.

[43] Miguel Bombarda, «A Biologia na vida social. Discurso inaugural do anno academico. 1900-1901» in *A Medicina Contemporanea....*, XVIII Anno, n° 46, 18-IX-1900, p. 385.

Resumo – Em A Biologia Social. Discurso inaugural do anno academico.1900-1901, Miguel Bombarda afirmou que a sociedade era um organismo e a sociologia nada mais era do que a extensão das ciências biológicas. Esta afirmação era o corolário lógico de um pensamento que, ao longo do século xix, insistira na naturalização dos comportamentos e atitudes, individuais ou sociais, o que legitimava a intervenção do médico em todos os campos. Perceber como a crescente medicalização da sociedade foi conseguida, isto é, como se deslocaram as atenções da doença para a saúde, e como a partir de um modelo higienista, centrado na prevenção, iniciado ainda em Setecentos, a medicina e os médicos construiram e consolidaram o seu saber e o seu poder é o objectivo desta comunicação. As estratégias deste novo poder foram múltiplas e as lutas com outros poderes e outros saberes essenciais à construção de um projecto que visava um (re) ordenamento total da sociedade.

Uma das dimensões da consolidação do poder médico encontra-se, indubitavelmente, na reprodução do ideário médico-social que as dissertações inaugurais das escolas médico-cirúrgicas exemplarmente ilustram. O período escolhido para a análise destas dissertações (1900-1901) corresponde a uma década em que a Medicina Social podia já reivindicar crescente audiência junto da opinião pública e junto do Estado. É que, o crédito social e político alcançado por alguns dos professores da Escola Médico-Cirúrgica, cujas opiniões e trabalhos as teses reproduzem, não se explica apenas pelo seu peso científico. Há que perceber que a capacidade de convencimento e o acolhimento das ideias, expendidas pelos médicos, deve ser, em primeiro lugar, explicada pela eficácia real e crescente da medicina e das novas técnicas médicas, também deve ser compreendida como efeito das transformações do Estado, a que os médicos e as instituições de saúde pública pertencem, pela capacidade de organização profissional e, sobretudo, pela importância do poder intelectual nas sociedades contemporâneas. Por isso a acção e a palavra dos médicos se não esgotou no domínio científico, que, por seu lado, colheu benefícios da eficácia da intervenção filosófica, política, social e estética dos médicos. Não será, também, por isso que se realiza, cem anos depois, um congresso sobre «Miguel Bombarda e as singularidades de uma época»?

Abstract – In A Biologia Social. Discurso inaugural do anno academico.1900-1901, Miguel Bombarda wrote that society was an organism and sociology no more than the extension of biological sciences. This statement was the logical corollary of a thought that had insisted in the naturalization of individual and social behaviours and attitudes during the nineteenth century, thus legitimising the intervention of doctors in every field. This lecture aims at understanding how the increasing 'medicalisation' of society was done, i.e., how attention was transferred from illness to health, and how medicine and doctors built and consolidated their knowledge and power, based on a hygienist model focused on prevention, which had its origin in the eighteenth century. This new power had multiple strategies and fought several battles against other powers and other essential knowledge in order to build a project that aimed at totally (re) ordering society.

One of the dimensions of medical power consolidation can be undoubtedly found in the reproduction of medico-social sets of ideas, exemplarily illustrated by the inaugurating dissertations of medico-surgical schools. The period chosen to the analysis of these dissertations (1900-1901) corresponds to a decade when Social Medicine could already vindicate an increasing audience among public opinion and the State. The fact is that the political and social credit reached by certain professors of the Medico-Surgical School, whose opinion and work the theses reproduce, cannot be explained by their scientific weight. It is important to understand that if the convincing capacity of the doctors' ideas and their reception is mainly due to the real and increasing efficacy of medicine and new medical techniques, it also has to be understood as the consequence of transformations of the State to which doctors and the institutions of public health belong, by the capacity of professional organisation and, mainly, by the importance of intellectual power of contemporary societies. For this reason, doctors' actions and words were not restricted to the scientific field, which took advantage of the efficacy of doctors' philosophical, political, social and aesthetical intervention. Isn't that the reason why a congress about 'Miguel Bombarda and the singularities of an epoch' is taking place one hundred years later?

José Cunha-Oliveira* ; col. Aliete Pedrosa Cunha-Oliveira**
* *Hospital Psiquiátrico do Lorvão, Portugal*
** *Centro de Saúde de Celas, Coimbra, Portugal*

A RELAÇÃO ALIENISTA-ALIENADO NOS INÍCIOS DO SÉCULO XX

Introdução

Os nossos ídolos mortais são ou foram gente como nós, com as suas virtudes e defeitos, contenções e excessos. Ao estudarmos a vida desses nossos ídolos encontramos não apenas uma «*persona*», isto é, uma «*máscara*», um rumo, uma coerência, um projecto, mas sim várias – a mesma variedade, afinal de que todos nós somos feitos – como diria Fernando Pessoa.

Há ídolos mortais desses que devem o culto que lhe prestamos a factos fortuitos, que mais marcaram a ideia que deles fazemos do que a obra que deixaram ou o trajecto que seguiram. Esses ídolos são os heróis, os mártires, os que por acidente ou por destino morreram durante a pendência de uma causa.

Talvez não estivéssemos aqui reunidos se, em 3 de Outubro de 1910, um louco Tenente Aparício, educado pelos Jesuítas, não tivesse posto fim à vida de Miguel Bombarda, então ferrenhamente dedicado à causa da extinção da Companhia de Jesus. Se permanecesse vivo Bombarda após a proclamação da República, acentuar-se-iam, porventura, mais os seus defeitos do que as suas múltiplas qualidades.

Há, deste modo, homens que sobre outros homens têm o mérito particular de terem morrido no momento certo. Três anos antes, e seria Bombarda um simples monárquico de fim-de-regime; três anos depois e teria sido um dos muito vultos tumultuosos e esquecidos da I República.

I. Em 1848 o Marechal Duque de Saldanha decide retirar os loucos dos pátios de S. Teotónio e de Sta. Eufémia, herdeiros da Casa-das-palhas do Hospital de Todos--os-Santos, colocando-os em Rilhafoles, onde constituiu um manicómio, atribuindo a direcção a Francisco Pulido – o qual, aliás, lhe traria um período de esplendor, seguido, sob as direcções subsequentes, de uma progressiva deterioração e de uma deplorável mortalidade interna (1) (2).

Ao fim de 44 anos, os doentes estavam já em celas insalubres, os sexos misturados, as condições higiénicas deploráveis, o estado do edifício ruinoso. Para cúmulo, o que lá se fazia estava longe de poder chamar-se tratamento, permanecendo uma parte importante dos doentes amarrados, e a maioria deles nem acesso tinha a qualquer médico durante anos e anos (3).

Havia mesmo enfermarias que, em pleno dia e quando o sol brilhava intensamente, era necessário andar com luzes para passar a visita de maneira que os doentes se vissem (4).

A célebre enfermaria dos *«imundos»*, pelo seu próprio nome se adivinha, albergava os chamados doentes com *«gatismo»*, ou seja, pobres seres humanos quase destituídos de funções intelectuais (5).

Atraído pelas ciências que relacionava com o cérebro, futuro alienista auto-didacta, Miguel Bombarda frequentou diária e voluntariamente estas instalações, reunindo, durante anos, os dados para o seu estudo das doenças mentais.

Nomeado director de Rilhafoles em 1892 e prévio conhecedor do estabelecimento e dos seus serviços, logo se abalançou a reformá-los, sendo, a um tempo, o arquitecto, o higienista, o director e o clínico do manicómio que viria a ter o seu nome (6).

Com a sua rara actividade e aptidões de trabalho, empenhava-se o dia todo em dirigir as obras e os serviços de Secretaria e supervisionando a forma como eram assistidos os internados (7).

Transformou o edifício, abateu as paredes das antigas celas conventuais e fez delas enfermarias amplas. Mandou construir novos pavilhões e uma cozinha. Melhorou o balneário e a partir dele introduziu a balneoterapia. Separou os sexos e pôs termo ao meios de contenção tão empregados na época. Ocupou os doentes, criando pela primeira vez entre nós a categoria dos doentes-trabalhadores, antecipando, desse modo, a noção de ergoterapia (8).

Além disso, elaborou o Regulamento Interno, que veio dar ao tratamento dos doentes uma regularidade e assistência dignas de registo, fazendo-se todo o serviço sem atropelos e com todo o carinho (9).

A *«cadeira forte»* desapareceu e, em 1910, os coletes-de-forças, já se utilizavam apenas enquanto os doentes permanecessem agitados, sendo retirados logo que os doentes entrassem em período de calma (10).

Como director fez sempre questão de manter a ordem e a disciplina, mas, no meio de todo o seu autoritarismo no serviço, Bombarda era tido como de uma bondade admirável para com os pobres alienados (11).

Regularmente e em dias certos, fazia a observação muito rigorosa dos doentes entrados, de modo que, findo o período regulamentar, estava habilitado a formular diagnósticos seguros sobre o estado mental de um novo doente (12).

Com o seu olhar profundo e penetrante observava e interrogava os doentes no seu gabinete, a frase concisa e rápida, não deixando de esmiuçar a mais pequena minúcia, tudo lhe servindo para fazer o diagnóstico: o aspecto do doente, a maneira de responder, o menor gesto, as lágrimas, o entusiasmo, a lentidão do discurso, etc. (13).

Embora um pouco distante, era um homem afável e profundamente interessado em cada novo caso que estudava. A sua orientação organicista transparecia na semiologia corrente que empregava. Preocupava-se muito com os caracteres morfológicos, dando grande importância às alterações somáticas coexistentes, e iniciou a pesquisa de dados laboratoriais. Tinha uma fé total nas possibilidades do estudo anatómico do cérebro para explicar a génese das alterações psíquicas (14), posição de que tirou o máximo partido na célebre questão de Josefa Greno, independentemente de hoje se poder questionar qual a relação entre as lesões cerebrais da pintora espanhola e os motivos que a levaram a matar o marido.

Sendo antes de mais cirurgião, fisiologista e histologista, Bombarda chamou Mark Athias para com ele instalar e pôr em funcionamento um laboratório em Rilhafoles, no qual se executavam preparações para as aulas e se fazia investigação na área da histologia, prosseguindo um conjunto de pesquisas que depois eram publicadas em revistas nacionais e estrangeiras ou em dissertações várias. Contra a sua vontade, esse laboratório fecharia três anos depois (15).

Vivia-se, então, uma época de grande incerteza política e de fermentação revolucionária em que quase nada se podia fazer, mas a energia e o entusiasmo de Bombarda passava por cima de tudo e contagiava os que privavam com ele (16).

Como director e alienista do Manicómio de Rilhafoles, Bombarda foi por três vezes agredido por doentes seus, a última das quais pôs termo à sua vida.

Vale a pena descrever aqui a história do Tenente Aparício Rebello dos Santos, católico, monárquico e antigo aluno dos padres jesuítas, autor dos disparos que conduziram à morte do alienista, aliás já de si de uma saúde mais do que precária, apesar da sua inesgotável energia. Não fôra essa precariedade de saúde, bem patente na autópsia a que foi submetido, e não seriam as balas do tenente que o teriam feito cair para sempre nas vésperas do 5 de Outubro de 1910 (17).

Aparício Rebello dos Santos fez os preparatórios liceais com distinção e seguiu a carreira das armas, alcançando o posto de tenente, concluindo o curso de Estado Maior em 1908, com 30 anos de idade.

Um pouco antes, para uns, um pouco depois, para outros, de obter o diploma final, começa a dar alguns indícios de loucura, agravando-se a sua situação a pouco e pouco. É internado em Rilhafoles (18).

Nove meses depois – e não deixará de ser estranho –, o pai do tenente dirige-se ao Gabinete de Bombarda exigindo a alta do filho, no intuito de o submeter à observação e ao tratamento por sumidades da psiquiatria francesa. Contrariado, Bombarda dá a alta exigida, sendo, meses depois, informado de que o tenente, agora com 32 anos de idade, tinha regressado e estava curado com *restitutio ad integrum* (19).

Ao que se diz, Aparício dos Santos teria começado, por volta de 1906, a apresentar ideias de perseguição, seguidas, mais tarde, de um intenso sentido de influência com exuberantes fenómenos alucinatórios.

Internado em Rilhafoles, como acabamos de ver, as suas alucinações e os seus delírios fizeram-no «descobrir» a entidade que, afinal, o perseguia: o *«Hospital»* – entidade abstracta, de poderio imenso, de onde ele já não procurava um meio de sair incólume, mas, ao menos, vivo. O *«Hospital»* falava-lhe, sabia e repetia o que ele pensava, marcava as atitudes de todos os que o rodeavam, tecia à sua volta uma teia imensa e invisível (20).

Quando exigida a alta por seu pai vai para Paris, depara-se com a prova de como era imenso o poder do *«Hospital»*. Uma madrugada, estando encolhido junto às paredes de uma das áleas, tenta iludir a implacável observação do *«Hospital»*. Ouviu os varredores, falando português, referindo-se a ele próprio e aos factos de que era vítima. O perseguido, o fugitivo miserável, ergue-se então ante o perseguidor e busca maneira de retribuir o mal que lhe fazem, tornando-se perseguido-perseguidor.

Trabalha incessantemente na forma de destruir o *«Hospital»*, vasto, imenso, de pedra e cal, inacessível às forças vingativas de um mero ser humano. Surge-lhe então a ideia de atingir o *«Hospital»* – como estão a imaginar, era o Manicómio de Rilhafoles –, não na sua estrutura física, material, *anatómica* – digamos –, mas na sua *«alma»*, na sua *«direcção»*, isto é, Miguel Bombarda. Tem, uma ou outra vez, hesitações sobre a legitimidade do seu intento, mas o turbilhão de forças que se move no interior do seu espírito põe-no perante a necessidade premente de uma libertação que só é possível com o fim de Bombarda (21).

Às 11,00 horas da manhã de 3 de Outubro de 1910, um amanuense vem trazer ao Gabinete de Bombarda um cartão-de-visita, informando o director de que, na sala contígua, um visitante aguardava o momento de ser recebido. E Bombarda leu no cartão: «*Aparício Rebello dos Santos*» (22).

«*Não lhe façam mal que é um louco!*» – disse Bombarda, ao mesmo tempo que, gravemente ferido, teve ainda tempo de ditar o internamento do Tenente Aparício.

Aparício Rebello dos Santos esteve internado até à sua morte, em 1943, provocada por uma neoplasia maligna. Os alienados militares que se encontravam recolhidos em asilos foram, entretanto, transferidos para a Casa de Saúde do Telhal, da Ordem de S. João de Deus. Com o decorrer dos anos foi-se esbatendo a actividade delirante do Tenente Aparício, a qual já era pouco notória quando foi transferido para o Telhal. Mais tarde desapareceu por completo, podendo mesmo, nos últimos anos da sua vida, falar-se de cura completa com *restitutio ad integrum*, isto é, sem qualquer défice intelectual ou modificação da personalidade que denunciasse tudo o que se havia passado para trás. Só no mundo, Aparício pediu que o deixassem permanecer no Telhal, onde gozou de relativa liberdade, grato aos cuidados que com ele tinham os irmãos.

Voltaremos, mais adiante, às relações menos visíveis entre estes dois homens, um o alienista (fruto do *Progresso*), o outro o alienado (fruto da *Degenerescência*).

II. Miguel Augusto Bombarda nasceu no Rio de Janeiro a 6 de Março de 1851, filho de António Pedro Bombarda e de Maria Teresa Correia d'Andrade, 28 anos após D. Pedro, filho de D. João VI, ter posto fim ao Reino Unido do Brasil e de Portugal, Reino Unido esse em que, na época, Portugal pouco ou nada mais era do que um mero Protectorado Britânico, entregue a uma Junta Governativa chefiada pelo Marechal Beresford – o mesmo que mandou enforcar, em Outubro de 1817, no Forte de S. Julião da Barra, o General Gomes Freire de Andrade, que não morria de amores pela *«protecção»* inglesa. É desse tempo que chegou até aos dias de hoje a impagável expressão portuguesa *«para inglês ver»*.

Para António Pedro Bombarda, porém, dar ao filho o nome de *«Miguel»* era uma forma de repudiar o *«Grito do Ipiranga»*, e de marcar a sua firme opção pelo Príncipe D. Miguel e pelos ideais conservadores (23) (24).

Miguel Bombarda foi, deste modo, criado no culto pelo ídolo do absolutismo, tendo, até 1877, sido um acérrimo defensor das ideias miguelistas e católicas, tradicionalista e legitimista fervoroso. Mesmo nos últimos tempos da sua vida, só com respeito se referia ao Sr. D. Miguel (25).

Opta pela nacionalidade portuguesa aos 18 anos, tendo sido irmão de uma Confraria Religiosa e traduzido um romance de cariz religioso e moralista do padre francês Guérinet (26) (27).

A sua tardia opção pela República não deixa de surpreender todos os que sabiam como fora recebido em audiência privada, a 26 de Dezembro de 1894, pelos Reis D. Carlos e D. Amélia, de onde saíra *«muito cativado pela amabilidade de suas magestades»*;

e surpreende ainda todos aqueles que o viram entrar na política activa em 1908, como deputado por Aveiro, no Partido Monárquico, pela mão do então Presidente do Conselho, Almirante Ferreira do Amaral (28). Demitido o Governo e liberto da sua lealdade, filia-se no Partido Republicano, voltando a ser eleito deputado, nas eleições de Agosto de 1910 (29). Num e noutro Partido, move-o o mesmo ideário e o mesmo objectivo: o anti-clericalismo e, acima de tudo, o seu anti-jesuitismo.

Com esse ideário e com esse objectivo mobilizou uma campanha terrível que pôs à vista de todos o seu carácter de propagandista incendiário, de organizador exímio, de populista nato, que tem o seu momento de glória na imponente manifestação anti-jesuíta de Lisboa, de 2 de Agosto de 1909, promovida pela Junta Liberal, que fundara em 1901 e à qual presidia. Do Terreiro do Paço ao edifício das Cortes, a manifestação correu a entregar um pedido de restabelecimento da legislação que proibisse a existência de Congregações Religiosas, especialmente os Jesuítas.

Ferido deste espantoso ódio, firme, sereno e inquebrantável contra o jesuitismo, dizia Bombarda, membro do Directório Republicano, em 2 de Outubro de 1910: «Principalmente proclamada que seja a República ,há que fechar sem demora Campolide e S. Fiel. Destes dois cóios se pode dizer que tem saído o germe mais pernicioso da sociedade portuguesa nos últimos vinte anos. O clericalismo, eis o inimigo!» (30).

No dia seguinte, às 11,00 horas da manhã, era atingido pela Browning do Tenente Aparício louco, antigo aluno dos Colégios Jesuítas. Depois de operado pelo Professor Francisco Gentil, o nosso alienista falecia às 6,00 da tarde do mesmo dia.

«A que série infinda de suspeitas – diz Luis Dérouet –, de acusações fundamentadas e de romances seriamente arquitectados se não presta, afinal, o desaparecimento do Dr. Miguel Bombarda, às mãos de um homem de tendências manifestamente religiosas, conservador estreme, no instante histórico em que a Revolução o ia colocar, por direito de conquista, na primeira plana da República?!...» (31).

Toda esta história que se vem esforçando por contar remonta às suas famosas Conferências de Maio de 1877, subordinadas ao título «*Os Neurones e a Vida Psíquica*», e ao livro «*A Consciência e o Livre Arbítrio*» publicado no ano seguinte. Como diz Evaristo Franco (32), Miguel Bombarda fez naquelas Conferências «afirmações arrojadas que originaram a mais violenta polémica dos fins do séc. XIX. Terminou esses memoráveis discursos com estas palavras, a que faltava o tempero da lógica: «O Neurone move-se, e, porque se move, pensa e sente». «Entrou, assim, no terreno escorregadio da discussão religiosa, levando calçados os patins da filosofia, mas esquecendo o bordão filosófico, sem o qual iria fatalmente cair» (33). «A paixão levou-o a afirmações tremendas: 'a alma é uma pura fantasia'».

Vem à liça Emídio Navarro, mas falta-lhe a couraça científica para aguentar os golpes de Bombarda. Surge então o vulto esguio do «Padre Sábio», Manuel Fernandes Sant'Ana, do Colégio Jesuíta de Campolide, que arrasa Miguel Bombarda em dois livros. «Felicita» Bombarda por ter escolhido Ernst Haeckel para seu patriarca e padrinho, dizendo: «Uma obra repleta de extravagância a ninguém podia ser melhor consagrada que ao patriarca dos doidos científicos, ao ideal mais belo do materialismo germânico». E descendo ao âmago do problema, Sant'Ana desfere o golpe imperdoável: «A Terra move-se, porque se move, pensa e sente. Move-se também o carro, portanto sente, portanto pensa!!!» (34).

Miguel Bombarda tinha um carácter profundamente vingativo e intolerante, mesmo para com pequenas partidas e graçolas de estudantes, não sendo particularmente dotado de sentido de humor. Que o digam os seus alunos, que o diga quem lhe mereceu ficar na sua memória de elefante. Nunca perdoou uma desfeita.

Na falta de preparação filosófica ou de um verdadeiro espírito crítico, no dizer de Celestino Costa (35), Bombarda esquiva-se à discussão que provocara mudando de registo. Passa das aulas de Ciência para o ataque político, directo e fulminante, ao Jesuitismo: «eu não vou responder ao fluxo que jorra da coroa de um padre; vou apenas esmiuçar o que há dentro deste reverendo, cuja humildade sacerdotal esguicha em bordeleiras provocações, e de caminho escancarar às multidões esquecidas o que se esconde sob esta honrada capa do jesuitismo, em que, mais uma vez, andam a querer embrulhar os povos e os reis» (36).

Era, no dizer de Júlio Dantas (37), um «desses homens fortes que não inspiram simpatia mas que irradiam confiança, que não criam amigos mas que têm o perigoso poder de congregar os outros em volta de si».

III. É quase impossível estudar em minúcia o *«alienista»* Miguel Bombarda e o seu pensamento mecanicista, sem ter constantemente a pairar à nossa volta o *«alienista»* Egas Moniz e a sua idêntica forma de pensar.

Nascido 23 anos depois de Miguel Bombarda, Egas Moniz sobreviveu-lhe porém 45. E isso se deve tão somente ao facto de, tendo Bombarda sucumbido à Browning do *«alienado»* Tenente Aparício Rebello de Sousa, a 3 de Outubro de 1910, Egas Moniz ter sobrevivido ao revólver do *«alienado»* Engenheiro Silvicultor Gabriel Goldegol de Oliveira Santos, em 14 de Março de 1939.

As posições de ambos os *«alienistas»* a respeito dos neurónios, dos trajectos nervosos e suas articulações, dos reflexos, das funções vicariantes do cérebro são praticamente sobreponíveis. Ambos repousam em Ramón y Cajal o que julgavam ser os alicerces da *«Máquina Pensante»* (38). Aliás, a dívida de Egas Moniz para com as teses de Bombarda é indiscutível (39) (40).

E – facto espantoso! – encontra-se em Miguel Bombarda a transição que procurámos entre os estudos arqueológicos, históricos e etno-antropológicos de Leite de Vasconcellos a respeito das trepanações (41) e a fundamentação da lobotomia pré-frontal de Egas Moniz. Quer nas *«Licções de Psychiatria»*, publicadas postumamente, quer em *«A Consciência e o Livre Arbítrio»*, Bombarda atribui indicação terapêutica às trepanações para um conjunto de situações muito diversas, ora incluídas no seu conceito muito vasto de *«epilepsia»*, ora em certos casos de traumatismos cerebrais (42).

Miguel Bombarda conhecia «experiências de extirpação parcial do cérebro», as quais, no seu entender, «conduzem a observações muito curiosas» (43). E, além disso, escreveu que «no homem, lesões do cérebro produzidas por traumatismo, as quais evidentemente se podem considerar com experiências de laboratório, determinam modificações psíquicas notáveis, particularmente do lado do carácter. As alterações intelectuais nesses casos não são de tão nítida observação, por grande número de motivos; há um facto que deve muito atenuar os efeitos da lesão e é a vicariação dos elementos cerebrais; está efectivamente demonstrando para os animais que zonas do cérebro se podem substituir umas às outras, o que é de todo o ponto inteligível à luz da mobilidade dos neurones» (44).

«Seja como for – prossegue – o que é um facto comum de observação em tais casos é que, depois do traumatismo, o carácter muda completamente: o doente, até então pacífico, dócil, trabalhador, torna-se brutal e todos os seus actos aparecem impregnados de malevolência e de falta de consideração ou respeito pelos outros. A forma de loucura moral, que então se desenvolve, e que em algum caso o trépano tem conseguido remediar, dá-nos a ideia de que muitas vezes a origem de estudos nervosos com carácter pervertido está em lesões cranianas durante o desenvolvimento cerebral – no período de vida intra-uterina ou fora dela» (45).

Ambos materialistas monistas, e provenientes de uma juventude católica e conservadora, viam nos meandros do que entendiam por funcionamento e estrutura dos neurónios a chave última do acesso à vida psíquica. Eram ambos o produto de um século magistralmente definido por Celestino da Costa (46): «os verdadeiros limites desse século não devem ser os que a cronologia aponta, mas sim outros que entre si deixam ficar o período bem caracterizado da história. O princípio desse século deve marcar-se nesse ano de 1815 em que a paz geral, fechando um ciclo formidável de revoluções e de guerras, abre, com as portas do Templo de Jano, as de uma nova Era, em que uma sociedade nova, movendo-se sobe novas luzes, vive diferentemente dos seus antecessores, não parecendo «continuar» mas sim «recomeçar» a história humana. O seu termo está neste sinistro dia de Agosto de 1914, em que os grandes povos da Europa se lançaram uns sobre os outros, com doloroso pasmo deles próprios e dos outros, pois a evolução das ideias radicava em quase todos a noção ilusória da impossibilidade da guerra. Entre uma e outra data está o verdadeiro século XIX» (47).

«O século XIX é o da religião da humanidade, da filosofia positivista, do conceito monista, da moral científica. E os mitos filosóficos e políticos, sucessivamente o parlamentarismo, a república, o socialismo, o sindicalismo, o comunismo, caracterizam uma época – que uns denominam de grande século e outros apodam de século estúpido, conforme a ideia que têm da ideologia do décimo nono» (48).

Nisso foi Miguel Bombarda, mais do que Egas Moniz, um verdadeiro homem do seu tempo. Para ele, «a consciência é universal, porque universal é a força, é o movimento, é a vibração. A consciência psíquica não é senão a consciência dos átomos. E a concepção monista do universo, a mais grandiosa até onde se tenha levantado o génio do homem, a mais fecunda e até consoladora para os corações sedentos de crença e de fé. Hoje, com efeito, o monismo é uma religião» (49). A falta de cuidados pré-natais e de vigilância materno-infantil e pediátrica, a vida insalubre das sociedades sacudidas pela Revolução Industrial, a enorme incidência de alcoolismo, de sífilis e de múltiplas e variadas causas de infecção e de acidentes pessoais no século XIX, fizeram desenvolver a desconcertante noção de «degenerescência» em espíritos defensores da ideia de «evolução» e de «progresso». Afinal, havia uns seres humanos – nos quais se contavam os «alienistas» – em que essa «evolução» e esse «progresso» davam fruto; e havia outros – nos quais se contavam os «alienados» – a quem tinha cabido em sorte a tarefa humilhante de «degenerar». «É preciso que fique bem claro – dizia Bombarda – que as degenerescências são um facto adquirido, que os filhos de pais tarados são igualmente tarados, qualquer que seja a forma por que esta tara se manifesta – loucura, epilepsia, idiotismo, criminalidade» (50).

Já falamos dos atentados de «alienados» contra Miguel Bombarda e Egas Moniz. Bombarda relata mais dois casos: o do Dr. Geoffroy, director do Asilo de Avignon, apunhalado por um «epiléptico» com uma tesoura laboriosamente afiada, até que conseguiu falar um dia, no corredor, com o director; e o Dr. Kéraval, esfaqueado por um «epilético» com uma velha faca há muito preparada para o efeito (51). Sendo o conceito de «epilepsia» muito difuso em Bombarda, este rótulo vale hoje o que valer.

Esta revelação fê-la Bombarda aos seus alunos, como sempre na presença de doentes que lhe serviam de ilustração. Não fosse o diabo tecê-las, não falou em português: «Os senhores compreenderão bem – justificou ele – a razão por que disso isto em idioma estrangeiro, pois estando rodeado de doentes, não estou para dar corda para me enforcar» (52).

Mas não só os «alienados» – pertencentes à Espécie dos «degenerados», descoberta por Lombroso – instilavam esta insegurança nos «alienistas» – pertencentes à Espécie dos «evoluídos», descoberta pelas muitas correntes filosóficas materialistas da época. Entre ambos intrometia-se muitas vezes a Imprensa e mesmo as Editoras, que, segundo Bombarda, interferiam nas decisões e avaliações dos «alienistas», sendo «muito frequentes as contestações entre a Imprensa e estes sobre o estado de loucura ou de saúde mental» (53).

O mesmo se passava com certas pessoas tidas como «alienadas». «É ver a insistência – dizia ele – com que alguns alienados se revoltam contra a ideia de os considerarem loucos e despendem prolixa argumentação em contrário» (54). Afinal, a mesma «prolixa argumentação» com que, por vezes, os «alienistas» procuravam provar que alguém era «doido»...

Vem aqui, à vol d'oiseu, a longa polémica que envolveu, de 1918 a 1929, a esposa do Dr. Alfredo da Cunha, então director do «Diário de Notícias», na qual, sem grande honra nem prestígio, mergulharam «alienistas» de primeiro plano, como Magalhães Lemos, Júlio de Matos, Sobral Cid e Egas Moniz.

Um belo dia, D. Maria Adelaide Coelho da Cunha, então já passada dos quarenta, tomou-se de amores pelo seu jovem «chauffeur» Manuel – um caso passional que a fez abandonar o lar em 13 de Novembro de 1918, para tratar do seu amante, caído de cama entre a vida e a morte, vítima da febre pneumónica. O «chauffeur» restabeleceu-se e propôs à patroa que fossem viver para Santa Comba Dão, de onde era oriunda a família materna da senhora.

Desaparecida a mulher, o Dr. Alfredo publicou anúncios, aos quais ela respondeu que estava viva e bem viva, querendo, embora, ser considerada morta para todos os efeitos (55).

Em vez de lhe mover acção de divórcio, terminando aí o problema, o marido desloca-se a Santa Comba, na companhia de um polícia, levando-a para o Porto, onde a fechou três dias num quarto de Hotel. Munido de atestado de dois médicos que, segundo se diz, nem sequer a viram, fê-la «sequestrar» no Hospital Conde Ferreira.

Ajudada pelo «chauffeur», com quem conseguira manter correspondência, D. Adelaide evade-se, dois meses depois, do Hospital, indo ambos viver para junto da Serra da Gralheira. Passada a contra-ofensiva monárquica de 1919, e contra todas as disposições regulamentares internas, D. Adelaide é de novo internada no Hospital Conde Ferreira; e ao «chauffeur» é movido um processo-crime por acusação de rapto, violação e cárcere privado.

Este comportamento bizarro do marido parecia movido pelo intuito de evitar um divórcio que, a consumar-se, implicaria ter de dar à mulher metade da fortuna comum. Move-lhe, em vez disso, um longo e tortuoso processo de interdição, vendendo entretanto o «Diário de Notícias» por 1500 contos, ao valor da época, sem lhe dar quaisquer satisfações.

Por ordem do Ministro do Interior, o Governador Civil do Porto mandou libertar Maria Adelaide. O marido obtém uma contra-ordem, mas Adelaide Coelho já estava a salvo, embora forçada a viver na clandestinidade (56).

De que «doença» sofria, afinal, D. Maria Adelaide Coelho da Cunha?

Para Júlio de Matos e Sobral Cid, da *«doença»* de ser impróprio da idade dela deixar-se possuir pelo sentimento de amor; para Egas Moniz, da *«doença»* de se terem operado nela grandes transformações, como ter deixado de frequentar a sociedade, de ter deixado de usar as suas melhores *«toilettes»* e as suas melhores jóias; segundo Magalhães Lemos, sofria de debilidade mental por ter deixado as suas jóias e *«toilettes»* e ter passado a preferir vestidos muito modestos, razão pela qual se mostrava incapaz de reger a sua pessoa e bens (57).

Com fina ironia e senhora de grande erudição, conta-nos D. Maria Adelaide Coelho: «No dia 6 de Junho [de 1919], pouco antes das 6 da tarde, recebi ordem para ir ao Gabinete do Director. Ao chegar ali, o Dr. José Magalhães disse-me:

– Srª D. Maria Adelaide, creio que encontre aqui pessoas conhecidas;
– Vª Excª faz favor, apresenta-mas.
– O Sr. Dr. Júlio de Matos, o Sr. Dr. Egas Moniz e o Sr. Dr. Sobral Cid.

Trocámos os apertos de mãos da praxe, sentámo-nos, estando também presente o Dr. Lemos, apenas para fazer número, pois que, infelizmente para este senhor, em virtude da sua surdez, só falando-lhe de perto e muito alto pode ouvir. Eram portanto cinco. Devia ser assim o Tribunal da Santa Inquisição!» (58).

Começava assim o processo de interdição de Maria Adelaide Coelho da Cunha, do qual, como ela própria o disse, «pelo sistema adoptado pelo Dr. Alfredo da Cunha, tudo se prova, é uma questão de preço» (59).

E assim terminou, naqueles tempos, uma história de uma mulher só, que tinha um *«chauffeur»* privativo. O seu *distante* marido esqueceu-se da dupla semântica da palavra francesa, que tanto pode querer significar *«o motorista, o condutor privativo»*, como pode significar *«o encarregado de acender a fornalha... e mantê-la acesa»...* (60).

Referências bibliográficas

1. Diogo furtado – «Miguel Bombarda». *In:* Separata do *«Jornal do Médico»*, xix (470), 201-207, 1952, p. 18.
2. Dantas, Júlio – «Primeira Conferência do Ciclo Comemorativo do Centenário do Hospital Miguel Bombarda». *In:* «A Medicina Contemporânea – Jornal Português de Ciências Médicas (número especial de homenagem a Miguel Augusto Bombarda)», Ano lxx – nº 3, Lisboa, Março de 1952, p. 429.
3. Diogo furtado – *Ob. Cit.,* p. 18.
4. Beirão, Caetano – «ii - O psychiatra». *In:* «A Medicina Contemporanea – Hebdomadario Portuguez de Sciencias Medicas», Anno xxviii – nº 41, Serie ii, Tomo xiii, 16 de Outubro –1910, p. 324.

5. *Idem, Ibidem.*
6. *Idem, Ibidem.*
7. *Idem, Ibidem.*
8. Diogo furtado - *Ob. Cit.,* p. 18.
9. Beirão, Caetano. *Ob. Cit.,* p. 324.
10. *Idem, Ibidem.*
11. *Idem, Ibidem.*
12. *Idem, Ibidem.*
13. *Idem, Ibidem.*
14. Diogo furtado - *Ob. Cit.,* p. 19.
15. Athias, M. - «i - O Professor». *In:* «A Medicina Contemporanea - Hebdomadario Portuguez de Sciencias Medicas», Anno xxviii - nº 41, Serie ii, Tomo xiii, 16 de Outubro - 1910, p. 323.
16. *Idem, Ibidem.*
17. Pinto de Magalhães - «iv - Notas d'um amigo - A autopsia». *In:* «A Medicina Contemporanea - Hebdomadario Portuguez de Sciencias Medicas» , Anno xxviii - nº 41, Serie ii, Tomo xiii, 16 de Outubro - 1910, p. 328-329.
18. Diogo furtado - *Ob. Cit.,* p. 6.
19. Idem,Ibidem, p 8.
20. *Idem, Ibidem,* p. 6-8.
21. *Idem, Ibidem,* p. 7.
22. Franco, Evaristo. «Glórias da Medicina Portuguesa», União Gráfica, Lisboa, s/d., p. 375.
23. Franco, Evaristo. *Ob. Cit.,* p .356
24. Diogo furtado - *Ob. Cit.,* p. 10.
25. Celestino da Costa, A. «Miguel Bombarda». *In:* «Médicos Portugueses - Revista Bio-Bibliográfica», Vol. i, nº 4, Agosto de 1927 («Miguel Bombarda»), Lisboa, p. 125.
26. Franco, Evaristo. *Ob. Cit.,* p. 357.
27. Diogo furtado - *Ob. Cit.,* p. 10.
28. Ferrão, Carlos. «Miguel Bombarda - o homem e o político», Actas do VII Congresso Mundial de Psiquiatria Social, s/d , Lisboa, p. 18.
29. *Idem, Ibidem,* p. 19.
30. Derouet, Luís. «O Dr. Miguel Bombarda a vinte e quatro horas da morte». *In:* «Médicos Portugueses - Revista Bio-Bibliográfica», Vol. i - nº 4, Agosto de 1927 («Miguel Bombarda»), Lisboa, p. 149.
31. *Idem, Ibidem.*
32. Franco, Evaristo. *Ob. Cit.,* p. 361.
33. *Idem, Ibidem,* p. 361-362.
34. *Idem, Ibidem,* p. 364.
35. *Idem, Ibidem,* p. 365.
36. *Idem, Ibidem.*
37. Dantas, Júlio. *Ob. Cit.,* p. 429.
38. Bombarda, Miguel. «A Consciencia e o livre arbitrio», Livraria de Antonio Maria Pereira, Lisboa, 1898, p. 257-275.
39. Bombarda, Miguel. «Licções de Psychiatria - livro postumo, ornado de interessantes fotografias», Empreza de Publicações Populares, Lisboa, 1916, p. 46-47.
40. Bombarda, Miguel. «A Consciencia e o livre arbitrio» , Livraria de Antonio Maria Pereira , Lisboa, 1898, p. 46.
41. Cunha-Oliveira, José e Pedrosa, Aliete. «Quando da etherea gavea hum marinheiro». *In:* «Egas Moniz em livre exame», org. dos Prof. Doutores Ana Leonor Pereira e João Rui Pita, Editor. Minerva Coimbra, 2000, p. 182-186.
42. Bombarda, Miguel. «Licções de Psychiatria - livro postumo, ornado de interessantes fotografias», Empreza de Publicações Populares, Lisboa, 1916, p. 34, 46-47, 76-77.
43. Bombarda, Miguel.»A Consciencia e o livre arbitrio», Livraria Antonio Maria Pereira, p. 200--201.
44. Bombarda, Miguel. *Ob. Cit.,* p. 201.
45. Bombarda, Miguel. *Ob. Cit.,* p. 200-201.
46. Celestino da Costa, A. , *Ob. Cit.,* p. 123.
47. *Idem, Ibidem.*
48. *Idem, Ibidem,* p. 124.
49. Bombarda, Miguel. *Ob. Cit.,* p. 54.

50. *Idem, Ibidem*, p. 67.
51. BOMBARDA, Miguel. «Licções de Psychiatria – livro postumo, ornado de interessantes fotografias», Empreza de Publicações Populares, Lisboa, 1916, p. 14.
52. BOMBARDA, Miguel. *Ob. Cit.*, p. 14-15.
53. BOMBARDA, Miguel. «O Delírio do Ciúme», Ulmeiro, Lisboa, 2001, p. 21.
54. *Idem, Ibidem*, p. 65.
55. CUNHA, M.A.C. «Doida não!», 2ª Ed., Tipografia Fonseca, Pôrto – 1920, p. 226.
56. LUCAS, Bernardo. «Prefácio». *In:* CUNHA, M.A.C. «Doida não!», 2ª Ed., Tipografia Fonseca, Pôrto – 1920 , p . xv.
57. CUNHA, M.A.C. , *Ob. Cit.*, p. 77-79.
58. *Idem, Ibidem*, p. 74.
59. *Idem, Ibidem*, p. 160.
60. LE ROBERT MICROPOCHE, «Dictionnaire de la Langue Française», Paris xiii^{éme}, Réimpression, septembre, 1994.

BIBLIOGRAFIA

1. A. A. Vários (1910), Miguel Bombarda, *in* A Medicina Contemporânea – Hebdomadário Portuguez de Sciencias Medicas. Ano xxviii, nº 41, Série ii, Tomo xiii, 16 de Outubro de 1910, pp. 322-330.

2. A. A. Vários (1911), Miguel Bombarda, *in* Almanach d'A Lucta. s/l, pp. 139-149.

3. BOMBARDA, M. (1898), A Consciência e o Livre Arbítrio. Livraria António Maria Pereira – Editor, Lisboa.

4. BOMBARDA, M. (1916), Licções de Psychiatria – Livro Póstumo, ornado de interessantes fotografias. Empresa de Publicações Populares, Lisboa.

5. BOMBARDA, M. (2001), O Delírio do Ciúme. Ulmeiro, Lisboa.

6. COELHO, M. A. (1923), Doida Não e Não! – Colecção das cartas publicadas no Jornal A CAPITAL (com aditamentos), Tipografia de A Intermediánia Lda, Porto.

7. CUNHA, M.A.C. (1920²), Doida Não! – Documentação Psicológica e Jurídica (Prefácio e notas do adv. Bernardo Lucas, antigo deputado da Nação), Tipografia Fonseca, Porto.

8. Cunha-Oliveira, J.A. e PEDROSA, A. (2000), Quando da Etherea Gavea hum Marinheiro, *in* Egas Moniz em Livre Exame (org. de Ana Leonor Pereira e João Rui Pita), Livraria Minerva, Coimbra, pp. 175-219.

9. DANTAS, J. (1948), Primeira Conferência do Ciclo Comemorativo do Centenário do Hospital Miguel Bombarda, *in* A Medicina Contemporânea – Jornal Português de Ciências Médicas (1948), Ano lxvi, nº 11, Novembro de 1948, Lisboa, pp. 427-432.

10. Enciclopédia Luso-Brasileira de Cultura (s/d) BOMBARDA (Miguel), p. 1579, Editorial Verbo, Lisboa.

11. FEIO, M. (1920), «Doida Não!» Antes Vítima – As causas do adultério e a psicologia de uma paixão, Livraria Nacional e Estrangeira de Eduardo Tavares Montês, SUC, Porto.

12. FERRÃO, C., Miguel Bombarda o Homem e o Político. Actas do vii Congresso Mundial de Psiquiatria Social, s/d, Lisboa, pp. 18-25.

13. FRANCO, E. (s/d), Glórias da Medicina Portuguesa. União Gráfica, Lisboa, pp. 354-379.

14. FURTADO, D. (1952), Miguel Bombarda, Separata do Jornal do Médico. nº xix (470), 201-207, Porto, 1952, pp. 4-21.

15. Grande Enciclopédia Portuguesa e Brasileira (s/d), Vol iv, pp. 871-872, Bombarda (Miguel Augusto). Editorial Enciclopédia, Lda, Lisboa, Rio de Janeiro.

16. HENRIQUES, L. M. (1966), As Concepções Materialista, Positivista e Evolucionista e a Psiquiatria Portuguesa. Unitas, Coimbra.

17. LE ROBERT MICROPOCHE (1994), Dictionnaire de la LANGUE FRANÇAISE, Paris xiii^{éme}. Organização de Alain Rey, Réimpression de la 2^{éme} Édition.

18. MACHADO DE ASSIS (1993), O Alienista (Nota Introdutória de José Emílio Major Neto). Editora Princípio, Colecção «O Prazer do Texto», nº 6, São Paulo.
19. Médicos Portugueses – Revista Bio-Bibliográfica, vol. 1, nº 4, Agosto de 1927 (1927), Miguel Bombarda, pp. 122-150, Lisboa.
20. Número Especial de Homenagem a Miguel Bombarda, *in* Medicina Contemporânea – Jornal Português de Ciências Médicas, Ano LXX, nº 3, Março de 1952, Lisboa.
21. RAMOS, P. F. (1993), As principais datas da História de Portugal. Publicações Europa-América, Colecção «Apontamentos Europa-América Explicam», nº 80, Mem Martins.
22. SARAIVA, J. H. e GUERRA, M. L. (1998), Diário da História de Portugal, Selecções do Reader's Digest, Madrid.
23. VASCONCELLOS, J. L. (1897), «Trepanação Pré-Histórica e Factos Correlativos», *in* Religiões da Lusitânia, Vol I, Colecção Terras Portuguesas, Imprensa Nacional – Casa da Moeda, Lisboa, 1981, reimpressão fac-similada da primeira edição.

•

Resumo – Nos finais do séc. XIX e na primeira metade do séc. XIX alguns distintos «alienistas» e teorizadores das doenças psíquicas foram alvo de reacções agressivas e adversas por parte dos então chamados «alienistas» e «alienados» e não raramente suas vítimas mortais.

O presente estudo pretende explorar de que forma as concepções publicamente expostas por esses teorizadores («alienistas»), a forma como encaravam os seus «alienados» e o modo como os expunham à curiosidade de terceiros (alunos e leitores) poderiam ou não ter conduzido a tão trágicos desfechos.

Não esqueçamos que esses tempos foram um período muito conturbado da História Política Nacional e Mundial e, por isso mesmo, atreitos a concepções extremas em que cada uma das partes em presença tornava a parte contrária «paranóide».

Abstract – From the end of XIX century through middle of XX century some distinguished 'alienists' and psychic illness theoreticians were subject to agressive and adverse recations from the so called 'alienated' and often deadly victims.

The current study intents to explore how these theoreticians' recognitions were publicly exposed, how they faced their 'alianeteds' and how they exposed them to them to thirdparties' (students, readers) curiosity. which could have driven such accounts.

Moreover, these times were a very moving period of the World and National Political History and insofar peolple wre prone to extremista positions and to take the parts eachothers as 'paranoids'.

Maria João Antunes* ; Francisco Santos Costa**
* Faculdade de Direito, Universidade de Coimbra, Portugal
** Hospital Sobral Cid, Coimbra, Portugal

INIMPUTABILIDADE EM RAZÃO DE ALIENAÇÃO MENTAL:
UM CASO DA ÉPOCA

Inimputabilidade penal e alienação mental, só por si, são expressões a partir das quais pode ser feita uma aproximação a Miguel Bombarda, ao médico, ao alienista, ao cientista e ao republicano. Expressões que assumem outros contornos se as ligarmos ao nome Apparício Rebêllo dos Santos, aquele que é tido como o homem que assassinou Miguel Bombarda e que foi apelidado de «louco», de «doido», de «alienado»...

Atentando nos relatos da época e mesmo nos posteriores, podemos encontrar as seguintes expressões: «crime de homicídio praticado por um louco»; Bombarda «tomba varado por um paranóico»; o director do Hospital de Rilhafoles é vítima do «desvario de um louco»; foi vítima de um «atentado brutal de um louco»; «sucumbiu às mãos de um louco»; foi «assassinado por um doido»; foi atingido pela «bala assassina de um doente»; morreu «às mãos de um alienado».

Crime e loucura juntam-se neste caso, numa época de conflito entre os tribunais e os alienistas e entre estes e a opinião pública. De conflito, por ser ainda recente a evolução convergente da psiquiatria e do direito penal no sentido de os loucos serem declarados irresponsáveis pela prática dos seus crimes. Recente, porque só com o Código Penal de 1852 é que passou a ter força de lei a determinação segundo a qual «sómente podem ser criminosos os individuos que têem a necessaria intelligencia e liberdade» (artigo 22°) e, portanto, «não pódem ser criminosos os loucos de qualquer especie, excepto nos intervallos lucidos» (artigo 23°). Sendo que «nenhum acto é criminoso quando o seu auctor, no momento de o commetter, estava inteiramente privado da intelligencia do mal que commettia» (artigo 14°). Um conflito onde é referência obrigatória o caso do Alferes Marinho da Cruz – um conflito ocorrido no final da década de oitenta, do século XIX, protagonizado por Lombroso, Júlio de Mattos e António Maria Senna – e de que se foi servindo Miguel Bombarda para ilustrar decisões judiciais avessas aos ensinamentos dos alienistas.

O caso do Tenente Apparício Rebêllo dos Santos surgiu-nos como um caso a partir do qual poderia ser investigada a forma como foi gerido o conflito reinante entre tribunais e alienistas e entre estes e a opinião pública, tanto mais quanto a vítima do homicídio em questão havia sido parte neste mesmo conflito, nele se revelando o interesse de Miguel Bombarda pela psiquiatria forense. Foram numerosas as intervenções médico-forenses de Miguel Bombarda, defendendo a irresponsabilidade penal dos loucos, merecendo especial destaque o caso Josefa Greno, ocorrido no início do século XX, em que a opinião pública exigia a condenação da pintora, pondo em dúvida a ciência dos peritos, que a davam por louca e penalmente irresponsável. Contribuiu de forma decisiva para a publicação da Lei de 3 de Abril de 1896, na qual se estabeleceu que devia proceder-se a exame médico-legal, quando fosse praticado algum crime ou delito que, pela sua natureza e circunstâncias especiais, ou pelas condições do agente, pudesse justificar a suspeita ou presunção de que este procedera em estado de alienação mental. Bateu-se pela construção do pavilhão de segurança no Hospital de Rilhafoles, não descurando o tema da «loucura penitenciária».

Decidimos analisar o processo crime correspondente ao caso do Tenente Apparício Rebêllo dos Santos, onde inevitavelmente depararíamos com a questão da inimputabilidade penal em razão de alienação mental. Procurámos dar seguimento à notícia publicada no Diário de Notícias, de 4 de Outubro de 1910: «Um louco, um oficial habilitado com o curso superior, assassinou ontem a tiros de pistola Browning o eminente professor e médico Dr. Bombarda. Os pormenores do fatal acontecimento (...) não fornecem nenhuma base definitiva para nos elucidar a que móbil obedeceu o criminoso praticando tão selvagem atentado. Pertence à Justiça e à Psiquiatria averiguar o que não nos é dado, neste labutar rápido do jornal, profundar».

Finalizada a investigação, nos locais onde provavelmente encontraríamos o processo judicial procurado – o Tribunal Militar de Lisboa, o Hospital Miguel Bombarda e a Casa de Saúde do Telhal – concluímos que o Tenente de Infantaria Apparício Rebêllo dos Santos, filho do Visconde de Proença, foi internado, em Março de 1909, aos 30 anos de idade, no Hospital de Rilhafoles, apesar de já anteriormente se terem evidenciado sinais da doença, nomeadamente por ocasião da sua passagem por Coimbra enquanto estudante. Padecia de alucinações de ouvido, ideias de perseguição sistematizadas e reacções violentas. O diagnóstico era o de paranóia primitiva e delírio de perseguição. Em Dezembro de 1909 teve alta, a pedido do pai, tendo-se deslocado a Paris para aí consultar dois clínicos da psiquiatria francesa. No dia 3 de Outubro de 1910 dirigiu-se ao gabinete do Director do Hospital de Rilhafoles e disparou sobre Miguel Bombarda. Em face do pedido para ser recebido, Bombarda não resistiu à tentação de confirmar os resultados clínicos obtidos em França. Dizia-se que Aparício tinha regressado completamente curado, mas Bombarda duvidava por não acreditar em milagres...

Verificámos, ainda, que em relatório do Conselho Médico-Legal, subscrito por Caetano Beirão, logo em 15 de Novembro de 1910, a *Psiquiatria* concluiu que Aparício era dotado dum fundo degenerativo. Foi de opinião que «Aparício Rebelo dos Santos se acha afectado de Paranóia primitiva com delírio de perseguição; que praticou o crime na pessoa de Miguel Bombarda debaixo da acção do seu delírio e é portanto irresponsável por ele; que deve continuar internado num manicómio, porque em liberdade pode ser prejudicial para si e para a sociedade». Constava ainda do relatório que «o alferes de infantaria é mais baixo do que alto – cabeça grande, sobretudo no sentido transversal, crânio achatado e 'platicefálico', um pouco calvo precocemente, cor terrosa e olhos encovados (...). Fala um pouco sobranceiramente e quási sempre com um sorriso sardónico, olhando mais para cima do que para as pessoas que o interrogam. Não só não estava arrependido, mas que havia de continuar até dar cabo do Hospital de Rilhafoles, porque é ele a desgraça de toda a sua vida. Foi para Paris; durante a jornada e mesmo ali, ouvia certas tolices que lhe dizia o Hospital que não o deixavam nunca». Por exemplo: não conseguiu aprender inglês – «a influência do

Hospital era tal que a professora ensinava-lhe a pronunciar as palavras duma maneira e o Hospital dizia-lhe ao ouvido duma maneira diferente»; «nas ruas de Paris, Rilhafoles dizia-lhe que se atirasse para debaixo dum automóvel que passava; era então preciso grande esforço para não seguir o que ele lhe sugeria».

Da *Justiça* concluímos apenas que foi elaborado um «auto de corpo do delito». Não encontrámos quaisquer indícios no sentido de ter havido um processo crime, um julgamento ou uma decisão judicial final sobre o caso.

Aparício Rebelo dos Santos permaneceu no Hospital de Rilhafoles até Novembro de 1934, data em que foi transferido para a Casa de Saúde do Telhal, no cumprimento de decisão de transferência para esta instituição de todos os alienados militares. Morreu em Abril de 1943, nesta Casa de Saúde, onde vivia a seu pedido. Diogo Furtado, o médico militar que lhe prestava assistência, testemunhou que as ideias delirantes e os fenómenos alucinatórios foram-se esbatendo. A actividade delirante, já escassa quando deu entrada na Casa de Saúde do Telhal, «manifestada apenas por certas bizarrias da conduta e por certa tendência relacionadora, desapareceu mais tarde inteiramente, podendo, nos últimos anos da vida de Aparício, falar-se de cura completa, porquanto o processo psicótico lhe não produzira qualquer défice intelectual ou modificação da personalidade que denunciasse a anterior existência». O Tenente de infantaria recordava, então, os mínimos detalhes do delírio que vivera. Recordava, nomeadamente, as «vozes de Rilhafoles» que tanto o haviam atormentado.

Restaram-nos numerosas interrogações, ditadas pelo comportamento da *Justiça* penal e concretamente da *Justiça* penal militar, podendo, no entanto, concluir-se que neste caso foi o povo – não os tribunais em nome do povo, como seria esperado – quem administrou a justiça. O *povo* decidiu-se pela irresponsabilidade penal do réu, declarou-o inimputável em razão de alienação mental e decretou o seu recolhimento em hospital de alienados. Um desfecho que o Código Penal de 1886 passou a prever e que o Tenente Aparício aceitou de forma resignada: «os loucos, que, praticando o fato, forem isentos de responsabilidade criminal, serão entregues a suas famílias para os guardarem, ou recolhidos em hospital de alienados, se a mania fôr criminosa, ou se o seu estado o exigir para maior segurança» (artigo 47º). Aceitou, apesar de este seu recolhimento em hospital de alienados ser de facto e não de direito.

Apesar de Miguel Bombarda ter sido vítima de um louco, de um louco muito religioso e conservador, que foi aluno dos padres da Companhia de Jesus, atributos que ainda levantaram algumas suspeitas a alguns revolucionários naquele momento histórico tão particular, o caso criminal Apparício Rebêllo dos Santos caiu num certo esquecimento. Se calhar, precisamente por se tratar de um antigo aluno dos padres da Companhia de Jesus, muito religioso e muito conservador, cujo crime ocorreu na antevéspera da implantação da República... Alguém que poderia sempre invocar os ensinamentos psiquiátrico-forenses de Miguel Bombarda, com o objectivo de ser declarado judicialmente irresponsável, do ponto de vista penal, em razão de alienação mental.

Os ensinamentos de Miguel Bombarda, mas também o testemunho da própria vítima: «Foi um doido! E diziam-me que estava curado! Veja lá você como elle estava curado!». Estas palavras, proferidas já no leito de morte, dirigiu-as ao amigo Pinto de Magalhães, com quem não pôde deixar de desabafar: «Morrer assim é estúpido!... E há tanto malandro que ia ficar radiante!... Esta noite, Magalhães, podia eu morrer pela República!...».

BIBLIOGRAFIA

AMADO, Silva ; BOMBARDA, Miguel ; VALLADARES, M. Diogo – «Actualidades. O caso Josepha Greno», *A Medicina Contemporânea*, Lisboa, xix, 1910, pp. 341-344.

AMARAL, Almeida – «Miguel Bombarda e a assistência psiquiátrica», *A Medicina Contemporânea*, Lisboa, lxx, 1952, pp. 157-173.

BEIRÃO, Caetano – «Miguel Bombarda. II – O psychiatra», *A Medicina Contemporânea*, Lisboa, xxviii, 1910, pp. 323-326.

BOMBARDA, Miguel – *Lições sobre a epilepsia e as pseudo-epilepsias*, Lisboa, Livraria de António Maria Pereira, 1896.

— «La folie pénitentiaire», *Bulletin de l' Union Internationale de Droit Pénal*, 1899, pp. 52-59.

CAMACHO, Brito – «Dr. Miguel Bombarda e Almirante Cândido dos Reis», *Almanach d' A LUCTA*, 1911, pp. 139-145.

CID, Sobral – *O Professor Miguel Bombarda. A sua carreira e a sua obra de alienista*, Faculdade de Medicina de Lisboa, mdcccxxv-mcmxx.

COSTA, Celestino da – «Miguel Bombarda», *Médicos Portugueses*, Lisboa, I (4), 1927, pp. 121-142.

DERQUET, Luís – «Miguel Bombarda», *Médicos Portugueses*, Lisboa, I (4), 1927, pp. 143-149.

FERNANDES, Barahona – «Miguel Bombarda. Personalidade e posição doutrinal», *A Medicina Contemporânea*, Lisboa, lxx, 1952, pp. 139-155.

— «Exumação do caso da pintora Josefa Greno», *O Médico*, 34, 1952, pp. 13-15.

— «Miguel Bombarda», *O Médico*, 41, 1952, pp. 169-172.

FRANCO, Evaristo – *Glórias da Medicina Portuguesa*, Lisboa.

FURTADO, Diogo – «Miguel Bombarda», sep. *Jornal do Médico*, xix, 1952.

MAGALHÃES, Pinto de – «Miguel Bombarda. II – Notas d'um amigo – A autopsia», *A Medicina Contemporânea*, Lisboa, XXVIII, 1910, pp. 327-329.

SEABRA-DINIS, J. – «Miguel Bombarda, homem da sua época», *A Medicina Contemporânea*, Lisboa, lxx, 1952, pp. 185-196.

SOEIRO, Navarro – «Homenagem a Bombarda. Na Sessão da Sociedade de Neuropsiquiatria de 28 de Fevereiro de 1952», *A Medicina Contemporânea*, Lisboa, lxx, 1952, pp. 175-183.

•

Resumo – Na comunicação subordinada ao tema Inimputabilidade em razão de alienação mental: um caso da época, os autores pretendem estabelecer a ligação entre o conceito jurídico-penal de inimputabilidade e o conceito médico de alienação mental. Partem da análise de um caso da época, para desta forma poderem também dar conta da forma como se processavam as relações entre os tribunais e os alienistas.

Abstract – The authors' lecture, which will approach the theme Not Guilty by the Reason of Mental Alienation: a case of the epoch, aims at establishing the link between the juridical-penal notion of NGRI's and the medical notion of mental alienation. They will take as a point of departure a case of the time in order to analyse the way relations between courts and alienists occurred.

José Manuel Curado
Universidade do Minho, Portugal

O PROBLEMA DA CONSCIÊNCIA EM BOMBARDA

Miguel Bombarda fez um resumo dos aspectos do problema da consciência que eram importantes para o século XIX. O título da sua obra, *A Consciência e o Livre Arbítrio*, de 1898, indica os dois assuntos que analisa com recurso às principais teorias científicas da época. A consciência e a liberdade são duas ilusões muito espalhadas pelo mundo e que é necessário combater. O objectivo é o de demonstrar que só existe liberdade e consciência no mundo porque existe uma estrutura celular que as permite. Além disso, só é possível descrever essa estrutura celular de um modo determinista, por causas e efeitos. A descrição determinista é auto-suficiente porque está encerrada numa malha fina de causalidade. Tudo o que não fizer parte da descrição causal e determinista não é susceptível de se tornar objecto da ciência, é uma ilusão.

A vida de Bombarda é uma enorme aposta sobre o destino do humano. Como médico, possui um acesso privilegiado à história clínica dos pacientes; como psiquiatra, possui um acesso privilegiado à sua vida mental; como teorizador da consciência, possui um conhecimento privilegiado sobre o que podem ou não fazer. Se Bombarda acreditava que o determinismo é a descrição verdadeira do comportamento humano e que a consciência é ilusória, o conhecimento que tinha dos seus pacientes constituía uma garantia de que *nada* do que fizessem o poderia surpreender. Os pacientes estão para Bombarda assim como os robots contemporâneos estão para os engenheiros que os constroem – transparentes. Nada é opaco nas suas mentes, nas suas decisões e nos seus comportamentos.

A denúncia da ilusão da liberdade é feita com entusiasmo. Afirma Bombarda que «a liberdade de conduta é um sonho». Uma visão superficial dos seres unicelulares faz nascer a ilusão de que são seres livres; todavia, se os estudássemos mais atentamente, veríamos que são tão determinados como o funcionamento de uma locomotiva. Esta visão de superfície acontece igualmente na avaliação do comportamento dos animais superiores e dos seres humanos. Se atentássemos ao mais pequeno detalhe da organização do cérebro, seria possível afastar a ilusão da liberdade. Aliás, a origem da ilusão de liberdade no caso dos seres humanos está claramente identificada. A fonte da ilusão está na introspecção. A auto-observação engana-nos. Dentro da redoma de espelhos falsos que é a consciência, tudo parece transparente. Os motivos da acção, as decisões e os planos parecem ser garantias de como o ser humano é livre. Bombarda não acredita, porém, na transparência da consciência a si mesma porque é um crente na transparência mais radical do humano à luz do inquérito racional.

O final da vida de Bombarda é um indício de que algo está errado no seu modo de considerar a consciência e a liberdade como ilusórias. Qual o elemento que está dissonante na explicação de Bombarda? Várias hipóteses são plausíveis: o determinismo é falso; a consciência influencia o curso da evolução; não é possível obter um conhecimento total da estrutura do cérebro; ou, ainda, mesmo que seja possível saber tudo quanto há a saber sobre o cérebro, isso em pouco auxiliaria o conhecimento da consciência humana, nomeadamente, por que razão existe quando é pensável a sua não existência e por que é como é quando é pensável a sua existência de modos muito diferentes; etc.

Se considerarmos a ciência natural como uma descrição fiel do mundo, como incluir a consciência dentro dessa descrição? A ciência de Bombarda desempenha um papel duplo: por um lado, delimita o problema da consciência de um modo que parece contemporâneo mais de cem anos depois (o indiscutível avanço no conhecimento científico não alterou significativamente a *estrutura* do problema da consciência); por outro lado, é impedimento para a solução do problema ao estabelecer muitos critérios sobre o que é e o que não é aceitável como descrição correcta. Não está em causa uma avaliação injusta de um momento passado das ciências (nós sabemos *mais* do que os cientistas do século XIX). O ponto do argumento é outro: o conhecimento científico da época afasta a consciência como problema dotado de sentido e susceptível de investigação pela ciência. O *slogan* é repetido muitas vezes: a consciência é um epifenómeno causalmente impotente. O ano de 1898 é um momento exemplar da história das ciências porque possui um padrão que se reitera muitas vezes na investigação da consciência. O avanço do conhecimento científico tende a afastar os aspectos mais difíceis da consciência. Tinha-se a convicção de que ao identificar os fenómenos mentais como ilusórios, seria fácil negar a sua existência. A consciência está presente no mundo mas não altera a ordem natural. É um espectador inocente do que o corpo faz.

O programa teórico de Bombarda não faz concessões à imprecisão da linguagem natural e a modos populares de entender os eventos mentais. Bombarda deseja que os objectos mentais sejam estudados cientificamente. Todavia, esse é um programa que vale mais pela intenção do que pelos resultados efectivos. Do lado da intenção, a estratégia de delimitação é a primeira enunciada: «é necessário fixar os limites do que sejam a *vida psíquica* e a *consciência*». Do lado dos resultados efectivos, o problema ainda não foi solucionado.

A consciência surge como acessório de processos biológicos mais fundamentais. Bombarda apercebe-se do problema da impotência causal do mental sobre o neurológico ou sobre o nível físico. É possível explicar *todo* o comportamento humano sem recurso à consciência. Esta acompanha alguns momentos dos processos neuronais mas não influencia o seu curso. Bombarda não se apercebe da estranheza deste argumento. Se é possível explicar todo o comportamento humano na ausência da consciência, por que razão esta está de todo presente? A ilusão surge como única resposta. É, porém, uma resposta incompleta. A ilusão possui propriedades: é estável ao longo do tempo de vida dos indivíduos; é estável ao longo da vida das sociedades humanas (não se conhecem sociedades cujos indivíduos fossem desprovidos de consciência); está presente na linguagem em enunciados cujo sentido todos compreendem («ele acordou», «ela está em coma», «a aprendizagem de uma nova tarefa fez com que eles estivessem atentos», etc.); e está presente em sonhos lúcidos ocasionais.

A ilusão possui também uma estrutura facilmente discernível pelo método das lesões neurológicas e das enfermidades psiquiátricas. Existe uma correlação entre os danos à massa encefálica e as alterações do carácter, das emoções e da consciência. Um século antes de Damásio, e na sequência da grande psiquiatria francesa e alemã de oitocentos, Bombarda discerne algumas dessas correlações. Sem referir ostensivamente o famoso caso de Phineas Gage, ocorrido cinquenta anos antes, Bombarda equaciona a essência do método das lesões através de uma situação típica: «depois do traumatismo, o carácter muda completamente». Bombarda possuía, com as experiências de Golz, a informação de que era possível estudar exaustivamente as correlações entre os danos à massa encefálica e as alterações de consciência e carácter. Chega a formular um princípio geral dessa correlação: «não há modificação cerebral que se não traduza por alteração nas funções psíquicas».

Se está presente como acompanhamento constante na vida dos indivíduos, é presumível que algo no cérebro produza a ilusão. A violação deste preceito de razão suficiente condenaria o método positivista porque existiria algo no mundo sem causa anterior. É presumível que o modo de produção da ilusão não seja instantâneo, mas aconteça ao longo do tempo. É presumível que seja um processo gradual porque é possível discernir diferentes graus de intensidade da consciência. A subjectividade irredutível é identificada na dificuldade intransponível do conhecimento da mente de outros seres humanos («não sabemos do que ocorre na intimidade de cada ser»). Não se trata de uma ilusão ocasional e que apenas alguns indivíduos afirmam possuir. Não possui, pois, o mesmo estatuto que um fenómeno como o êxtase de Santa Teresa de Ávila. Se existisse um único povo sem consciência, como mais tarde proporá Julian Jaynes, a tese positivista de Bombarda seria plausível. Não é esse o caso. Não se conhece esse povo e a adopção do método científico obriga a que mesmo a ilusão seja estudada. Ao afastar o problema da consciência, Bombarda cria problemas muito maiores. Se o significado correcto do termo 'consciência' é o de apreciação e conhecimento do que se passa em nós, nas linhas que Locke já havia proposto, a pergunta científica óbvia é a de por que razão a evolução biológica se deu ao trabalho de colocar na espécie mais evoluída e complexa essas características. Isto parece ser uma contradição flagrante no sentido da evolução. Bombarda chega a afirmar que a actuação perfeita acontece na *ausência* de consciência, por exemplo, nos processos orgânicos automáticos. A presença da consciência nos seres humanos seria um indício de imperfeição, um contratempo do qual os animais estariam felizmente privados! O temor de Bombarda em relação à consciência é tão grande que esta é um obstáculo, para além de ser uma ilusão e causalmente impotente.

Bombarda conhecia o tema do atavismo e da aparente falta de função de algumas estruturas biológicas. Conhecia também a resposta do evolucionismo: o órgão está desprovido de função, mas já possuiu uma. Com a consciência, a situação é mais exigente em termos evolutivos: não possui actualmente uma função, nunca a possuiu no passado e é pouco provável que a venha a possuir no futuro. A existir uma função remanescente, é provável que seja a de dificultar o comportamento perfeito que seria possível executar se não estivesse presente.

Bombarda identifica os principais traços da arquitectura do problema da consciência mas, estranhamente, não lhes atribui importância. Ao comparar o comportamento dos animais e dos humanos, Bombarda poderia ter sido sensível a argumentos contrafactuais. Se ambos os conjuntos de comportamentos são bem explicados, por que razão o grupo de comportamentos humanos é acompanhado de consciência, o mesmo não acontecendo com os animais? Se a consciência é ilusória, porque não possuem os animais essa ilusão? Esta presença incómoda não é explicada. O facto de os humanos viverem acompanhados pela consciência significa que a vida é alguma coisa para eles; experienciam de um determinado modo. Bombarda não equaciona o problema próximo dos conteúdos da experiência nem se apercebe de que estes poderiam ser diferentes. Assim, onde se experiencia vermelho, poder-se-ia experienciar cor-de-laranja, onde se experiencia dor de dentes, poder-se-ia experienciar a dor que é causada num dedo pela pancada de um martelo, etc. Se não existe nenhuma razão que justifique a existência da consciência, o modo de experienciar os seus conteúdos poderia ser diferente. Se é indiferente que a consciência exista ou não, por maioria de razão é indiferente que os conteúdos fenoménicos das experiências subjectivas de que temos consciência sejam como são e não de infinitos modos diferentes. A experiência dos humanos poderia ser semelhante à dos animais, isto é, não existir como experiência. Os conteúdos poderiam organizar-se de um outro modo. O que os humanos experienciam como dor, se a experiência da dor é ilusória e se é causalmente impotente para alterar o comportamento, poderiam experienciar como orgasmo.

Este é o problema que Bombarda não consegue compreender: mesmo que a consciência seja ilusória, a existência da ilusão é um problema da ciência que merece ser explicado com detalhe. Outras ilusões merecem a honra de serem investigadas pela ciência: a grandeza aparente dos objectos astronómicos, a paralaxe, as ilusões ópticas, as miragens, a perspectiva, o *trompe l'oeil*, o caleidoscópio, as ilusões de camuflagem no reino animal em que a produção da ilusão possui um valor de sobrevivência, etc. O fenómeno psicológico do membro fantasma, conhecido desde Descartes e desde a Guerra Civil Americana e estudado por James, revela a extraordinária força da ilusão. Nada é, pois, resolvido por a consciência ser uma ilusão. De facto, o problema não se altera minimamente.

A teoria da consciência de Bombarda é uma longa denúncia da ilusão que ela é. A denúncia da ilusão estende-se dos sentidos às paixões, da dor aos fenómenos do hipnotismo. Toda a vida mental é, por conseguinte, uma ilusão. A ilusão não é, porém, uniforme. Os sentidos são produtores de ilusões que distorcem a natureza. A vida mental superior, como o raciocínio, a liberdade e a crença religiosa, é uma ilusão ainda maior.

O positivismo de que Bombarda é um defensor eloquente propôs a primeira versão de eliminativismo total. A abordagem que faz do problema visa afastar qualquer outra realidade diferente do cérebro. Só existem células cerebrais e nada mais é relevante para a consciência. São afastados todos os erros que a linguagem natural perpetua. Esta é uma atitude típica perante o problema da consciência. Reid e James propuseram pequenas alterações nas formas de expressão linguística, e o século xx, de Wittgenstein aos Churchland, será prolífico no desenvolvimento dessa crítica. Comte, o fundador do positivismo, na célebre Lição 45 do *Cours de philosophie positive*, escrita em 1837, alertou contra a imprecisão do vocabulário filosófico sobre a mente. Bombarda, que venera e continua Comte, procura um ponto de vista sobre o cérebro vivo que não enferme das categorias que o avanço da ciência entretanto demonstrou que são erradas. A crítica é feita com vigor, mas não é proposta nenhuma outra linguagem científica que seja perfeita. A linguagem matemática é o modelo que a retórica de Bombarda utiliza sem demonstrar como pode ser aplicado aos eventos mentais: «só as verdades matemáticas exprimem a verdade absoluta». Na ausência de uma proposta de reforma da linguagem e de exemplos de aplicação da matemática ao cérebro e ao comportamento, o único combate pela fidelidade na descrição dos eventos acontece apenas ao nível da metáfora e da imagem. Bombarda afasta a concepção da «alma pianista», a «teoria do espírito piano» e defende, pelo contrário, o recurso a imagens industriais e técnicas, «uma fábrica sem direcção superior». O hiato muito vasto entre as linguagens de descrição fisiológica e mentalista é comparado à diferença entre línguas naturais.

Bombarda não procura um esquema de tradução entre as linguagens dos fisiologistas e dos filósofos. Os dados do problema são claros para si: a linguagem filosófica é errada e deverá ser afastada; apenas a linguagem da matemática é uma descrição fiel da natureza. Ficam pendentes as descrições intermédias. Qual o valor da linguagem descritiva da fisiologia? Bombarda não repara que o ácido da impotência causal que atribui à consciência também corrompe o nível de descrição fisiológica. A causalidade entre os neurónios é *dependente* da causalidade dos elementos físicos que os constituem. A eficiência causal que a descrição fisiológica discerne entre as parte do cérebro é *derivada* da química e da física. Quando afirma que «não há vestígio de vida psíquica», poderia também afirmar que não há vestígios de neurónios ou de estruturas funcionais do cérebro. O que é um absurdo! Bombarda apresenta de seguida a peça do argumento que priva de eficiência causal o nível de descrição neuronal: «tudo mecânico, tudo redutível a simples fenómenos físicos e a simples fenómenos químicos». A fragilidade torna-se mais conspícua quando se repara que a eficiência causal do nível mecânico e do nível químico é *emprestada* pela eficiência causal das partículas físicas. Mecânica e química compartilham, pois, a impotência causal com o nível neuronal.

A psicologia e a biologia são para Bombarda ciências físicas. Outras definições, igualmente reducionistas, seriam possíveis para ambas: ciência neurofisiológica, ciência mecânica, ciência química. A escolha, porém, não caiu sobre nenhuma das definições possíveis. Porquê? O objectivo da teoria positiva da consciência é o de encontrar um fundamento de causalidade que não possa ser reduzido a um nível mais elementar. Bombarda não justifica esta procura de um fundamento inabalável nem repara que a impotência causal atinge níveis da solução apresentada ligados à matéria. Existem problemas de impotência causal mesmo dentro do materialismo. O que é proposto para ocupar a função de fundamento na descrição científica do cérebro? A mente humana deve ser reduzida a uma «simples forma vibratória da matéria». Mas, curiosamente, o discurso não é coerente. Se a mente é uma forma vibratória da matéria, a única descrição aceitável da mente e do cérebro é uma descrição física. Bombarda não a oferece; acantona-se à descrição intermédia da fisiologia que, obviamente, nada tem a ver com formas vibratórias da matéria.

O epifenomenismo transforma-se rapidamente numa versão pobre de pampsiquismo. A matéria está espalhada por todo o universo; se a mente é material, também a mente está espalhada por todo o universo. Esta é uma solução tosca e muito imprecisa. Noutros locais, Bombarda delimita com maior precisão a localização da ilusão da consciência: «é só nas células propriamente cerebrais que se produz a sensação, acompanhada ou não de consciência». Existem constrangimentos quantitativos para que a ilusão se produza. Apenas em grupos de neurónios está presente a consciência.

Como Bombarda tinha uma visão desenvolvida da mutabilidade das conexões neuronais, os grupos de conexões neuronais rivalizam entre si para produzir a ilusão. Quase um século antes do darwinismo neuronal de Edelman e de Calvin, e da teoria da consciência de Susan Greenfield, Bombarda desenha com traços materialistas a dinâmica da formação de conexões neuronais na produção da consciência. O aparecimento da consciência no cérebro depende do encadeamento de um conjunto de neurónios. A associação de ideias é uma das manifestações da força desse encadeamento, ou, como é denominado noutro local, constelação ideativa. Uma ideia está presente à consciência durante o tempo em que o encadeamento de um conjunto de neurónios possuir força suficiente para contrariar os encadeamentos que entretanto se formam. Uma rosa torna-se consciente quando os neurónios que trabalham os sinais vindos do exterior estabelecem relações mais fortes entre si do que com neurónios que trabalham outros sinais. Bombarda trabalhava com o melhor conhecimento científico do seu tempo sobre o cérebro (Golgi, Kölliker, Retzius, His, Waldeyer, van Gehuchten e Ramón y Cajal). Possuía uma noção incipiente da micro-arquitectura neuronal do cérebro e da elevada plasticidade das conexões neuronais. O cérebro é considerado, mesmo, o órgão mais maleável do organismo humano. O estudo das lesões do cérebro propiciou uma outra manifestação de maleabilidade, a vicariação do desempenho funcional.

A consciência é um processo associativo. Bombarda afirma-o sem ambiguidade. A atenção não é voluntária, como James havia diagnosticado, mas dependente das associações neuronais. O paradoxo do ponto de vista de Bombarda é a inutilidade em introduzir nesse processo a consciência. A associação de neurónios que produz a associação de ideias pode ser explicada sem o recurso à consciência. Qual a vantagem que a consciência acrescenta à associação de neurónios? Bombarda é omisso, tal como serão omissos os médicos e outros cientistas que cem anos depois dele continuarão a explorar essa linha de inquérito. A melhoria do conhecimento neurofisiológico que estes últimos possuem em relação àquele apenas aumenta a impressão que o nível de descrição neurofisiológico se basta a si mesmo. Como afirmaria a monadologia de Leibniz, esse nível não tem portas nem janelas para a consciência. O problema duro é constituído, precisamente, pelas portas e janelas que traduzem entre si as duas realidades, a do cérebro e a da mente e que permitem a sua continuidade. Bombarda introduz em cena um actor que não desempenha papel algum e que surge do nada. Por que razão se torna desperta a cadeia associativa? Por que razão a cadeia associativa dominante num determinado momento do cérebro se torna consciente? Bombarda nada tem a afirmar sobre este processo, para além da alusão vaga à intensidade da vibração das conexões neuronais.

A explicação científica que Bombarda faz da consciência chega a aproximar-se do ponto de vista de James. A consciência deriva da evolução biológica e desempenha, eventualmente, um papel na sobrevivência dos indivíduos. Bombarda não possui, porém, a finura analítica de James e não se apercebe do argumento extraordinário que formula rapidamente mas que não aproveita. James mostrou como a teoria da evolução de Darwin permite justificar a presença das sensações conscientes e das emoções no contexto da luta pela sobrevivência; se estão presentes, possuem uma função porque a natureza não é suficientemente generosa para permitir durante muito tempo a existência de realidades sem utilidade para a sobrevivência.

Bombarda selecciona a projecção no espaço das sensações para mostrar como alguns aspectos da experiência subjectiva podem ser incluídos na descrição darwinista. Apesar de não conhecer Brentano e de nunca utilizar a palavra intencionalidade, Bombarda equaciona a estrutura intencional da mente. As sensações deveriam supostamente estar todas no cérebro; todavia, parece que elas se projectam sobre o mundo. Só conhecemos a rosa através de sensações subjectivas e de processos neuronais que se passam no interior do ser humano. A rosa, porém, está no exterior. A espacialidade da construção perceptiva do mundo é um problema para a teoria da consciência. A consciência não pode ser apenas um inútil e impotente efeito secundário da associação de neurónios. Se o fosse, poderia colocar em perigo a sobrevivência do indivíduo. A espacialidade da percepção faz parte da consciência; os indivíduos afirmam possuir essa consciência e produzem um número elevado de enunciados que revelam a utilização de noções de espaço. A evolução biológica favorece os indivíduos com uma adequada consciência do espaço. Se o local onde os antepassados dos humanos localizaram os tigres dente--de-sabre fosse constantemente errado, não existiriam humanos. A evolução parece, pois, ter um braço suficientemente longo para alterar alguns parâmetros da consciência. As projecções espaciais subjectivas e, nos seres humanos, os enunciados espaciais adequados ao contexto, favorecem a sobrevivência de indivíduos.

Este argumento é alargado para incluir o problema semelhante da projecção da sensação no tempo. Uma inadequada sequência temporal dos eventos, de que os indivíduos estão conscientes, não potenciaria a sobrevivência destes. Estes são problemas com que James se identificaria. A espacialidade e a temporalidade não podem estar presentes numa descrição de estruturas biológicas como o cérebro de animais e de seres humanos se, de algum modo, não influenciam as suas hipóteses de sobrevivência. O ponto de vista evolutivo não apenas torna plausível a causalidade mental como impede a plausibilidade do seu contrafactual. Uma descrição biológica do cérebro que não faça recurso à consciência ou a algumas das suas estruturas, como a espacialidade, temporalidade, emoções, conteúdos fenoménicos subjectivos, etc., deixou de ser aceitável. Essa descrição seria tão absurda quanto descrever a locomoção dos vertebrados sem a ideia de movimento.

A situação teórica de Bombarda é curiosa. Equaciona com mestria o problema da consciência tendo em atenção o conhecimento científico do seu tempo. A qualidade do seu ponto de vista é tão grande que apenas os detalhes foram melhorados pela investigação científica do século que se seguiu; a estrutura do problema não foi significativamente alterada. Todavia, o preconceito filosófico impede-o de aceitar as consequências racionais do seu modo de ver as relações entre cérebro e consciência. Porquê?

Uma boa parte dos argumentos utilizados por Bombarda são falaciosos. O recurso a estes argumentos não é feito com a consciência de que são falaciosos. O que se passa é que uma pessoa esclarecida pela ciência do final do século XIX não tinha as ferramentas argumentativas necessárias. A presença das estruturas mentais é identificada mas a lógica que as poderia explicar é ainda desconhecida. O argumento sobre as relações entre partes e todos, níveis inferiores e superiores de análise de sistemas é especialmente falacioso.

Este argumento é facilmente aceite pelo senso comum e continua a ser difícil, um século depois, apresentar uma versão diferente das relações parte-todo. As propriedades dos agregados dinâmicos (plastides, isto é, seres celulares) e dos agregados estáticos (por exemplo, estruturas cristalinas) são diferentes das propriedades dos elementos constituintes. A latitude dessa diferença é muito vasta, o que por vezes impossibilita a apreensão da descontinuidade entre os dois conjuntos de propriedades. A diferença pode ser tão ampla que entre dois conjuntos de propriedades existe uma descontinuidade de tipo e não apenas de instância. O exemplo dos cristais é muito importante. Alguns cristais, estudados por Pierre Curie, possuem a propriedade macroscópica de serem piezoeléctricos, isto é, organizam-se macroscopicamente segundo polaridades eléctricas. Não é defensável que os elementos constituintes dos cristais piezoeléctricos possuam a propriedade de piezoelectricidade. Esta propriedade pode ser classificada como intrínseca ao material. Por muito que os seres humanos que contactem com cristais piezoeléctricos combinem entre si que não existe o fenómeno macroscópico da piezoelectricidade, o acordo que estabelecerem não será válido porque a piezoelectricidade é uma propriedade intrínseca desses cristais.

Se a esta situação acrescentarmos propriedades contextuais, as diferenças entre as propriedades da parte e as propriedades do todo tornam-se mais radicais. Átomos de carbono dispostos numa determinada estrutura cristalina constituem um diamante. Porém, nada há numa descrição do carbono que possa permitir que os seguintes enunciados sejam verdadeiros: «Este é o diamante Estrela da África do Sul», «Aquele é o diamante Burton». Ou ainda, «O valor dos diamantes em Telaviv e Antuérpia baixou 3%», bem como «A minha mulher adora diamantes». Por muito que se investiguem as propriedades das organizações cristalinas do carbono, não é possível inferir a partir delas a veracidade ou falsidade de qualquer destes enunciados. As propriedades contextuais são incomensuráveis com as propriedades intrínsecas do diamante.

Bombarda aplica precipitadamente este tipo de argumentos ao cérebro humano. Os eventos mentais são considerados apenas como uma colecção de actos automáticos simples. A promiscuidade na atribuição incorrecta de propriedades é uma pedra angular de todas as teorias científicas da consciência. Bombarda toma como garantido que as propriedades funcionais de um elemento constituinte de um agregado são as mesmas que as propriedades do agregado. Este é o ponto de vista do bom senso esclarecido. Se o agregado for analisado com detalhe só se descobrem os elementos constituintes. *Nada há a mais*. O que acontece com os cristais e com células, acontece igualmente com as máquinas e com os cérebros.

O sofisma da composição (o que é verdade para uma das parte não é necessariamente verdade para o todo) está presente no esforço de Bombarda em demonstrar que apenas existem células no cérebro e nada mais. Com base na experiência de Golz com cães, Bombarda imagina uma situação em que cada parte constituinte do cérebro, o neurónio, não estaria presente. Se um neurónio pode não estar presente no cérebro e se isso não altera as capacidades deste, esta característica é compartilhada por todos os neurónios. Se cada neurónio é redundante, todos compartilham da redundância. Se cada neurónio é desprovido de consciência, todos os neurónios são desprovidos de consciência. A atomização do cérebro conduz a um absurdo do qual Bombarda se apercebe: o cérebro não pode ser a sede da vida mental. A solução para contornar este problema é um clássico da confusão entre a estrutura do problema e um erro de argumentação: Bombarda declara que não existe nenhuma vida mental ou, numa outra formulação, a mente é uma ilusão. O argumento é um sorites típico. Um átomo de carbono não é o diamante, um outro átomo de carbono também não é o diamante, e assim *ad infinitum*. A conclusão é absurda: não existem diamantes.

Estes argumentos possuem um postulado não ostensivo sobre a continuidade entre os actos reflexos e os intelectuais. Os exemplos utilizados são extremos e inserem-se num programa intelectual que procura atenuar o choque frente à incomensurabilidade entre a natureza física e os eventos mentais. Bombarda escreve uma agenda de tarefas que não podia ser realizada no seu tempo. Todavia, esta abordagem é modular e alguns dos módulos podem ser instanciados no futuro. A linha geral do argumento manifesta o desejo de atenuar a incomensurabilidade pela inventariação de todos os momentos intermédios. Está em causa a existência de um esquema que permita a tradução da linguagem que exprime as propriedades de estruturas fisiológicas simples na linguagem que exprime as propriedades de eventos mentais complexos.

Já se viu que a estratégia seguida por Bombarda de atribuição de propriedades a agregados é falaciosa, apesar de a proposta de um esquema de tradução que inclua todas as mediações ser louvável. Se se isolarem as propriedades funcionais dentro do conjunto mais vasto de propriedades em geral, o argumento de Bombarda é inaceitável. A relação entre o indivíduo célula neuronal e o agregado cérebro tem a mesma estrutura que a relação entre os constituintes da célula e a célula. Se o raciocínio da Bombarda for aceite no nível de análise do problema célula neuronal *vs.* cérebro, a célula neuronal ficaria privada da possibilidade de lhe serem atribuídas quaisquer funções diferentes das funções dos constituintes das células. A célula ficaria privada de poder desempenhar um papel dotado de eficiência causal. É óbvio que o mesmo raciocínio se pode aplicar a hipotéticos constituintes dos constituintes da célula. A fragilidade do argumento de Bombarda tem como resultado a atribuição de poder causal a níveis superiores de um sistema (níveis superiores são todos os que não são os elementos constituintes). As propriedades de um nível de um sistema acantonam-se nesse nível e não podem ser exportadas para outros níveis.

Porém, se a atribuição de propriedades é um aspecto frágil, o mesmo não pode ser afirmado do postulado da continuidade. Bombarda procura alcançar o que todos os tradutores procuram alcançar: a transparência total de uma língua frente a outra. A transparência esteve sempre ligada ao postulado da continuidade: se é possível traduzir palavras isoladas e expressões simples, existe uma confiança justificada em que será possível traduzir textos complexos. O problema com o argumento de Bombarda é que a continuidade não favorece o seu ponto de vista sobre as propriedades. Se fosse possível fazer o inventário detalhado de todos os eventos mentais que apartam a mastigação dos processos de raciocínio de um Newton, seria possível discernir que estes últimos possuem propriedades não susceptíveis de redução às propriedades da mastigação. A continuidade favorece, estranhamente, a diferença ampla das propriedades e a sua aparente incomensurabilidade. Se a teoria das propriedades de Bombarda fosse verdadeira (as propriedades dos agregados são as propriedades dos elementos constituintes), não existiria nenhuma razão plausível para procurar continuidade. Tomando a parte pelo todo, faríamos o inventário das propriedades da mastigação (é húmida, acompanha a ingestão de alimentos, etc.) e diríamos no fim que esse inventário é uma descrição fiel das propriedades do raciocínio de Newton. Ou, tomando o todo pela parte, faríamos o inventário das características da obra de Newton e isolaríamos um pequeno conjunto delas como sendo idênticas às propriedades da mastigação.

Em Bombarda, o choque que Reid e James sentiram perante a incomensurabilidade entre a natureza física e a mente consciente é atenuado. Entre o elemento constituinte e as suas manifestações mais sublimadas existe um elo de continuidade. A consciência não é intratável teoricamente. Já foi encontrada a chave da sua explicação. Esta é uma chave frágil. É mais reveladora do desejo de Bombarda em que exista uma continuidade e em que essa continuidade possa ser expressa racionalmente, do que uma descrição de como a consciência se liga a matéria não consciente. A um leitor do século XXI, a solução proposta é risível. A energia vibratória não é uma explicação interessante da continuidade. Não é esse conteúdo, porém, que está em causa. O elo de continuidade que Bombarda propõe deve ser interpretado como uma instância de uma ideia geral. O que importa é a ideia de que existe uma continuidade entre os elementos constituintes do cérebro e as manifestações mais elevadas da consciência.

É óbvio que não é possível um médico estar numa posição de perfeição epistémica. Não se sabe tudo quanto há a saber sobre um ser humano. O ponto importante, porém, é que a teoria da consciência de Bombarda é construída a partir da presunção do conhecimento total. Bombarda tinha todas as condições para ser a última pessoa a ser surpreendida pelo comportamento de um paciente. Não estava protegido pelo conhecimento perfeito mas estava protegido pelo conhecimento acima da média que os médicos têm dos seus pacientes e pela denúncia que fez do carácter ilusório da liberdade e da consciência. É defensável argumentar que, se Bombarda estivesse num cenário de perfeição epistémica (um cenário de olho de Deus), mesmo assim, seria surpreendido pelo seu paciente. A surpresa é um dos sinais da consciência.

•

Resumo – Bombarda foi autor de um livro sobre a consciência humana em que expõe as perplexidades de boa parte dos intelectuais do século XIX perante esse assunto. Esta teoria da consciência garante ao seu autor não ser surpreendido pelo comportamento dos seres humanos. A consciência e a liberdade são duas ilusões muito espalhadas pelo mundo. Um sinal de como a consciência é ilusória revela-se na sua incapacidade de compreender como o comportamento é determinado e não livre. Bombarda não acredita na transparência da consciência a si mesma porque é um crente total na transparência do humano à luz do inquérito racional. Se considerarmos a ciência natural como uma descrição fiel do mundo, como incluir a consciência dentro dessa descrição? O slogan é repetido muitas vezes: a consciência é um epifenómeno causalmente impotente. A consciência surge como acessório de processos biológicos mais fundamentais. Bombarda apercebe-se do problema da impotência causal do mental sobre o neurológico ou sobre o nível físico. Se é possível explicar todo o comportamento humano na ausência da consciência, por que razão está de todo presente? A ilusão surge como única resposta. A pergunta científica óbvia é a de por que razão a evolução se deu ao trabalho de colocar na espécie mais sofisticada e complexa essa característica. Isto parece ser uma contradição flagrante no sentido da evolução. A presença da consciência nos seres humanos seria um indício de imperfeição, um contratempo do qual os animais estariam felizmente privados! O facto de os humanos viverem acompanhados pela consciência significa que a vida é alguma coisa para eles; experienciam de um determinado modo. Bombarda não equaciona o conteúdo da experiência nem se apercebe de que poderia ser diferente. Se não existe nenhuma razão que justifique a existência da consciência, o modo de experienciar os seus conteúdos poderia ser diferente. O que os humanos experienciam como dor, se a experiência da dor é ilusória e se é causalmente impotente para alterar o comportamento, poderiam experienciar como prazer. Este é o problema que Bombarda não consegue compreender: mesmo que a consciência seja ilusória, a existência da ilusão é um problema da ciência natural que merece ser explicado com detalhe.

Abstract – In his book about human conscience, Bombarda expresses the perplexities of the majority of nineteenth century intellectuals as far as this subject is concerned. This theory of conscience guarantees his author not being surprised by human being's behaviour. Conscience and freedom are two well-spread illusions all over the world. A sign of the illusory character of conscience is revealed in its incapacity to understand that behaviour is determined and not free.

Bombarda disbelieves the transparency of conscience to itself because he fully believes in the transparency of the human being in the light of rational enquiry. If we consider natural science as a faithful description of the world, how can we include conscience in that description? The slogan is repeated several times: conscience is a causally impotent epiphenomenon. Conscience emerges as an accessory of more fundamental biological processes.

Bombarda is aware of the problem of causal impotence of mental over neurological or physical aspects.

If it is possible to explain all human behaviour in the absence of conscience why, in fact, is it present at all? Illusion emerges as the only answer. The obvious scientific question is: why did evolution take the trouble of attributing that characteristic to the most complex and developed species? This seems to be a scandalous contradiction in the evolution sense. The presence of conscience in the human being would be a sign of imperfection, a disadvantage animals would be happily lacking! The fact that humans live accompanied by conscience means that life is something for them; they experience in a certain way. Bombarda does not analyse the content of experience and does not realize that it could be different. If there is no reason to justify the existence of conscience, the way of experiencing its contents could be different. What human beings experience as pain could be experienced as pleasure, if pain is illusory and causally impotent to change behaviour. This is the problem Bombarda does not manage to understand:

Even if conscience is in fact illusory, the existence of illusion is a problem of natural science that is worth being explained in detail.

Vítor Neto
Faculdade de Letras e CEIS20, Universidade de Coimbra, Portugal

MIGUEL BOMBARDA E MANUEL FERNANDES SANTANA
UM CONFRONTO DE IDEIAS

Tendo como pano de fundo o intelectualismo iluminista que o inspirava e em ruptura com a cultura romântica que lhe era anterior, o cientismo impôs-se como paradigma cultural hegemónico ao nível das elites na segunda metade do século XIX. Para a nova crença no valor ilimitado da Ciência muito contribuiram os progressos da sociedade científico-industrial dos países mais avançados da Europa de então e as conquistas científicas alcançadas em novos domínios do saber. Como já foi sublinhado a reflexão sobre a Ciência, levada a efeito por vários intelectuais oitocentistas, radicava na ideia segundo a qual o mundo poderia ser objecto da análise, da compreensão racional e da explicação científica. Ora, ao emergir do interior da Ciência, ou à sua margem, o cientismo[1] configurou-se como uma ideologia oposta à mundovisão espiritualista sustentada pela Igreja católica. Por outro lado, superava o carácter redutor de uma dimensão meramente científica para se situar num horizonte de unificação ideológica dos diferentes ramos do conhecimento. Ao nível das elites avançadas dos finais do século XIX e dos inícios do século XX, o cientismo serviu de legitimação a uma concepção dessacralizada do mundo e a um sistema de representações do Universo antimetafísico e anti-teológico. Desta forma, os intelectuais que assumiam a nova cultura tentaram impor o triunfo do laicismo sobre o catolicismo já que a ideologia cientista desaguava, ao nível das mundividências, no agnosticismo ou no ateísmo[2].

Em Portugal uma elite político-cultural também se afirmou primeiro através do positivismo e, mais tarde, do cientismo. Ora, foi no quadro de divulgação dos resultados da Ciência que surgiu Miguel Bombarda, intelectual bastante bem informado sobre a cultura científica do seu tempo. Julgo que o autor de A Consciência e o Livre Arbítrio (1898) – obra dedicada ao «Patriarca do Monismo» – interpretava, como poucos, os conhecimentos científicos dos últimos decénios do século XIX. Influenciado pelo mo-

---

[1] Sobre a evolução das ciências e a sua relação com o cientismo, na segunda metade do século XIX leia-se, por exemplo, Robert Schnerb, *Le XIXᵉ Siècle. L'Apogée de L'Expansion Européenne (1815-1914)*, Paris, PUF, 1961, pp. 99-110. Para o conhecimento da evolução do positivismo ao cientismo veja-se Georges Bastide, *Les Grands Thèmes Moraux de la Civilisation Occidentale*, Paris, Bordas, pp. 199-228.

[2] Para o conhecimento do cientismo como ideologia leia-se Fernando Catroga, *Cientismo e Historicismo*, pp. 2-8 (artigo policopiado).

nismo naturalista de Buchner e Haeckel[3], Bombarda encetou o processo de construção de uma ontologia a partir dos resultados das ciências da natureza e da sociedade. Ao dispensar a metafísica da sua concepção do mundo, o professor da Escola Médico--Cirúrgica de Lisboa identificava Deus com o Universo caindo assim numa posição panteísta à maneira de Spinoza. Perante as posições ideológicas do «Haeckel português» não nos surpreende que a Igreja católica, na linha da contra-ofensiva lançada contra o pensamento progressista a partir do Concílio Vaticano I, respondesse ao desafio do livre-pensador através de um dos seus membros mais esclarecidos em questões de natureza filosófica e informação científica, o padre jesuíta Manuel Fernandes Santana. Assim, um ano após a publicação do livro de Miguel Bombarda, o jornal Correio Nacional – orgão oficial do episcopado – começou a publicar uma série de artigos os quais seriam, mais tarde, reunidos em dois volumes intitulados O Materialismo em Face da Ciência (1900). Confrontado com uma visão do mundo que colidia com a sua e com uma agressividade inaudita da parte do professor jesuíta, Bombarda reagiu e lançou a lume, ainda nesse ano, A Ciência e o Jesuítismo. Réplica a um padre sábio[4]. No conjunto da sua obra, o intelectual materialista assumiu-se como cientista[5], mas também como divulgador de ideias, polemista e anticlerical.

A obra do autor distanciava-se do positivismo de Augusto Comte e inseria-se numa perspectiva claramente cientista. Tal significava a assunção de uma concepção totalizante da natureza, do Homem e na consequente rejeição da cosmogonia judaico-cristã[6]. Influenciado por Haeckel, Moleschott, Verworn, Vogt, Buchner e Darwin, Miguel Bombarda utilizava os seus conhecimentos nos domínios da biologia, da sociologia e da psicologia experimental para fundamentar a sua teorização sobre a ontologia por um lado e a gnosiologia pelo outro. No que se refere ao cosmos, retomava a herança do materialismo antigo, do mecanicismo cartesiano e das ideias avançadas pelo filósofo Iluminista La Mettrie. Se em Descartes o Homem já era visto como uma máquina, no século XVIII, a corrente filosófica materialista retomava esta imagem e procurava expulsar as concepções metafísicas da vida biológica e social[7]. Bombarda iluminava as visões mecanicistas do ser humano dos séculos XVII e XVIII com os conhecimentos obtidos pelo monismo naturalista na segunda metade do século XIX. Rejeitando o causalismo finalista fundado na metafísica, entendia o Universo como a expressão das diferentes gradações do ser, desde o mundo físico até ao Homem. Este era entendido como a expressão última de uma cadeia piramidal organizada no sentido de uma complexidade e heterogeneidade crescentes à maneira de Spencer. Nesta perspectiva, havia uma linha de continuidade entre «os seres inorgânicos até à mais cultivada célula psíquica». Porém, ao acreditar na teoria da geração espontânea não deixava de

---

[3] Sobre o monismo naturalista e os seus reflexos em Portugal veja-se Manuel Louzã Henriques, *As Concepções Materialista, Positivista e Evolucionista e a Psiquiatria Portuguesa*, Coimbra, Unitas, 1966, pp. 53-130. (Dissertação de licenciatura apresentada à Faculdade de Medicina).

[4] Vítor Neto, *O Estado, a Igreja e a Sociedade em Portugal (1832-1911)*, Lisboa, INCM; 1998, p. 505.

[5] Sobre Miguel Bombarda enquanto psiquiatra materialista leia-se, Manuel Lousá Henriqes, *ob. cit.*, pp. 207-267.

[6] Fernando Catroga, *A Militância Laica e a Descristianização da Morte em Portugal 1865-1911*, Coimbra, 1988, p. 226. (Dissertação de Doutoramento mimeografada).

[7] *Idem, Cientismo e Historicismo*, pp. 10-11.

chamar a atenção para o facto de a Ciência ainda não a ter demonstrado[8]. A origem do Homem[9] resultava de um processo mecânico e não de uma causalidade finalista e a consciência reduzia-se a uma consequência físico-químico do cérebro. Recorrendo à psicologia experimental[10] (Wundt, Fechner, Weber e Exner), via naquela «um epifenómeno», «um acessório, um facto acidental»[11]. Se a ontologia remetia para uma concepção naturalista do ser humano, a gnosiologia tinha uma base empirista e associacionista[12]. Rejeitando, em consequência, a verdade revelada pensava que o Homem tinha capacidade para obter o conhecimento das leis invariáveis dos mundos físico e orgânico. Porém, o cientista, cingido à realidade fenoménica, não teria que se preocupar com as causas últimas. Ao referenciar os limites da Ciência não deixava de afirmar: «Onde ela se espanta, aí sim, é quando, tendo reduzido o Universo ao singelo movimento dos átomos, pergunta pela razão do Existente. Mas então, parece-me bem, acha-se no limiar do Incognoscível»[13]. O agnóstico Bombarda colocava-se em sintonia com o panteísmo de Haeckel autor que não hesitava em afirmar na sua obra sobre o monismo que: «Parmi les divers systèmes de pentheísme que l'idée moniste de Dieu a depuis longtemps inspirés d'une manière plus ou moins claire, celui de Spinoza est de beaucoup le plus parfait. On sait que Goethe accordait aussi à ce système sa haute admiration et son adhésion»[14].

---

[8] Ao escrever sobre esta teoria afirmava: "Em todo o caso, deve-se dizer que a geração espontânea dos corpos vivos, que tem sido objecto das mais afincadas indagações experimentais, ainda não foi demonstrada. Sabe-se como Pasteur mostrou as causas de erro de todos os experimentadores que se tinham ocupado da questão. Todavia do seu trabalho não resulta que a geração espontânea não exista ou não tenha existido, mas apenas que a sua demonstração ainda não foi realizada". Miguel Bombarda, *A Conciência e o Livre Arbítrio*, Lisboa, 2ª ed., Parceria António Maria Pereira, 1902, p. 29.

[9] Sobre a origem da vida e do próprio Homem concluía: "Ora a natureza viva inteira, no tempo e no espaço, não teve por origem senão plastides. Um ser vivo, qualquer que seja a sua elevação orgânica, o homem mesmo, começou sempre por ser um elemento plastidar. Plastide é o óvulo e agregado de plastides é o homem. Se no óvulo não há em função senão energias mecânicas, como podemos encontrar outras no homem?", *Idem, Ibidem*, p. 35.

[10] Miguel Bombarda conhecia o extraordinário desenvolvimento deste ramo de conhecimento na sua época como se comprova com a seguinte passagem: "Os laboratórios de psicologia experimental têm-se multiplicado; só na América Binet conta 30 e uns 20 no resto do mundo. Revistas especiais têm aparecido na Alemanha, nos Estados-Unidos, na França. O material de instrumentos e aparelhos tem atingido a última perfeição. E todos os anos são aos milhares os trabalhos que se publicam e em que a psicologia é rebuscada nos seus mais obscuros recantos. Só a bibliografia do último *Ano Psicológico* de Binet enumera 2234 trabalhos". *Idem, Ibidem*, p. 258.

[11] *Idem, Ibidem*, p. 52.

[12] Fernando Catroga, *A Militância Laica e a Descristianização da Morte em Portugal 1865-1911*, Coimbra, 1988, pp. 234-235. No que concerne à gnosiologia Miguel Bombarda é claro: «A ciência só se constrói sobre a observação e a experiência; a razão acompanha os factos colhidos para os desenvolver, comparar e interpretar, para estabelecer as relações que os ligam entre si, para levantar hipóteses que nova confirmação experimental confirmará ou invalidará, para descobrir as leis gerais que os abrangem num laço único». Miguel Bombarda, *A Ciência e o Jesuitismo. Réplica a um padre sábio*, Lisboa, Parceria António Maria Pereira, 1900, p. 25.

[13] Miguel Bombarda, *ob. cit.*, p. 12.

[14] Ernest Haeckel, *Le Monisme. Profession de foi d'un naturaliste,* Paris, Scheicher Frères, Éditeurs, s. d., p. 55.

Como Edgar Morin mostrou o determinismo – assumido pelos propugnadores da ideologia cientista – é hoje considerado um verdadeiro mito na medida que não responde, enquanto modelo explicativo, à complexidade dos fenómenos do Universo. Se é certo que a problemática do determinismo tem uma história cuja origem se encontra no mundo antigo desenvolvendo-se posteriormente na Idade Média, na modernidade e nos séculos XIX e XX[15], também é verdade que a querela filosófica sobre o assunto ainda não se encontra completamente encerrada. Ao superar filosoficamente as concepções deterministas este pensador veio chamar a atenção para a necessidade de se encararem os fenómenos físicos, biológicos e antropo-sociais numa perspectiva de relacionamento entre a ordem e a desordem, a necessidade e o acaso, a contingência, o aleatório, o incerto, o impreciso, o indeterminado e o complexo. Como se o Universo exigisse uma Ciência Nova que compreendesse a microfísica, a cosmofísica e a termodinâmica[16]. Contudo, a seu ver, a realização do progresso prodigioso dos conhecimentos científicos correlaciona-se com o desenvolvimento simultâneo da ignorância.

Miguel Bombarda escreveu a sua obra nos finais do século XIX e nos inícios do século XX e, por isso, não pôde escapar às concepções do mundo que radicavam no determinismo cósmico e no fatalismo evolucionista que caracterizavam o materialismo da época. Segundo ele: «A invariabilidade de relacionamento fenomenal, que permite o estabelecimento dessas leis, é o que constitui o determinismo, que não significa outra coisa senão que em presença de determinadas condições os fenómenos se desenrolarão por um modo matematicamente certo»[17]. Se o Homem era entendido como uma máquina que agia no interior de um cosmos ordenado e harmonioso, o pensamento também se inscrevia nessa visão mecanicista do Universo. O autor definia a sociedade como um organismo que se consubstanciava nos indivíduos que a compunham e na relação que estes estabeleciam com o meio em que se integravam. Permitindo captar as leis sociais e aniquilar as «fantasias metafísicas», a sociologia[18] funcionava como um prolongamento das ciências biológicas[19]. Nessa sequência, ao rejeitar a alma – «como noção científica», essa «hipótese»(...)«é absolutamente sem base»[20] – e ao negar diferenças qualitativas entre o Homem e outras esferas do ser, Bombarda abria caminho à luta pela descristianização da sociedade o que pressepunha a rejeição de todas as formas de manifestação religiosa[21].

Opositor das leis pré-estabelecidas reivindicadas pelo vitalismo de Cl. Bernard, cingia-se à análise do mundo fenoménico[22]. Recusando a doutrina do livre-arbítrio

---

[15] Sobre a história do determinismo leia-se Krzysztof Pomian, »Le déterminisme: histoire d'une problématique», *Le débat,* Paris, Gallimard, 1990, pp. 11-58.

[16] Edgar Morin, «Au-delà du déterminisme: le dialogue de l'ordre et du désordre», *Le débat,* Paris Gallimard, 1990, pp. 93-98.

[17] Miguel Bombarda, *op. cit.,* p. 14.

[18] Sobre a influência do positivismo e do cientismo na fase inicial da sociologia no nosso país veja-se Amadeu Carvalho Homem, »Ilusões do Cientismo nos Primórdios da Sociologia Portuguesa», *Da Monarquia à República,* Viseu, Palimage Editores, 2001, pp. 159-173.

[19] Fernando Catroga, *ob. cit.,* p. 236.

[20] Sobre a hipótese da alma veja-se Miguel Bombarda, *ob. cit.,* pp. 245-253.

[21] Fernando Catroga, *ob. cit.,* p. 236.

[22] Miguel Bombarda, *ob. cit.,* p. 17.

tinha como objectivo dessacralizar o Homem ao procurar que ele deixasse de ser visto como mero reflexo da vontade divina. Nesta perspectiva, criticava a autosuficiência das filosofias espiritualistas que retomavam a herança da escolástica enriquecida com o desenvolvimento do pensamento filosófico dualista posterior. O nosso autor não negava a ideia de liberdade, mas inseria-a numa visão cientista da natureza e da sociedade. Tal ideia só seria realizável desde que o Homem subordinasse a sua actividade ao normativismo imposto pela realidade objectiva. Assim, como já foi justamente sublinhado, a margem de intervenção dos indivíduos situava-se no espaço existente entre as realidades de facto e o que era exigido pela determinação da evolução histórica[23].

Se bem que o cientismo não se apresentasse como uma utopia pelo conteúdo das suas ideias não deixa de se situar no imaginário de uma aspiração a uma outra realidade que rompia com a existente. Em Miguel Bombarda não se encontra qualquer esforço de teorização utópica, ao colocar a Humanidade como sujeito e motor da história, não deixava de se voltar para o futuro criando a esperança de concretização de uma utopia de teor cientista. «A ciência, guiada pela fatalidade das suas aquisições, será a grande arma de combate. A legislação terá – exclusivamente – que se inspirar nas suas convicções. E quando essa exclusiva inspiração vier, quando o homem se tiver penetrado da ideia do seu fim e da sua força, quando as sociedades compreenderem que todo o mal tem as suas condições de produção e que, abolidas estas, o mal será abolido, quando se tiverem feito ouvir ou se tiverem imposto as vozes que reclamam tantas e tantas providências urgentes – desde a legislação do trabalho até à socialização do solo, desde o imposto progressivo até à separação da igreja e do estado, - quando os interesses de classe começarem a embotar-se e o ideal humano tiver infiltrado os espíritos, a fraternidade deixará de ser um mito e a humana felicidade uma utopia»[24]. Atento aos problemas sociais resultantes do capitalismo, Bombarda sonhava com um mundo menos injusto e mais solidário. Neste sentido, interrogava-se acerca da realização histórica da ideia utópica: «É fazer socialismo? Será Porque não? Se o socialismo está na evolução fatal da humanidade, se é precisamente no socialismo que sorri a aurora da renascença do homem e começa a entreabrir-se uma era de justiça e de solidariedade, uma era de condenação de todos os egoísmos!»[25] Como se vê, o cientismo acabava por desaguar num humanismo e numa solidariedade social subordinados a uma moral cientificamente demonstrada. Como Fernando Catroga mostrou, numa das suas obras, ao dessacralizar a natureza, o Homem, a história e o saber, Miguel Bombarda construía uma mundividência totalizante que emergia como alternativa à visão globalizadora do Homem e da natureza defendida pelo catolicismo[26].

Na sua resposta ao autor de A Consciência e o Livre Arbítrio, Fernandes Santana começava por atacar o materialismo classificando os seus adeptos como «uma seita fanática filosófica-religiosa»[27]. Ao dirigir as suas críticas a Haeckel, procurava

---

[23] *Idem, Ibidem.*

[24] Miguel Bombarda, *ob. cit.* p. 362.

[25] *Idem, Ibidem*, pp. 362-363.

[26] Fernando Catroga, *ob. cit.*, p. 276.

[27] Sobre a definição da "seita" e a origem e desenvolvimento das concepções materialistas veja-se Manuel Fernandes Santana, *O materialismo em face da ciência a proposito da consciência e livre arbítrio do sr. prof. Miguel Bombarda,*vol. 1, Lisboa, Typographia da Casa Catholica, 1899, pp. 14-27.

estabelecer a génese e evolução da concepção monista do Universo e, em nome da filosofia dualista, rejeitava as teses do naturalista alemão. Criticando este pensador também atingia Miguel Bombarda que, como se viu, lhe dedicara a sua obra. O padre jesuíta via em Deus o «Supremo arquitecto» e «o Supremo autor do universo»[28]. Portador de uma cosmogonia que remetia para a entidade divina a origem da matéria e do movimento usava uma vasta bibliografia em apoio das suas teses ancoradas na metafísica. A essa luz combatia o materialismo mecanicista e reafirmava a filosofia espiritualista que, como se sabe, estabelecia uma divisão entre o corpo e a alma. Ao rejeitar a concepção do mundo baseada no movimento atomístico da matéria também não perfilhava a ideia do Homem máquina nem aceitava a definição do pensamento como um simples produto do cérebro. Criado por Deus à sua imagem e semelhança, o indivíduo ocupava o centro do mundo e representava a síntese de todos os seres que povoavam o cosmos. Dotado de inteligência e liberdade subjectiva, o Homem tinha capacidade de agir sobre a realidade física[29] contrariando, assim, o determinismo psíquico defendido por Bombarda[30].

Ao afirmar que a alma era um princípio de vida superior no Homem, o padre jesuíta assumia-se como herdeiro das filosofias dualistas antigas (Hipócrates, Platão, Sócrates e Aristóteles), retomava algumas das ideias do pensamento medieval (Alberto Magno e S. Tomás de Aquino) e enunciava os princípios do catolicismo tal como a Igreja os definira no século XIX. Segundo Fernandes Santana, o materialismo oitocentista fora o ponto de chegada de um longo movimento de ideias cujas origens se situavam no Renascimento (Paracelso e Van Helmont), tinha prosseguido com Descartes e Leibnitz no século XVII e teria culminado nos positivismos de Augusto Comte, Litrré, Stuart Mill e outros. Como se sabe, ao substituir a ideia de Deus pela da Humanidade e ao fazer desta o sujeito da história, Comte pretendera dar o golpe de morte à metafísica substituindo-a pelo estado positivo. Fernandes Santana sabia que a doutrina positivista beneficiara dos contributos de Locke, Condillac, Cabanis, Broussais e que, entre outros caminhos, evoluíra para o monismo naturalista de Haeckel. Porém, ao combater o pensamento mais avançado qualificava o intelectual alemão como um «falsificador da ciência»[31], criticava o fisiologista Magendie por este ter rejeitado o causalismo final na explicação dos fenómenos vitais e contestava Cl. Bernard por ele aderir à filosofia espiritualista tradicional. Por fim, voltava-se contra Virchow que, na sua óptica, não só desconhecia as filosofias subjectivistas como divulgava um «ensino eivado de contradições grosseiras»[32].

Apesar da erudição que lhe permitia escrever sobre os nomes mais célebres da «ciência biológica» – Haeckel, Virchow, Darwin, Cl. Bernard e Du-Bois-Reymon – Fernandes Santana estaria, no dizer de Miguel Bombarda, cientificamente desactualizado em cerca de trinta anos. Ao referir-se ao seu desconhecimento das conquistas científicas mais recentes afirmava: «apenas nenhuma citação dos biologistas dos infinitamente pequenos,

---

[28] *Idem, Ibidem,* p. 104.

[29] *Idem. Ibidem,* p. 8.

[30] Para o conhecimento da argumentação usada contra o determinismo leia-se *Idem, Ibidem,* vol. 2, pp. 340-428.

[31] Vítor Neto, *ob. cit.,* p. 510.

[32] Manuel Fernandes Santana, *ob. cit.,* pp. 23-25.

dos biologistas do microscópio, que têm reconstruído a ciência da vida sobre a base dos seres unicelulares – os Verworn, Hertwig, Engelmann, Peffefer, Mendelssohn e tantos, tantos outros, que vieram dar inesperada confirmação às teorias mais gerais da vida; do mesmo modo que noutro campo se não citavam nunca os Ziehnen, os Ramon y Cajal, os Waldeyer, os Kolliker ... que construiram as doutrinas psicológicas modernas ou lhes forneceram o mais sólido fundamento»[33]. O padre jesuíta atacava com virulência os pensades materialistas, ou todos aqueles que contrariavam a filosofia católica. Assim, «Haeckel é um míope que se lança a todo o galope pelas vastas campinas do absurdo e do rídiculo. Goltz é um idiota. Buchner um falsificador. Descartes um observador superficial. Helmhotz um inepto e um insensato. Beaunis um demente e um ingénuo. Darwin um naturalista nem sério nem consciencioso. Cl. Bernard uma bela inteligência esterilizada pelo empirismo animal. Herzen, tão audaz, como inconsequente, caindo em grosseiras contradições. Matias Duval um ignorante presunçoso. E para coroamento troça-se de Moleschott, um dos espíritos mais eminentes do nosso século científico»[34]. Como se vê, à argumentação utilizada pelas figuras mais eminentes da Ciência, o professor do Colégio de Campolide respondia com «injúrias» e «calúnias». Ao materialismo opunha a metafísica - por ele considerada a ciência das ciências - e o finalismo causalista era visto como um problema inerente à Ciência. Declarando a possibilidade de acesso a Deus por via racional, o jesuíta recorria a uma argumentação estritamente especulativa que não poderia ser aceite pelos cientistas. Adversário do evolucionismo e da cosmologia mecanicista atribuía ao Homem inteligência e uma capacidade autónoma de moldar a realidade. Por outro lado, criticava a influência de Darwin em Miguel Bombarda através da teoria da selecção natural, opunha-se ao determinismo psicológico, à autosuficiência da matéria e à moral científica[35]. Este combate de ideias, aqui brevemente enunciado, fazia-se em nome do catolicismo e das filosofias espiritualistas que o fundamentavam.

À longa obra de Fernandes Santana respondeu Bombarda, com o seu opúsculo A Ciência e o Jesuitismo, cujo conteúdo representava um verdadeiro ataque ao clericalismo. Neste livro, o médico retomava a concepção monista do universo, voltava a rejeitar a verdade revelada, enfatizava o experimentalismo como método para a obtenção da verdade científica e contestava os obstáculos levantados pela Bíblia à emancipação do saber. Às teses do padre jesuita, respondeu Bombarda com a ideologia que brotava espontaneamente da prática científica nos laboratórios que funcionavam na Europa e na América do Norte. Contudo, se a visão católica do mundo era substítuida por uma concepção monista do universo não deixava de funcionar também como uma «religião». Na verdade, Miguel Bombarda acabaria por definir o monismo como uma nova «religião» tal como já o fizera Haeckel. Enfim, a polémica entre Bombarda e o padre Santana exprimia a oposição de duas concepções antagónicas do mundo e traduzia a impossibilidade do diálogo entre o cientismo e o catolicismo.

---

[33] Miguel Bombarda, *A Ciência e o Jesuitismo. Réplica a um padre sábio,* Lisboa, Parceria António Maria Pereira, 1900, p. 48.

[34] *Idem, Ibidem,* pp. 48-49.

[35] Vítor Neto, *ob. cit.,* pp. 511-512.

Resumo – No quadro da divulgação da ideologia cientista, Miguel Bombarda assumiu-se como um dos intelectuais mais esclarecidos. Ao assumir uma concepção monista do universo contrariava o conservadorismo ideológico sustentado pelos pensadores católicos. Por isso, a Igreja recorreu ao desafio lançado pelo materialismo de Bombarda através de um dos seus membros mais esclarecidos, o jesuíta Manuel Fernandes Santana. Influenciado pelos pensadores materialistas – Haeckel, Molescholt, Verworn, Vogt, Buchner e Darwin –, o professor da Escola Médico-Cirúrgica utilizava os seus conhecimentos nos domínios da biologia, da sociologia, da psicologia experimental e de outras ciências para fundamentar a sua teorização sobre as origens da vida, a auto-suficiência da matéria, a consciência do homem e a moral. Ao assumir a ideia de ciência e ao acreditar na obtenção da verdade científica por via racional, contestava as visões ideológicas do universo. Contudo, o determinismo cósmico anulava - a nosso ver - a ideia de liberdade já que o ser humano ficava desprovido da capacidade de orientação da sua actividade. Por isso, a submissão do homem a um causalismo cego e a rejeição do livre-arbítrio levavam Bombarda a eliminar, em certa medida, o valor do homem e da liberdade. Desconhecendo o materialismo dialéctico aprisionava o indivíduo nas malhas de um universo fechado, subordinado à fatalidade de um movimento fenoménico predeterminado por um causalismo imanentista.

Ao monismo de Miguel Bombarda, opôs o padre Manuel Fernandes Santana uma concepção dualista do cosmos. Para ele, a ordem do fora preestabelecida por Deus e a matéria, o movimento, as energias cósmicas e a sua orientação inicial encontravam a sua explicação última no supremo arquitecto que as concebera. Nesta perspectiva, o sacerdote recusava o materialismo mecanicista e reafirmava a doutrina católica consubstanciada numa visão que radicava numa ligação entre o corpo e a alma. Criado à imagem e semelhança de Deus, o homem tinha capacidade para agir sobre o mundo que o rodeava. Desta forma, Fernandes Santana refutava o determinismo sustentado por Miguel Bombarda, mas caía numa concepção dualista sem qualquer base científica. A polémica entre os dois intelectuais exprimia o radicalismo de discursos opostos que emergiam de duas visões do mundo antagónicas.

Abstract – Within the frame of diffusion of scientist ideology, Miguel Bombarda is considered as one of the most enlightened intellectuals. By assuming a monist conception of the universe, he contradicted an ideological conservatism sustained by catholic thinkers. Therefore, the Church rose to the challenge of Bombarda's materialism through one of its most enlightened members, the Jesuit Manuel Fernandes Santana. Influenced by materialist thinkers – Haeckel, Molescholt, Verworn, Vogt, Buchner e Darwin -, the Professor of the Medical-Surgical School used his knowledge in the areas of biology, sociology, experimental psychology and other sciences in order to found his theory about the origins of life, self-sufficiency of matter, and human being's conscience and morals. By assuming the idea of science and believing in obtaining scientific truth through a rational path, he denied ideological visions of the universe. However, as far as we are concerned, cosmic determinism eliminated the idea of freedom since the human being lost the capacity of orientating his activity. Therefore, the human being's submission to a blind causalism and the rejection of free-will led Bombarda to eliminate the value of man and freedom, to a certain extent. Unaware of dialectical determinism, he imprisoned the individual in a closed universe, subordinated to the fatality of a phenomenal movement, which is predetermined by immanentist causalism.

To oppose Miguel Bombarda's monism, Father Manuel Fernandes Santana proposed a dualist conception of the cosmos. In his point of view, the order pre-established by God and matter, movement, cosmic energies and their original orientation had their ultimate explanation in the supreme architect that had conceived them. In this perspective, the priest refused mechanicist materialism and reaffirmed the catholic doctrine based on the link between body and soul. Created in the image of God, the human being had the capacity to act on the world that surrounded him. Fernandes Santana thus refuted the determinism defended by Miguel Bombarda, but fell into a dualist conception with no scientific basis whatsoever. The controversy between these two intellectuals showed the radicalism of opposed discourses, which emerged from two antagonist visions of the world.

Luís Augusto Costa Dias
Biblioteca Nacional de Lisboa e CEIS20

O LOUCO E O ARLEQUIM. MARGINALIDADE E VANGUARDA ESTÉTICA
NA CRISE FINAL DA I REPÚBLICA

A despeito de algumas restrições importantes nas relações teóricas entre o positivismo e o republicanismo português, numa reconfiguração política que seguiu no essencial a via heterodoxa de Littré[1] (sob o paradigma da harmonização por este estabelecida entre *Revolução e Positivismo* em vista *Do Estabelecimento da Terceira República* francesa) –, pode subscrever-se, de um modo geral, que a revolução republicana de 1910 tenha sido filha do pensamento positivista e culminou a vaga de euforia cientista da última metade do século anterior. É conhecida (e foi, aliás, na época, motivo de demonstração de inegável influência sócio-política) a pléiade de cientistas a publicistas portugueses alinhados com as ideias de Comte e seus discípulos e, simultaneamente, empenhados na mudança de regime político, mas não se trata aqui, porém, de recuperar ou actualizar qualquer genealogia da influência do legado positivista nos ideais republicanos, nem tao pouco estabelecer os modos da decifração filosófica e sociológica das fontes de inspiração[2]. Por isso mesmo, deixarei de lado a referência (ainda para o início do século XX que me ocupa, não sem chamar a atenção para a sua importância) de uma recuperação neopositivista que, entre os *anos vinte* e *trinta* encontrou em Abel Salazar um expoente ainda em estado de reavaliação.

Procuro aqui estritamente considerar como, entre outros motivos de interesse, a mentalidade cientista arrastada pela República vitoriosa, num limiar da crise de valores culturais, votou à marginalidade uma minoria de artistas que, opondo-se aos ideais regeneradores ou a eles alheios, radicalizaram a subjectividade criadora e conferiram um valor ôntico à realidade individual como profundo *eu* artístico... E, em consequência, procuro ver como, contrariando esse cientismo biológico-social que pretensamente ordenaria a orgânica da sociedade e a sua reprodução totalizante e normalizadora, tais artistas, possuidores de imenso génio, exorcizaram a sua marginalidade em Arte. Neste sentido, trata-se, quando muito, de actualizar a genealogia do campo das referências polémicas com os fundamentos doutrinários dominantes na República, assinalando

---

[1] Vd. sobretudo F. Catroga: *Os Inícios do Positivismo em Portugal. O Seu Significado Político-Social*, ed. Inst. História e Teoria das Ideias, Coimbra 1977.

[2] *Id.*: «A importância do positivismo na consolidação da ideologia republicana em Portugal», *Biblos* (LIII), Coimbra 1977, pp. 285-327.

a oposição manifestada, com instrumentos do escândalo e do escárnio, pelos poetas de *orpheu*... e tudo.

Parto, neste ponto, do pressuposto de que, numa perspectiva de história da cultura, o século XX português começou, por assim dizer, em 1915[3]; e, nessa *modernidade* nascente, é de um sujeito mergulhado numa profunda e arrastada crise que se fala, a braços com os velhos valores demo-liberais e um imaginário que arrastou o homem, entre o desespero e a idolatria de si mesmo, para uma verdadeira «cruz na encruzilhada»[4], na sugestiva expressão de Almada Negreiros.

Mas começarei por prestar atenção à *órfica* metamorfose de Fernando Pessoa, justamente saído das hostes saudosistas no auge das polémicas em que os seguidores de Teixeira de Pascoais se viram envolvidos, a investidas variadas, aí por volta de 1915. Pretendo notar o que no consabido desdobramento pessoano me parece essencial na definição de uma *modernidade da arte contemporânea* como na noção de *artista moderno*. E começarei por interrogar: como traduzir em linguagem sociológica, para lá da pertinência de interpretação das expressões figurativas (mais propriamente, textuais), o significado que pode assumir o fenómeno de alteridade que a constelação heteronímica pessoana trouxe, no limite da extrema descoberta do *outro* em um *eu-próprio*, à cultura contemporânea? Ora o fenómeno da heteronímia *moderna*, segundo o paradigma pessoano, tem sido consensualmente encarado como fenómeno de *dispersão* do sujeito criador[5]. Mas tal *dispersão* – acaso seja esse o diagnóstico do que de mais fundo da consciência (possível) do artista perpassa na sua obra – não pode entender-se em sentido estritamente estético, como algo de confessional, quando Mário de Sá-Carneiro, por exemplo, autor de um ciclo poético justamente intitulado *Dispersão*, proclamava essa já muito conhecida fórmula de poeta que se sente dividido:

Perdi-me dentro de mim
Porque eu era labirinto.[6]

A atitude do artista, por esse tempo dobrado ao peso de um sentimento de crise do indivíduo (carregando sobre si, como pena, a imensa cruz de uma crise geral da sociedade), era dominada pela consciência de uma perda de si próprio. Abandonado pelos deuses, a procura de respostas desse artista para o «momento em que sossegadamente não cremos em nada, / Pagãos inocentes da decadência», lenta busca, levaria primeiro a uma expectação de inocência e apatia, manifestada pelo convite lírico

---

[3] Já procurei identificar como a medida do tempo (o da temporalidade histórica, de um novo tempo) marcou uma diferença radical entre os primeiros modernistas e o saudosismo de Pascoais (L. A. C. D.: *A república e a elite* seareira, in *Uma Anti-Seara em «Seara Nova»*, ed. CEIS20, Coimbra 2002; Cadernos do CEIS20, 3).

[4] Almada Negreiros: *A invenção do dia claro*, in *Poesia*, ed. Imprensa Nacional - Casa-da-Moeda, Lisboa 1990, p. 160 (Obras Completas, I).

[5] Vd. , p. e., a sugestão para uma génese da heteronímia moderna em Carlos Reis: *Pluridiscursividade e representação ideológica n'Os Maias*, in *Estudos Queirosianos. Ensaios sobre Eça de Queirós e a sua Obra*, Edit. Presença, Lisboa 1999, pp. 135-136.

[6] M. Sá-Carneiro: *Partida*, in *Poemas Completos*, ed. Assírio & Alvim, Lisboa 1996, p. 36.

pessoano a «saber passar silenciosamente / E sem desassossegos grandes» [7]. Mas das primeiras escavações «por mim mesmo a procurar» restaram ao amigo Sá-Carneiro «cinzas, cinzas só, em vez do fogo... / – Onde existo que não existo em mim?»[8]. Daí que o sujeito sinta, nesse primeiro olhar sobre si mesmo, desconhecer-se verdadeiramente diante do espelho, conforme confidência epistolar de Sá-Carneiro a Fernando Pessoa, identificando uma comum problemática: *«Mas o que é ser-se eu; o que sou eu?» E sempre, nestas ocasiões, de súbito, me desconhecia, não acreditando que eu fosse eu, tendo a sensação de sair de mim próprio.*[9]

Valerá a pena estender o problema e indagar o sentimento do poeta que se *desconhece* a si mesmo ou, talvez melhor, de todo se não *reconhece* na relação com determinado meio (espaço físico, da mais objectiva alteridade), ao ponto de não conter este desabafo, que ficou avulso na versificação sá-carneiriana (mas convém não desentranhar do processo de uma época), assim mesmo na solidão de uma quadra, como instantânea e breve impressão que o impulso lança no papel:

> Eu não sou eu nem sou o outro,
> *Sou qualquer coisa de intermédio:*
> *Pilar da ponte de tédio*
> *Que vai de mim para o Outro.*[10]

E o dilema da relação atinge no poeta dos *Indícios de Oiro* o mais completo e final esclarecimento neste aparente paradoxo:

«Cada vez posso menos deixar de ser *Eu* – e cada vez sofro mais por ser *Eu.*»[11]

Ora a dificuldade da relação encontrava-se, creio – e soube-o bem o artista, conquanto parco em no-lo identificar –, fora de si mesmo, com origem na hostilidade do meio cultural e político ambiente à revolução futurista e à sua afirmação de livre criação artística, isto é:

> *Fora: dia de Maio em luz*
> *E sol – dia brutal, provinciano e democrático*
> *Que os meus olhos [...] apenas forçados*
> *Suportam em náuseas. Toda a minha sensibilidade*
> *Se ofende com este dia que há-de ter cantores*
> *Entre os amigos com quem ando às vezes –*

---

[7] Ricardo Reis: [Ode sem título] 5, in *Poesia*, ed. Assírio & Alvim, Lisboa, 2000 (Obras de Fernando Pessoa, 15) pp. 33-34.

[8] M. Sá-Carneiro: *Escavação*, in *Poemas Completos*, ed. cit., p. 30.

[9] *Id.*: [Carta a F. Pessoa (3 Fev. 1913)], in *Cartas a Fernando Pessoa*, 2ª ed., Edições Ática, Lisboa 1992, vol. I, pp. 62-63.

[10] *Id.*: [Sem título] 7 (ciclo dos *Indícios de Oiro*), in *Poemas Completos*, ed. cit, p. 80.

[11] *Id.*: [Carta a Fernando Pessoa (8 Jan. 1916], in *Cartas a Fernando Pessoa*, ed. cit., vol. II, p. 142.

... e estes que, amiúde, engloba no ápodo grotesco de «lepidópteros» eram, precisamente, os bonzos de uma república em crise, escarnecidos caricaturalmente por Sá-Carneiro como:

> *Trigueiros, naturais, de bigodes fartos –*
> *Que escrevem, mas têm partido político*
> *E assistem a congressos republicanos,*
> *Vão às mulheres, gostam de vinho tinto,*
> *De pêros ou de sardinhas fritas...*[12]

A referência inscreve-se no mesmo quadro e em quase idênticos termos (mas não verdadeiramente caricatural, antes sério até ao fel) que nos legou Almada Negreiros, artista cuja atitude de ruptura se explicita, de entre os da sua geração, mais nítida, brutal, impiedosa como neste exemplo de ódio ao «rotundo e pançudo-sanguessugo / meu desacreditado burguês apinocado» a quem, diz:

> *Eu queria cuspir-te a cara e os bigodes,*
> *quando te vejo apalermado p'las esquinas*
> *a dizeres piadas às meninas,*
> *e a gostares das mulheres que não prestam*
> *e a fazer-lhes a corte*
> *e a apalpar-lhes o rabo*[13].

Para este espécime liberal-republicano (cujo friso de tipos sociais reprodutores do *status* republicano escorre, com uma violência bem nossa conhecida «e por extenso», no *Manifesto Anti-Dantas*), que era o artista moderno e criador de novidades se não um excêntrico remetido para as *loucuras* da república, exemplo de *possesso* que não cabia no preciso paradigma de uma positiva cidadania? Almada aclara uma resposta nesta acusação:

> *Tu arreganhas os dentes quando te falam d'Orpheu [...].*
> *E chamas-me doido a Mim*
> *que sei e sinto o que Eu escrevi!*[14]

Valerá, então, a pena reflectir sobre a significação da execração futurista ao republicano, situando-a numa linha de refracção à mentalidade que neste ainda predominava em plena crise da própria República. E, num plano mais fundo, deve constatar-se que, a despeito de uma reavaliação positivista do papel do indivíduo (nada, afinal, que contrariasse essa «única reserva» que o próprio *Catecismo Positivista* não tenha consagrado como factor de adaptação individual ao «serviço real da Humanidade»[15]), o certo é

---

[12] *Id.: Manucure*, in *Poemas Completos*, ed. cit., p. 55.

[13] Almada Negreiros: *A cena do ódio*, in *Poesia*, ed. cit., p. 57.

[14] *Id., ibid.*, p. 56.

[15] Cf. A. Comte: *Catéchisme Positiviste*, ed. Garnier-Flamarion, Paris 1966, p. 226.

que a reminiscência comteana de limitação do livre arbítrio conduziu a tendencial ou mal encoberta diluição dos *eus* na orgânica da autoridade social e moral.

A transposição de tal tendência para o plano cultural revelou-se predominantemente na defesa de uma «coesão mental» da comunidade, para a constituição da qual a criação estética deveria ser simples «expressão moral da raça»: este o traço comum que atravessa, por exemplo, o que creio ter sido o primeiro *Inquérito Literário* à vida portuguesa no século xx, levado a efeito pelo jornal *República* em 1912 e compilado em 1915. Entre os inquiridos – aliás, o primeiro –, Júlio de Matos teceu críticas à renascença literária radicadas no diagnóstico de uma decadência provocada pelos próprios artistas, que dizia «todos mui pessoais e individualistas» e sem preocupações de incorporar «uma corrente definida». Esta deveria constituir-se, então, a partir dos superiores estímulos intelectuais capazes de conduzir a uma totalidade nacional[16] que, só episodicamente, Júlio de Matos via irromper do torpor endógeno da pátria. O postulado de que partia enunciava-se deste modo:

> *Tudo o mais que temos feito tem sido por arrancos, semelhantes aos do enfermo que num dado momento concentra todas as reservas nervosas para conduzir um certo acto e sucumbe em seguida.*[17]

Não admira, pois, que, ao ver detonar toda essa afirmação individual de criação que irrompia das páginas de *Orpheu*, Júlio de Matos (primeiro, uma vez mais, na imprensa da época, mas conforme o inventário levantado já quinze anos antes por Júlio Dantas[18]) acusasse os novos poetas de representar a máxima *enfermidade* em arte:

> *[...] eles pertencem a uma categoria de indivíduos que a ciência definiu e classificou dentro dos manicómios, mas que podem sem maior perigo andar fora deles...*[19]

Os contornos da imputação de que foram alvo são bem conhecidos[20]. E com eles, certamente, relaciona-se a alusão feita pelo poeta de *Manucure* aos escândalos *órficos* e suas reincidências de *paúlismo*, *sensacionismo* e *intercecionismo* em sucessivas revistas e *plaquetes*, conforme pode ler-se em carta a Fernando Pessoa:

> *Porque creia, meu pobre Amigo:* eu estou doido. Agora é que já não há dúvidas [...]: *O Sá-Carneiro está doido. Doidice que pode passear nas ruas – claro. Mas doidice. Assim como o Ângelo de Lima sem gritaria. Literatura, sensacionismos – tudo isso acabou. Agora só manicómio.*[21]

---

[16] J. de Matos, in Boavida Portugal (org.): *Inquérito Literário*, Liv. Clássica Edit., Lisboa 1915, p. 17.

[17] *Id., ibid.*, p. 15.

[18] J. Dantas: *Pintores e Poetas de Rilhafoles*, Lisboa 1900.

[19] Vd. Nuno Júdice: *A Era do «Orpheu»*, Edit. Teorema, Lisboa 1986, p. 61.

[20] *Id., ibid.*, pp. 61 e ss.

[21] M. Sá-Carneiro: [Carta a Fernando Pessoa (13 Jan. 1916)], in *Cartas a Fernando Pessoa*, ed. cit, vol. II, p. 143.

Os artistas de *Orpheu* levaram, aliás, à ostensiva provocação a resposta ao achaque que se seguiu ao primeiro número da revista: já para as páginas do nº 2 (e último saído a público), foram buscar ao Hospício de Rilhafoles a colaboração de Ângelo de Lima – desenhista e poeta então quase ignoto que, vinte anos mais tarde, Fernando Pessoa fez lembrar somente como «quem, não sendo nosso, todavia se tornou nosso»[22].

Valerá a pena circunstanciar aqui uma curiosidade que cabe no propósito geral deste Encontro. Preso por desacatos, em público, à autoridade, em Dezembro de 1901, Ângelo de Lima teve imediata entrada naquele asilo psiquiátrico como caso, «com toda a evidência, de um degenerado», não apenas com «o simples aspecto clínico de uma *loucura moral*» mas com «delírios alucinatórios» de uma «evolução cerebral já de si desviada» – são estes os termos que rezam no relatório clínico assinado, no final do ano seguinte, por Miguel Bombarda[23].

E foi, sem dúvida, por estes motivos que Almada, delfim dos poetas *órphicos*, transpôs para o absoluto uma voz que se desprendia dessa sua *cruz na encruzilhada* e convidava à autêntica *loucura* em arte:

> Não tenhas medo de estares a ver a tua cabeça a ir directamente para a loucura, não tenhas medo! Deixa-a ir até à loucura! [...] Vem ler a loucura escrita na palma da tua mão. Fecha a tua mão. Fecha a tua mão com força. Agarra bem a loucura dentro da tua mão![24]

Sá-Carneiro seguiu o convite à letra e, com sua conhecida sinceridade poética, reconheceu explicitamente e em verso o seu estatuto marginal:

> Sem chapéu, como um possesso:
> *Decido-me!*
> *Corro então para a rua aos pinotes e aos gritos*[25].

Mesmo fora do quadro patológico para que o meio o remetia, condenado à exclusão, seria caso do artista de génio incontido caminhar para a imediata evasão poética –

> *E numa extrema-unção d'alma ampliada,*
> *Viajar outros sentidos, outras vidas.*[26]

Todavia, não se apartou o poeta, que acabaria por gritar a necessidade de refazer a própria natureza humana a partir do *eu* profundo, remetido à descoberta de si como medida mesmo de toda a alteridade, propondo-se afinal:

---

[22] F. Pessoa: «Nós os de 'Orpheu'», *Sudoeste*, nº 3 (Nov.), Lisboa 1935, p. 3.

[23] Publ. por Fernando Guimarães (org.) in Ângelo de Lima: *Poemas Completos*, ed. Assírio & Alvim, Lisboa 1991, pp. 125-129.

[24] A. Negreiros: *A invenção do dia claro*, in *Poesia*, ed. cit., p. 160-161.

[25] M. Sá-Carneiro: *Manucure*, in *Poemas Completos*, ed. Assírio & Alvim, Lisboa 1996, p. 67.

[26] *Id.*: *Partida*, in *Poemas Completos*, ed. cit., p. 28 (ver o contexto explicativo que o A. atribui a estes seus versos in *Cartas a Fernando Pessoa*, ed. cit., p. 71).

> *Oh! Regressar a mim profundamente*
> *E ser o que já fui no meu delírio...*[27]

É hora de concluir que, no termo de um longo processo de afirmação da individualidade que começara pelo impulso de uma rebelião – em que julgou ter-se descoberto na própria individualidade livre ante os seus iguais, aos poucos remetida para uma subjectividade até aos aconchegos domésticos de insucedida afirmação e eficácia críticas sobre as circunstâncias exteriores –, restou ao sujeito criador, na insistência dessa individualidade, o delírio do regresso ao plano ontológico da mais profunda e pura autonomia.

Neste sentido, pode dizer-se que o artista se apartou, isso sim, do circunstancialismo dessa realidade exterior de *abismo* (sem lhe perder o referencial), para se ater à realidade interior em que poderia, livre em si (isto é no sentido que esclarece Pessoa: «Libertando-nos, sentimo-nos superiores em nós mesmos, senhores, e não emigrados, de nós. A libertação é uma elevação para dentro, como se crescêssemos em vez de nos alçarmos.»[28]), finalmente, fruir a criação em festa, segundo o mote do pessoano Ricardo Reis:

> Seja como uma dança dentro de nós
> *O sentirmos a vida*[29]

Deste modo, observamos que um exorcismo da *loucura* em Arte (verdadeiro exorcismo de uma realidade louca) se tornou obra de cabeça e mãos de um arlequim poético – a que Eduardo Lourenço chamou «o emblema dessa geração funambulesca e audaciosa»[30] e Almada configurou como seu ícone. E, assim, desceu à rua nesta sincera, porém exuberante afirmação de corpo inteiro em Mário de Sá-Carneiro:

> *Torne-se a abrir o Harém em festival,* [...]
> *Que se embandeire em mim o Arraial,*
> *Haja bailes de Mim pela alameda!...*
> *Rufem tambores, colem-se os cartazes -*
> *Gire a tômbola, o carrossel comece!*
> *Vou de novo lançar-me na quermesse:*
> *– Saltimbanco, que a feira toda arrases!*[31]

E valerá não omitir a circunstância de que António Ferro, editor do órgão literário inaugural do modernismo (conquanto por conhecidos motivos de inimputabilidade

---

[27] *Id.*: *Escala*, in *Poemas Completos*, ed. cit., p. 101.

[28] F. Pessoa: *Aforismos e fragmentos sobre a arte* (21), in *Páginas de Estética*, ed. cit., p. 31.

[29] Ricardo Reis: [Poesia] *22*, in *Poesia*, ed. cit., p. 51.

[30] E. Lourenço: *«Presença» ou a Contra-Revolução do Modernismo Português*, in *Tempo e Poesia*, ed. Relógio d'Água, Lisboa 1987, p. 160; cf. ainda *id.*: *«Orfeu» ou a Poesia como Realidade*, in *Tempo e Poesia*, ed. cit., p. 51).

[31] M. Sá-Carneiro: *Escala*, in *Poemas Completos*, ed. cit., p. 102.

jurídica, sendo então menor de 21 anos de idade), que a si mesmo se considerava «um funâmbulo de circos e de feiras»[32], ainda fazia ecoar tardiamente o grito dessa indigestão colectiva a que deu voz num manifesto insolente, ao seu gosto pessoal:

A MULTIDÃO
Doidos varridos, doidos varridos...[33]

Ora, exorcizando o louco (condição, afinal, de libertação poética), o artista alcançou reconhecer-se... simplesmente artista: a partir da intimidade de si (e é certo que, na época, o discurso estético acompanhou a tendência aberta, ainda no século anterior, por Kierkegaard para uma hipostasia de um sujeito íntimo, que igualmente se abriu tanto a uma racionalidade sistemática como a uma eticidade empenhada[34]), o *arlequim* dançou em torno dessa *cruz na encruzilhada*. A sua arte tornou-se a mais segura realidade (optimisticamente «Eu – a estátua 'que nunca tombará'...» a que se alcandorou Sá-Carneiro[35]), essa que a Almada Negreiros coube definir como prefácio ao *ser* do sujeito de figuração estética enquanto poeta *único* - por antítese a «um Único Poeta»[36]. E de um traço, apenas, fê-lo assim, fora de qualquer metáfora:

A Realidade somos nós. Nem mais nem menos.[37]

•

Resumo – A despeito de algumas restrições importantes nas relações teóricas entre o positivismo e o republicanismo português, numa reconfiguração política que seguiu essencialmente a via heterodoxa de Littré (sob o paradigma da harmonização por este estabelecida entre Revolução e Positivismo em vista Do estabelecimento de Terceira República francesa) – pode subscrever-se, de um modo geral, que a revolução republicana de 1910 tenha sido filha do pensamento positivista e culminou a vaga de euforia cientista da última metade do século anterior. É conhecida (e foi, aliás, motivo de demonstração de inegável influência sócio-política) a plêiade de cientistas a publicistas portugueses alinhados com as ideias de Comte e seus discípulos e, simultaneamente, empenhados na mudança de regime político.

Não se trata aqui, porém, de recuperar ou actualizar qualquer genealogia da influência do legado positivista nos ideais republicanos, nem tão pouco estabelecer os modos da decifração filosófica e sociológica das fontes de inspiração, mas estritamente avaliar como, entre outros motivos de interesse, a mentalidade cientista da República vitoriosa, no limiar da crise de valores culturais, votou à marginalidade uma minoria de artistas que, opondo-se aos ideais regeneradores ou a eles alheios, radicalizaram a subjectividade e conferiram um valor ôntico à realidade individual como profundo eu artístico... Como, contrariando o cientismo biológico-social que pretensamente ordenaria a orgânica da sociedade e a sua normal reprodução e como, possuidores de imenso génio, tais artistas exorcizaram a sua marginalidade em Arte.

Neste sentido, trata-se, quando muito, de actualizar a genealogia do campo das referências polémicas com os fundamentos doutrinários republicanos aberta pelos poetas de orpheu...e tudo.

---

[32] A. Ferro: *Prefácio* a *Teoria da Indiferença*, in *Intervenção Modernista*, Obras de António Ferro, vol. 1, ed. Verbo, Barcelos 1987, p, 19.

[33] A. Ferro: *Nós*, ed. cit., p. 151.

[34] Ver o que, a respeito dos discursos filosófico e ético, pude adiantar em *A República e a Elite* Seareira, *cit.*

[35] M. Sá-Carneiro, *Sete canções de declínio*, in *Poemas Completos*, ed. cit., p. 112.

[36] Almada Negreiros: *Prefácio ao livro de qualquer poeta*, in *Poesia*, ed. cit., p. 35.

[37] *Id., ibid.*, p. 36.

Abstract – Despite some important restrictions in the theoretical relations between positivism and Portuguese republicanism, it is possible to consider that 1910 republican revolution had its origins in positivist thought and culminated the wave of scientist euphoria in the second half of the previous century. This political reconfiguration essentially followed the harmonization between Revolution and Positivism established by Littré (having the Establishment of the Third French Republic in mind). The vast group of Portuguese scientists and publicists that followed Comte and his disciples' ideas, and were simultaneously interested in changing the political regime, is well known today (and their undeniable socio-political influence has been demonstrated).

However, the lecture does not aim at recovering or bringing the genealogy of positivist influence on republican ideals up-to-date. Neither does it aim at understanding the way this group philosophically and sociologically interpreted their sources of inspiration. The objective is rather to analyse how the scientist mentality of the victorious Republic (on the threshold of a crisis of cultural values) marginalized a minority of artists that, opposing the regenerating ideals, radicalised subjectivity and attributed an ontical value to individual reality as artistic I... How these artists exorcized their marginality in terms of Art with their immense genius, contradicting biological-social scientism that allegedly ordered society and its normal reproduction.

It is at best an attempt to bring the genealogy of polemic references opened by the poets of Orpheu up-to-date with republican doctrinal foundations.

Vítor Albuquerque Freire
Hospital Miguel Bombarda, Lisboa, Portugal

MIGUEL BOMBARDA: A FUNÇÃO E A FORMA EM ARQUITECTURA

O Pavilhão de Segurança do Hospital Miguel Bombarda constitui um edifício de excepcional valor arquitectónico e histórico. Essa qualidade foi recentemente reconhecida pelo IPPAR (Instituto Português do Património Arquitectónico) ao considerá-lo «imóvel em vias de classificação», passo decisivo no caminho exigido até à classificação definitiva, que se espera publicada a breve trecho – juntamente com a classificação do Balneário, de 1853, a primeira construção do país para tratamento psiquiátrico. A iniciativa da candidatura partiu do próprio Hospital, apoiada em estudo histórico circunstanciado. Esta conferência assenta na pesquisa efectuada para esse estudo[1] mas acrescenta outros elementos e perspectivas, fruto de recente investigação.

O edifício, onde funcionou a 8ª Enfermaria até Outubro de 2000, deverá ser objecto de obras de conservação e restauro, e em boa hora o Conselho de Administração do Hospital decidiu ainda a instalação de uma Enfermaria-Museu nesse espaço, preservando a sua identidade específica e abrindo o Pavilhão de Segurança ao estudo e fruição do público, enquanto vivência da arquitectura-arte.

A Lei Sena, de 4 de Julho de 1889, que instaurou as bases da assistência psiquiátrica em Portugal, estipulava a abertura de enfermarias especiais no então designado Hospital de Rilhafoles para «recolher e tratar» os «alienados criminosos». E o Prof. Miguel Bombarda, pouco depois de tomar posse em 1892 como director do hospital, consegue ver aprovada a construção de um edifício destinado a esses doentes, geralmente transferidos da Penitenciária Central de Lisboa. São loucos perigosos, capazes de assassinarem guardas ou tentarem uma evasão, individualmente ou em grupo, refere Bombarda, justificando o edifício, que garantiria a separação desses doentes criminosos dos outros doentes e o controle eficaz da sua reclusão.

O projecto é realizado em 1892, autorizada a obra em Março de 1893 e iniciada a construção neste ano, prolongando-se até 1896, quando a enfermaria entrou em funcionamento. Miguel Bombarda no relatório «O Hospital de Rilhafolles e seus serviços em 1892 e 1893», documento brilhante de estratégia hospitalar, descreve

---

[1] Freire, Vítor de Albuquerque, *Candidatura a Imóvel Classificado. Balneário (1853) e Pavilhão de Segurança - 8ª Enfermaria (1896). Memória Justificativa*, Lisboa, Hospital Miguel Bombarda, 1999, (policopiado).

com algum destaque o projecto do Pavilhão de Segurança, comprovando a atenção que lhe dedicou.[2]

Mais tarde o Prof. Sobral Cid, ao avaliar a acção de Bombarda em Rilhafoles, julgaria o Pavilhão de Segurança «talvez a menos feliz das suas criações».[3] O anátema do asilo psiquiátrico-cárcere persistia e o edifício, quase maldito, seria geralmente olhado como um excesso incómodo. No entanto, ele foi consequência do mesmo espírito de rigor do homem que entre 1892 e 1910 promoveu um regime menos traumático para os doentes mentais em Rilhafoles, ao eliminar as cadeiras fortes, ao interditar os abusos do pessoal ou ao beneficiar substancialmente as condições de conforto.[4]

Porventura, só uma figura com a coragem e a frontalidade de um Miguel Bombarda poderia ter assumido sem complexos a paternidade de uma prisão-enfermaria, aliás decorrente da legislação penal. A ele se devem o edifício e sem dúvida muitos dos requisitos transmitidos ao arquitecto. Que não se estranhe portanto vermos o seu nome ligado já não à medicina, ao debate social e filosófico, à acção política, ou mesmo à direcção de hospitais, mas a uma disciplina de saber e arte como é a arquitectura, também dependente da sociedade e das mentalidades.

O Pavilhão de Segurança compõe-se de um Corpo Circular com pátio interior, o espaço de reclusão, e de um Corpo Rectangular, espaço de enfermagem, de apoio e de entrada, como se pode observar na planta publicada por Bombarda em 1894. O Corpo Circular é constituido por 20 Células individuais e por 6 Dormitórios de 2/3 camas, com modulação equivalente a duas Células, perfazendo uma lotação de 32/38 camas. Ladeando o vasto pátio, sobressaindo do círculo em implantação rectangular, situa-se à esquerda o Refeitório e, simetricamente, à direita, a Sala de Reunião. Do lado oposto à entrada e integrando o círculo situa-se a zona de higiene pessoal: a Casa de Banhos, a Retrete e o Lavatório.

O Corpo Circular possui estreitas e altas janelas gradeadas, ou melhor, frestas, e só dispõe de um ponto de comunicação com o exterior, através de um portão de ferro, na intersecção da parede circular interna e de uma passagem coberta, que estabelece ligação com o Corpo Rectangular, onde por sua vez se localiza a única porta de entrada de todo o conjunto. A planimetria em círculo e o acentuado geometrismo logo sugerem uma ideia geral de racionalidade aplicada ao edifício.

Tanto os vãos das portas como os bancos do bloco circular de reclusão são arredondados, desprovidos de arestas e vértices, cumprindo a finalidade, ou função, de evitar contusões em doentes agitados. No centro do pátio, segundo a planta e a descrição de Bombarda de 1894, antes de o edifício ser concluido, previa-se um «kiosque com foco calorífico», «destinado a abrigo do velante, que daí facilmente inspecciona o pavilhão inteiro».[5] O projecto de 1892 e as peças desenhadas datadas de 1894, por

---

[2] Bombarda, Miguel, *O Hospital de Rilhafolles e os seus serviços em 1892-1893*, Lisboa, Medicina Contemporânea, 1894, pp. 12 e 13.

[3] Cid, Sobral, *O Professor Miguel Bombarda. A sua carreira e a sua obra de alienista*, Lisboa, Faculdade de Medicina de Lisboa, 1925, p. 9.

[4] Sobre o período da direcção de Miguel Bombarda em Rilhafoles veja-se também Oliveira, J. F. Reis de, *Rilhafolles e a Acção do Professor Miguel Bombarda*, Lisboa, Hospital Miguel Bombarda, 1983.

[5] In Bombarda, Miguel, *Ob. Cit.*, p. 13.

nós descobertas no decorrer da investigação, também previam uma torre de vigilância octogonal, de ferro e vidro, aí denominada «miradouro». O que nos remete para os modelos arquitecturais panópticos adoptados sobretudo em edifícios prisionais.

Formas concebidas para se ajustarem a finalidades bem específicas, sistemas de disposição dos espaços para permitir a vigilância, edifícios símbolos de racionalidade. Importa alargarmos um pouco a análise para melhor entendermos o Pavilhão de Segurança.

Os conceitos de «forma» e de «função» percorreram grandes debates da arquitectura e quase sempre subjazem a toda a criação arquitectónica. É um lugar comum um tanto simplista, mas uma verdade sempre actual, dizer-se que uma boa arquitectura é aquela que alia a beleza à utilidade, e que sem um destes requisitos a arte de edificar será medíocre. Um edifício pode possuir uma forma bela e inovadora mas não servir a função para que foi construido. E o inverso também sucede: um edifício pode ser funcional mas esteticamente desagradável.

As escolas funcionalistas que se desenvolveram no século XIX pugnaram pelo desiderato de a arquitectura se adequar por um lado às novas necessidades humanas decorrentes da revolução industrial, e por outro, à rápida evolução das técnicas construtivas, inventando novos estilos e libertando-se das amarras do classicismo e do historicismo dominantes. Um dos mais famosos princípios funcionalistas foi enunciado precisamente na última década desse século – a época de Miguel Bombarda, a época do Pavilhão de Segurança – em 1895-1896, pelo arquitecto norte-americano Louis Sullivan (1856-1924), um pioneiro da Arte Nova e da construção de arranha-céus.

Dissertando sobre os edifícios que projectava, considerou Sullivan, algo influenciado pelas teorias de evolução e transformação das espécies, que assim como na natureza também na arquitectura a forma segue a função. Tal como as formas dos animais e das plantas surgiram das funções inerentes à sua vida, também tendencialmente, não de modo mecânico, a arquitectura encontraria novas formas adequadas ao aparecimento das novas funções. A «forma segue a função», ou, «a função gera a forma», dizia Louis Sullivan, afirmação que iria suscitar discussões teóricas por muitos anos.[6]

Além dos recentes materiais e técnicas, posteriormente seriam englobadas no conceito de função outras finalidades, como a simbologia pretendida e até mesmo a beleza. Um princípio de múltiplos significados e ilações, explicando quer as formas gerais e a organização dos espaços, quer a génese das linguagens formais e dos estilos, como as do modernismo. Um princípio por vezes redutor, no entanto fundamental para «pensar a arquitectura».

Noutra época de viragem, do iluminismo, da revolução industrial inglesa, das revoluções americana e francesa, os ideais racionalistas e reformadores encontram eco na arquitectura. O círculo será entendido por alguns como a forma absolutamente perfeita, expressão e símbolo da razão e da ciência: elaboram-se projectos circulares que todavia não seriam construidos, como o hospital circular de Paris (1785), de Poyet, ou o fantástico cenotáfio esférico para Newton (c. 1784), de Boullée.

---

[6] Sobre Louis Sullivan veja-se, nomeadamente: Frazier, Nancy, *Louis Sullivan and the Chicago School*, Nova York, Crescent Books, 1991; Chaitkin, William, «Louis Sullivan», in *Art Nouveau Architecture*, Dir. Frank Russell, Nova Iorque, Arch Cape Press, 1986, pp. 265-273.

E Jeremy Bentham (1748-1832), jurista e filósofo reformador inglês, arquitecto utópico, concebe a partir de 1786 o sistema panóptico, um modelo complexo de prisão circular, o «Panopticon», literalmente «visão total», designado igualmente de «casa de inspecção». As celas implantavam-se junto à parede circular externa em 4 ou 6 andares, eram providas de portas gradeadas para que o recluso fosse visto, e o conjunto dava para um espaço central coberto onde se situavam a capela e galerias circulares de inspecção,[7] ou mais tarde uma torre central. Movimentando-se nas galerias de inspecção, ocultadas por cortinados ou estores, o vigilante inspeccionava as dezenas de celas e a actividade dos reclusos no seu interior, mas sem ser visto por estes. Deste modo, a forma circular optimizava a função vigilância. Visava-se também o conforto do recluso, pois cada cela dispunha de sanitários e, antecipando as futuras tecnologias, devia dispor de condicionamento de ar através de condutas de aquecimento e de ventilação. O «Panopticon» seria uma máquina de vigiar, mas ainda uma máquina para regenerar os comportamentos, acompanhados pela permanente observação.

Nenhum projecto de Bentham foi concretizado mas o sistema inspirou principalmente a arquitectura prisional, embora os edifícios circulares fossem raros. Mencione-se a penitenciária da Pensilvânia, de 1826, demolida em 1833. Mais tarde as penitenciárias de Dinant, na Bélgica, e a de Arnhem, na Holanda, de 1884, esta com 200 celas em 4 andares e um recinto coberto de 45 metros de diâmetro. A última, e que levava ao extremo o sistema, a penitenciária de Statesville, Illinois, E.U.A., em actividade desde 1919, com 4 enormes pavilhões, cada um dispondo de torre de inspecção ao centro. As prisões panópticas, nas suas variantes, foram sendo sucessivamente desaprovadas pelas autoridades e pela opinião pública: barulhentas e escuras, sem privacidade, e mesmo desumanas e medonhas.[8] Em suma, um modelo impraticável. O sistema seria depois interpretado ao limite por Michel Foucault como um laboratório polivalente para a amplificação do poder,[9] num texto célebre e preocupante.

O panóptico evoluiu para a planta radial, ou sistema John de Havilland, em que diversos corpos rectangulares se distribuiam a partir de um ponto central, facilitando o controle e as circulações – disposição panóptica dos blocos radialmente distribuidos. Bernardino António Gomes (1806-1877), clínico eminente e activo defensor da criação de hospitais para alienados em Portugal, visitou um asilo psiquiátrico desse tipo em Glasgow, referido na obra dedicada a essas instituições publicada em 1844, quatro anos antes da fundação do Hospital de Rilhafoles.[10] No país é exemplo desse sistema a modelar penitenciária de Lisboa (1874-1885), com as suas 568 celas, da autoria do Eng. Ricardo Júlio Ferraz[11].

---

[7] O «Panopticon» é frequentemente referido mas nem sempre com exactidão. Veja-se o projecto legendado de Bentham, de 1791, publicado em Bergdoll, Barry, *European Architecture, 1750-1890*, Londres, Oxford University Press, 2000, p. 94.

[8] Fairweather, Leslie «The evolution of the prison», in *Prison Architecture*, United Nations Social Defense Institute, dirigido por Giuseppe di Gennaro, Londres, Architectural Press, s.d., pp. 29 e 30.

[9] Foucault, Michel, *Vigiar e Punir*, trad. da 1º edição francesa de 1975, Petrópolis, Editora Vozes, 1997, pp. 162-172.

[10] Gomes, Bernardino António, *Dos Estabelecimentos de Alienados nos Estados Principais da Europa*, Lisboa, 1844, pp. 100 e 102.

[11] Lima, Rodrigues, *Arquitectura Prisional*, Lisboa, s.d., pp. 19-21.

Associa-se o panóptico à arquitectura prisional mas Bentham propunha o «Panopticon» para todas as instituições onde a observação das pessoas fosse relevante: lares para pobres, órfãos e cegos; prisões, casas de correção, asilos psiquiátricos, hospitais, fábricas, escolas e infantários.[12] O hospital de Anvers, um dos primeiros a aplicar o panóptico, no século XIX, dispunha de enfermarias circulares de pisos sobrepostos, com 18 camas ao redor, localizando-se ao centro o posto de enfermagem.[13] Actualmente em alguns hospitais há serviços que têm forma idêntica, por requererem visualização constante dos doentes, como as UCI, Unidades de Cuidados Intensivos, usualmente de 4 a 10 camas.

Retomemos a nossa leitura interpretativa do Pavilhão de Segurança. O Corpo Rectangular desdobra-se em 5 salas e 2 átrios: um primeiro átrio de entrada, um segundo átrio maior, com acesso às salas de apoio e que Bombarda também destinava a sala de visitas, e em frente, sempre em linha axial desde a porta de entrada, o corredor-passagem que termina no portão de ferro fundido, único acesso ao espaço de reclusão. O elevado pé-direito e abundantes 14 janelas seguem as normas de arejamento prevalecentes na arquitectura hospitalar da segunda metade do século XIX.[14] No seu todo a arquitectura do Corpo Rectangular é vulgar, de cunho neo-clássico, simples mas digna.

Transpondo o portão de ferro entra-se directamente para o pátio, por onde se estabelecem todas as comunicações do Corpo Circular. O efeito surpresa é assinalável, em todos os visitantes: um pátio quase praça de 32 metros de diâmetro, uma tranquilidade de um mundo àparte, uma doce zona verde com diversas árvores cercada por alta parede de quase 6 metros, à volta um passeio, fortes portas prisionais numeradas, no seu intervalo bancos de estar, protegidos por um alpendre.

No centro do pátio-jardim encontra-se hoje um pequeno e improvisado lago, talvez dos anos 60. Documentos fotográficos revelam a coexistência desse lago com uma horta cultivada pelos doentes, onde agora estão relva e árvores. Uma interessante fotografia aérea de 1948 mostra um ordenado jardim concêntrico, provavelmente arranjado aquando das comemorações do 1º centenário do hospital. Teria sido erguido o Quiosque ou torre de inspecção no centro do recinto, previsto na planta e no texto publicados por Bombarda em 1894? Durante muitos anos duvidou-se no hospital da sua construção apesar de se contarem estórias de guardas armados, numa guarita do pátio ou movendo-se pelo topo do telhado ...

Uma fotografia publicada em 1899[15] que a investigadora Luíza Villarinho Pereira prestimosamente nos deu a conhecer, vem provar que esse Quiosque integrava o edifício inicial. Ao que tudo indica de ferro e vidro, octogonal, com 7 janelas e porta, e base em alvenaria à qual se acedia por 3 degraus. Semelhante aos quiosques disseminados por Lisboa, embora sem cúpula, de janelas quadrangulares e talvez menos decorado. Não conseguimos determinar quando terá sido demolido nem os motivos invocados.

---

[12] McKean, John Maule «The First Industrial Age», in *Architecture of the Western World*, Dir. Michael Raeburn, Londres, Orbis Publishing, 1980, p. 203.

[13] Bridgman, R. F., *L'Hopital et la Cité*, Paris, Editions du Cosmos, 1963, p. 130.

[14] No final do século XIX Costa Simões publicou em Portugal uma obra dedicada às recentes tendências da arquitectura hospitalar: Simões, A. A. de Costa, *Construções Hospitalares (Noções Gerais e Projectos), com referência aos Hospitaes da Universidade*, Coimbra, Imprensa da Universidade, 1890.

[15] *Brasil Portugal*, ano I, nº 20, 16 de Novembro de 1899, Lisboa, p. 5.

A existência desta torre vem confirmar a influência do sistema panóptico na concepção geral do Pavilhão de Segurança.[16] Mas estamos perante uma influência parcial ou perante um panóptico suavizado ou mitigado, provavelmente condicionado por razões clínicas, e até submetido a características do país: o pátio coberto é aqui uma praça ao ar livre, com bancos de estar junto à porta das células, traduzindo a cultura, modo de habitar e clima nacionais; o edifício é de um só piso; as portas são de madeira e não gradeadas, proporcionando privacidade aos doentes.

A praça deve corresponder às ideias de Miguel Bombarda sobre a necessidade de os doentes passearem diariamente ao ar livre: por um lado os espaços abertos beneficiavam o seu estado mental, por outro, enquanto os doentes passeavam, as enfermarias eram «ventiladas», prevenindo-se a propagação de doenças transmissíveis (cuja cura se desconhecia), de modo a diminuir a elevada mortalidade.[17] Para o que instituiu em Rilhafoles as «alamedas de passeio», arborizadas e com dois enormes telheiros de madeira e telha, um dos quais, com 40 m de extensão e 8,5 m de altura, e que ainda se conserva, era protegido no inverno a três faces por grandes telas alcatroadas.[18] E talvez Bombarda seguisse Esquirol, o grande alienista francês, que havia aconselhado edifícios de piso único para os asilos psiquiátricos.

No entanto, a opção pela forma circular, expressão de racionalidade absoluta e ideal, e aqui cumprindo igualmente uma função simbólica a par da função vigilância, deve ter constituido um atractivo para o Prof. Miguel Bombarda, homem de ciência num tempo em que a ciência parecia tudo vencer, mas além disso um fervoroso materialista radical, adepto de uma sociedade perfeita e liberta do obscurantismo, tido como o maior dos males. O edifício reflecte assim o pensamento de Bombarda, não só clínico como até social.

Em resultado, o Pavilhão dos «alienados criminosos» afastou-se da máquina panóptica de Bentham. As células e os dormitórios são como que pequenas casas térreas, do campo ou das aldeias do sul, aqui dispostas em círculo, fechando uma praça. E o edifício é muito estreito, quase um anel, é mais praça que edifício. José Manuel Fernandes lembrará as parecenças entre a tipologia do Pavilhão e a do claustro circular do Convento da Serra do Pilar, térreo e com galeria coberta ao redor.[19] Podemos também estabelecer comparação com a totalmente racional, lisa, e circular Torre-Farol do Bugio, na barra de Lisboa (finais séc. XVI – meados séc. XVIII),[20] dispondo de

---

[16] Numa comunicação sobre o panóptico, associado ao Pavilhão de Segurança (a primeira reflexão que conhecemos sobre o edifício), Conceição Trigueiros considerou que este representa «o casamento entre o panóptico e uma ideia de arquitectura mediterrânica» e considera a influência de Esquirol, que defendia asilos psiquiátrico de um só piso. Trigueiros, Conceição, *8ª Enfermaria e plano panóptico: o espaço geométrico ou o sistema da utopia*, Comunicação nas Jornadas de Psiquiatria Forense, Lisboa, 1997, (policopiado), pp. 5 e 6.

[17] Bombarda, Miguel, *Ob. Cit.*, p. 28.

[18] Idem, *Ibidem*, p.13.

[19] Fernandes, José Manuel, «Miguel Bombarda», *Expresso*, Lisboa, 2 de Setembro de 2000, Revista, secção Qualidade de Vida, Arquitectura, Lisboa, p. 73.

[20] A planta de 1797 foi publicada em *A Engenharia Militar e a Construção, 350 anos*, Catálogo da Exposição, Lisboa, Regimento de Engenharia nº 1, 1997, p. 26.

pátio interior e de uma estreita torre cilíndrica no centro deste, redonda para resistir à artilharia e ao mar, e com visão do centro para o horizonte e do horizonte para o centro, uma «visão total» sobre as águas.

Inicialmente o pátio-praça era um seco terreiro, como demonstra a fotografia de 1899, sem qualquer ajardinamento e de aspecto desolador. A ambiência desse recinto circular, com o omnipresente Quiosque, seria decerto opressivo, bem diferente da serenidade depois proporcionada pelo jardim. Os utilizadores – ainda em tempo de Miguel Bombarda ? – transformaram aqui a concepção original, em proveito da humanização, e afastando-se ainda mais dos modelos panópticos. Talvez a função definida se revelasse afinal errada ou mesmo irrealista, ou talvez a forma escolhida não servisse a função: de dia a maioria dos doentes-reclusos deambularia pelo pátio e o vigilante no Quiosque só observava o recinto e não os doentes em celas ou nos sanitários, de noite a maioria ou todas as portas estavam fechadas pelo exterior.

Os bancos arredondados, sem arestas e vértices, para evitar que os doentes agitados se ferissem, ou mesmo o pessoal de enfermagem e auxiliar, bordejam toda a parede circular interna, entre todas as portas. Evidenciam belo desenho inovador, maciço mas elegante. Os registos fotográficos revelam que a pintura da sua base, a azul, é recente, nos anos 70 era caiada a branco e anteriormente não era pintada. Encontram-se bancos de alvenaria ou de cantaria à porta de casas populares do campo, em especial em zonas do Ribatejo, curiosamente alguns pintados a azul.[21]

Não constam do projecto mas devem fazer parte da construção original pois são detectáveis na fotografia de 1899. Foram construidos num material inventado no século xix, cimento misturado com areia e gravilha, o betão, diverso do betão armado com ferro que só se generalizará no século xx.[22] É um betão não rebocado, designado depois betão aparente, aqui alisado e possivelmente moldado, a revestir uma estrutura de cantaria. São soluções construtivas que será justo classificarmos de avançadas, num tempo em que o betão era encarado como um material não nobre, que até devia ser disfarçado. Só este material possibilitou e induziu a suave curvatura vanguardista do desenho dos bancos: o betão, enquanto «função», gerou uma nova «forma» de bom nível estético, a arquitectura adequou-se à época.

O Alpendre circular de ferro e zinco, pelos seus materiais é comum nas últimas décadas do século, muito empregue na Arquitectura do Ferro. Mas devia servir outras funções, além de abrigar do sol e da chuva. Explica-o assim Miguel Bombarda em 1894: «Na fachada da construção circular que deita para o pátio central implanta-se a grande altura um alpendre, não apoiado em colunas, mas sustentado por cima, de modo a torná-lo inacessível aos doentes».[23]

A cobertura de zinco assenta em 3 vigas circulares de ferro que rodeiam todo o pátio, a primeira das quais uma viga de maior secção suportada por 51 cachorros, e as outras duas, de estrutura em cinta, suspensas cada uma por 48 traves estreitas de ferro, soldadas à parede. Uma bela forma, e engenhosamente ajustada à função. E que

---

[21] Moutinho, Mário, *A Arquitectura Popular Portuguesa*, Lisboa, Estampa, 1979, p. 165.

[22] Sobre o processo de invenção e utilização do betão armado veja-se Ragon, Michel, *Histoire Mondiale de L'Architecture et de L'Urbanisme Modernes*, Paris, Casterman, 1972, T I, pp. 195-203.

[23] In Bombarda, Miguel, *Ob. Cit.*, p. 13.

no diálogo com a superfície da parede, ou com o passeio, proporciona um envolvente jogo de linhas curvas, particularmente em evidência quando caminhamos no recinto – a arquitectura é arte tridimensional e de movimento. Atente-se que só a exacta inclinação da cobertura cortaria visualmente a excessiva e até claustrofóbica altura do cilindro que é a parede circular interna, e, simultâneamente, dificultaria a evasão dos doentes-reclusos. E só um alpendre leve como este, e não outro, nomeadamente de madeira e telha, deixaria harmoniosamente perceber a forma circular predominante e a marcante traça das portas e dos bancos. Refira-se ainda que a sua forma, tão só estrutural, limpa de decoração, sugere o actual emprego de materiais análogos em arquitecturas africanas e australianas.

As Células – diríamos celas, mas Bombarda denomina-as «células de isolamento» – e os Dormitórios exibem detalhes notáveis, ditados por objectivos de rigorosa segurança ou mesmo de higiene. Em todas elas, assim como nas outras salas deste Corpo, as paredes divisórias são de espessura variável, aumentando da parede circular interna para a parede exterior, como é explicitado na planta. O que confere maior regularidade e ordem aos interiores (de 3,4 × 2,0 × 3,5 m), evitando paredes não paralelas, para lá de reforçar a estabilidade construtiva. O edifício-anel é pois um somatório de espaços-rectângulos, outra solução hábil e criativa, invulgar em plantas circulares.

O arredondamento dos vãos das portas é pronunciado e termina na moldura de cantaria, prevenindo contusões, como atrás dissémos, e talvez ainda com os objectivos de permitir a visualização dos doentes junto ao vão e de conferir à parede maior resistência ao choque. As fortes portas de madeira estão providas de: óculo circular para inspecção do interior, de grosso vidro; tranca de ferro com fechadura universal pelo exterior; fecho de reforço na parte inferior. A maioria das portas das Células possuem também uma portinhola para entrada de alimentos, com fechadura externa, posteriormente selada. Na parede, sobre cada uma das portas, uma fresta oval de ventilação, do lado oposto à fresta rectangular para o exterior, o que permitia o ar correr quando a porta estivesse fechada. Todas as portas, tanto das células como das outras salas que dão para o pátio-praça, são numeradas ou identificadas, contrariando parcialmente a perca do sentido de orientação que os edifícios círculares provocam.

Os pavimentos não são horizontais mas apresentam ligeiro declive, do fundo até à porta, e das paredes laterais para o centro, de modo a facilitar o escoamento da água das frequentes lavagens. Também no interior os vãos das portas são arredondados, de modo a evitar contusões, mas ainda alargando o campo de visão a partir do óculo, ou quando a porta fosse aberta – todas as portas abrem para fora, note-se. Provavelmente a iluminação eléctrica foi instalada após a construção, pois detectam-se vestígios de roços. O projecto inicial não a contempla e os documentos fotográficos são neste aspecto inconclusivos. A lâmpada foi colocada na fresta oval, protegida do interior por uma grade de chapa, e o interruptor instalado do lado de fora, junto à porta, dentro de uma pequena caixa de ferro embutida na parede, com fecho na tampa.

O Refeitório e a Sala de Reunião, diametralmente opostas em relação ao círculo, dispõem de altas janelas gradeadas nas três paredes dando para o exterior, exibindo risco inovador de equilibrada contenção, com arco abatido no vão superior. Estas salas dispõem ainda de iluminação zenital através de lanternim de madeira e vidro, que se eleva desde o centro de um tecto horizontal, suportado por vigas de madeira, o que confere a estas salas uma atmosfera calma e recolhida.

A Sala de Reunião possui um banco corrido junto às quatro paredes, de desenho arredondado idêntico aos do pátio. E, surpreendentemente, rodeando a sala, acima dos bancos, silhares de azulejos do século XVIII, ou XVII, enobrecendo e humanizando o espaço, de efeito agradável e original, mas dissonante. Azulejos de outro século não se coadunam com o traçado da sala, ao primeiro olhar crítico. Observação mais atenta esclarece que os azulejos, antigos, de diferentes tipos e provenientes de outro local, foram colocados segundo uma concepção diversa da usual. As figuras barrocas dos «putti» estão inseridas a intervalos regulares chocantemente no seio da repetição do padrão e até se sobrepondo à moldura: tal efeito só poderia ser proposital, uma vez que toda a seriação é inteiramente simétrica e cuidada. Trata-se sem dúvida de uma «colagem» em gesto «livre», e porventura ecléctico, face a essa arte decorativa da tradição portuguesa, uma desconstrução intencional da ortodoxia.

Da Casa de Banhos, Retrete e Lavatório, só esta última mantém os equipamentos iniciais. Da primeira restaram duas banheiras em pedra única, depois postas no pátio em jeito de floreiras. O Lavatório possui duas tinas laterais e todas as superfícies até meia altura encontram-se revestidas a azulejos do século XVIII.

De salientar a grande solidez de toda a construção do Corpo Circular, com as suas grossas paredes de alvenaria de cerca de 60 cm de espessura na parede circular interna e 90 cm na parede externa, aspecto realçado por Miguel Bombarda em 1894. Além de aumentar a segurança prisional, o objectivo seria a incombustibilidade do edifício, apontado explicitamente no projecto de 1892, que também indicava serem os tectos das células e dormitórios em abobadilha de ferro e tijolo e não em fasquiado. A parede circular que rodeia o pátio foi concebida com altura bastante superior à parede circular externa, de modo a impedir a fuga dos doentes-reclusos, e possibilitou a configuração de um telhado circular de uma só água. É outra solução criativa, exemplo de como a função gerou a forma.

As formas arredondadas que observamos no pátio do Corpo Circular estão presentes também no seu exterior. As frestas rectangulares têm os vãos sem aresta ainda mais pronunciados que os das portas, embora não para evitar contusões, que a este local os doentes não acediam. Cumpriria essa forma a função de melhor fazer penetrar a luz? Certamente, mas se fosse só essa a razão o corte na parede seria em diagonal.

Torna-se evidente que o arredondamento das arestas, quase preponderante e até obcessivo no pátio, é transportado para o exterior do edifício, surgindo claramente autonomizado em linguagem formal e já não sómente adequado à função. Devido ao elevado número de frestas toda esta «maneira» marca a feição exterior do Corpo Circular, e estende-se ainda ao arredondamento, também intencionalmente estético, dos 10 contrafortes que reforçam a parede exterior, e ao arredondamento das janelas exteriores do Refeitório e da Sala de Reunião, cuja horizontalidade anti-clássica, definida por sucessivos arcos abatidos no vão superior, é igualmente de destacar. Essa «maneira» nova e vanguardista, ou mesmo futurista, de intensa plasticidade, tanto no pátio como no exterior do edifício, ilustra o significado do princípio de Louis Sullivan relativo à génese dos estilos em arquitectura: além de formas belas e adequadas à função, além de uma tipologia original gerada pela função, no Pavilhão de Segurança a função gerou uma nova linguagem formal.

Esta inédita e radical linguagem das formas arredondadas e sem aresta, da qual não descortinamos paralelo internacional, em sábia conjugação com as curvas da parede, do alpendre, do passeio, numa fachada circular interna sem telhado visível e sem platibanda demarcada, quase assume a modernidade dos anos 20 e 30 do século xx. É uma clara ruptura face ao gosto e cânones neo-clássicos e historicistas do tempo, e que em termos de atitude e de transgressão de estilo é lícito integrarmos no então nascente movimento Arte Nova (c.1893 - c.1908), embora a plasticidade concreta desta linguagem, que não obteve continuidade e desenvolvimento em anos subsequentes (como a história da arte mostra relativamente a muitas obras), esteja mais próxima da Arquitectura Moderna.

Se as linhas curvas dos bancos (ou mesmo as frestas ovais e os arcos abatidos das janelas) encontram similitude com a assimetria, fluidez e elegância dos códigos Arte Nova, já o arredondamento dos vãos de portas, frestas e janelas, amplamente rasgado em linha simétrica de quarto de círculo, exprime certamente racionalidade, antecipando elementos do vocabulário Art Deco na Arquitectura Moderna (p. ex. visíveis no imóvel do «Diário de Notícias», 1936, de Pardal Monteiro), e aproximam-se do arredondamento de saliências do design industrial simbolizando a «estética da máquina», quer das décadas de 20 e 30 do século xx (p. ex. mobiliário Bauhaus de estrutura tubular dobrada em quarto de círculo), quer do «Streamline» dos anos 30 (p. ex., rádios, aspiradores, frigoríficos, mobiliário), inspirado no aerodinamismo mas também com objectivos de eficaz limpeza e durabilidade.

De notar ainda no Corpo Circular uma nítida expressividade própria das construções tradicionais e populares do sul do país, mas transfigurada e modernizada, que se manifesta na robustez da alvenaria, na graciosa severidade das molduras de cantaria e na nudez e textura da cal. Tanto mais relevante quanto muitos autores portugueses mimetizavam vernáculos estrangeiros (p. ex. do norte de França), não aplicando o espírito e novidades da época às referências e funcionalidades nacionais, que até hostilizavam.

No que respeita à composição global o edifício ostenta uma articulação particularmente feliz e acertada de espaços e volumes inteiramente simétricos e lógicos, com a racionalidade de um organismo ou de uma máquina, e harmoniza magistralmente o círculo da implantação, do alpendre ou da praça com a rectangularidade sistemática das portas ou das frestas, ao utilizar o arredondamento de arestas como subtil elemento estético integrador. E tudo isto conseguido com uma simplicidade espantosa de recursos. Por contraste intencional, o Corpo Rectangular, classizante, traduz o antigo gosto, oficial, assim como o Quiosque e o portão de ferro de acesso ao pátio-praça, o que confere ao Pavilhão de Segurança um certo hibridismo estilístico, aliás usual em edifícios de transição ou de ruptura, e diverso do eclectismo.

De realçar a importância do edifício no panorama da arquitectura portuguesa do virar do século até hoje conhecida, que embora pontuada por autores e obras de excelente nível, patenteia muito poucos exemplos de vincada originalidade. E o facto de o Pavilhão de Segurança ter permanecido incompreendido e ignorado durante quase cem anos, não incluído sequer em muitos dos levantamentos da cidade de Lisboa, vem demonstrar a urgência da realização de autênticas pesquisas e inventariações históricas das arquitecturas do século xix e princípios do século xx, que abarquem o país e os sectores assistencial e industrial. Escapando à extensão e propósito desta conferência fica a problemática do arquitecto(s) autor da obra, a questão da funcionalidade real do edifício ao longo dos anos, bem como outras vertentes de análise nem sequer afloradas, de uma investigação que deve prosseguir e ser sujeita a debate.

Este edifício de grande beleza e de mil leituras, contudo, foi durante 104 anos um local de sofrimento e dor, física e sobretudo mental. Local terrível, sobrepondo a prisão e o hospital, e além do mais psiquiátrico. Doentes criminosos agitados, classificados alguns de «furiosos», movidos pelo «delírio da perseguição» e tornados «perseguidores», homens em sofrimento psíquico acentuado, encarcerados e revoltados. Muitas vezes lutavam e resistiam aos enfermeiros e auxiliares que em grupo os tentavam «pegar», para os imobilizar com os coletes de forças ... até à generalização dos psicofármacos nos anos 50 e 60. É um enorme paradoxo para o visitante, intrínseco ao Pavilhão de Segurança e que o torna ainda mais extraordinário: como pode ser belo um espaço de reclusão e dor?

Sob diversas perspectivas o Pavilhão de Segurança apresenta uma singularidade extrema. Único edifício no país, e porventura em termos internacionais, de estrutura em círculo com pátio-praça a descoberto e torre de vigilância, parcialmente inspirado no sistema panóptico mas submetido a características nacionais, é, noutra vertente, representativo da doutrina médico-científica da época e materializa toda uma concepção de estrita racionalidade, não só clínica como social, e quiçá utópica, indissociável do pensamento de Miguel Bombarda.

Exibe vasta diversidade de soluções gerais ou particulares, algumas de grande criatividade e experimentalismo, com recurso a materiais e técnicas de diferentes tipos e idades, correspondendo historicamente a uma precoce ruptura estilística com o classicismo, integrável no movimento Arte Nova. Construção fechada para o exterior mas aberta para o espaço interior, qual pequeno universo concentracionário, perfeitamente simétrica, lógica e de racionalidade absoluta, de formas originais aliando a beleza e a funcionalidade, é também um notável expoente de como, em arquitectura, a «função» é susceptível de gerar a «forma», evidenciado no geometrismo circular, em múltiplas partes e detalhes, ou na linguagem vanguardista das superfícies arredondadas.

•

Resumo – A figura de Miguel Bombarda também ficará ligada à arquitectura. O Pavilhão de Segurança / / 8ª Enfermaria, construído para doentes-reclusos no então denominado Hospital de Rilhafoles durante o período da direcção do Prof. Miguel Bombarda, constitui um edifício de excepcional valor arquitectónico. No seguimento da candidatura e estudo apresentado pelo Hospital, esse valor foi reconhecido recentemente pelo IPPAR que o considerou «imóvel em vias de classificação», aguardando-se uma aprovação definitiva a breve trecho. A conferência, resultado da pesquisa e do estudo efectuados sobre o edifício, destaca a originalidade do Pavilhão de Segurança, mesmo no plano internacional, representando um expoente de como, em arquitectura, uma «função» específica e bem definida é susceptível de gerar (ou de ser servida por) uma «forma» de elevado nível estético. Desde a opção por uma planta circular perfeitamente simétrica e com praça interior, porventura influenciada pela arquitectura prisional panóptica mas com características nacionais, até ao desenho arredondado e sem arestas das superfícies de alvenaria, adequado ao estado dos doentes, é toda uma notável concepção de estrita racionalidade, também clínica e social, que se materializou no edifício.

Abstract – The name of Miguel Bombarda is also linked to architecture. The pavilion of Security / 8th Infirmary, built for sick prisoners in Rilhafoles Hospital during the period when Bombarda was the director, is a building of an exceptional architectonical value. That value was recently recognised by IPPAR, after the application and study presented by the Hospital. It was considered as 'a building about to be classified', and a soon definitive approbation is expected. The lecture is the result of research and study about the building, and it points out its originality, even at an international level. The Pavilion is an exponent of how in architecture a specific and well-defined 'function' may lead to (or be served by) a 'form' of high aesthetical level. A notable conception of strict rationality, which is also clinical and social, took form in the building – from the option of a circular, perfectly symmetrical plan with an interior square (probably influenced by panoptical prison architecture but having also national characteristics) to the rounded drawing with no edges of the masonry surfaces, adequate to the state of the patients.

J. F. Reis de Oliveira
Hospital de Santa Maria, Lisboa, Portugal

MIGUEL BOMBARDA:
REORGANIZADOR E GESTOR DE RILHAFOLES

Quando em 1848 o Duque de Saldanha propõe a transferência imediata dos alienados a viver em condições sub-humanas no Real Hospital de S. José para Rilhafolles, inicia-se, sem dúvida, em Portugal um novo capitulo na assistência aos doentes mentais. Começa então a história do Hospital de Rilhafolles, actual HMB.

Dois anos volvidos, em 1851, Rilhafolles foi dotado de um Regulamento, publicado a 7 de Abril, que irá reger a vida da instituição por largas décadas.

Ainda que fosse reconhecido que o Hospital de Rilhafolles reunia na sua organização e administração interna as necessárias condições de vida própria e independente eram aduzidas razões económicas como justificação da sua dependência em relação a S. José.

O orçamento de receita e despesa figurava no orçamento geral de S. José e anexos. A nomeação de empregados subalternos, o pagamento dos vencimentos, o fornecimento dos medicamentos e um largo etc. eram assegurados pelo Hospital de S. José.

Apesar da dinâmica introduzida em Rilhafolles por Miguel Bombarda e da sua insistência, sempre justificada, para assegurar a autonomia do Hospital, tal só virá a ocorrer em 1945 (Lei 2006). Isto é, trinta e cinco anos após a sua morte.

A última década do séc. XIX veio encontrar Rilhafolles num caos indescritível pouco ou nada se sabendo do período que medeia entre 1872 e a tomada de posse de Miguel Bombarda em 2 de Julho de 1892. Para a direcção do Hospital Rilhafolles, Bombarda fora indicado pelo Conselheiro Dias Ferreira, então presidente do Conselho de Ministros. Era à época médico em S. José onde entre outras actividades respondia pela *Consulta Externa de Doenças Nervosas e Mentaes,* denominada Clínica do Dr. Miguel Bombarda.

A imprensa da época referia-se a Rilhafolles como sendo um antro em que as condições de vida e assistência eram péssimas e a mortalidade elevada.

No entanto nem sempre fora assim já que é justo salientar que Rilhafolles vivera um efémero período de bem estar com Guilherme Abranches em 1866. Este propusera melhoramentos e reformas que passavam pela necessidade de mais dois hospitais e asilos no país, de um novo hospital-modelo nas terras de Rilhafolles e na sua desacumulação entregando às famílias os alienados incuráveis.

Mas o que aqui nos traz é a obra de Miguel Bombarda enquanto gestor e reformador de Rilhafolles. A par da reorganização e melhoria das condições de higiene e de assistência aos doentes, Miguel Bombarda pugnou pela disciplina dos métodos coercivos usados e pela reforma das mentalidade de muitos funcionários.

Miguel Bombarda estava empenhado em acabar com a reputação horrorosa da instituição e como o próprio escreveu na introdução de relatório de 1892/93, «*levantar Rilhafolles a uma altura não sonhada anteriormente*».

Para Rilhafolles transferiu as suas ideias influenciado pelo que no domínio da Psiquiatria se fazia na Europa, particularmente em Alt-Scherbitz, na Alemanha, estimulado pela obra do Dr. Albrecht Paetz.

É particularmente interessante fazer a comparação entre dois relatórios que Bombarda redigiu relativos aos anos de 1892/93 e 1896/97. O primeiro é o de análise da situação encontrada e dos projectos e remodelações a que submeteu todos os serviços logo que passaram à suas mãos. Propunha-se levar a cabo um plano metódico a que chamou «*a reorganização sanitária, nosocomial, disciplinar, policial e administrativa de Rilhafolles*» já que o velho convento se encontrava num estado de indiscritível ruína. O outro relatório é o dos objectivos atingidos e da profunda transformação operada em Rilhafolles não deixando de enaltecer o empenho que o Governo demonstrara pela instituição e que possibilitara as grandes transformações e melhorias. Com orgulho afirmava que das ruínas em que encontrara Rilhafolles não havia memória nem fotográfica e que apesar da singeleza, mesmo pobreza do aspecto do Hospital este não envergonhava. «Via-se que estava ali um estabelecimento do Estado», concluía.

Este relatório relativo ao ano de 1896/97 mereceu louvor real publicado no Diário do Governo de 21 de Fevereiro de 1898 pela proficiência com que estava redigido e pela grande utilidade dos esclarecimento prestados sobre todos os assuntos relativos à vida clínica e económica de Rilhafolles.

Durante os 18 anos em que exerceu a Direcção de Rilhafolles, Miguel Bombarda sempre redigiu os seus relatórios. Alguns, muito detalhados, outros, sobretudo a partir de 1900 extraordinariamente sucintos, resumidos a dados estatísticos. O escrito e o omitido dão-nos a dimensão interventiva em Rilhafolles.

Apreendemos as realizações e compreendemos as frustrações. Pressentimos também que a política o absorvia e entusiasmava.

Dado o conhecimento que Miguel Bombarda tinha do Hospital de Rilhafolles e que vinha dos seus tempos de estudante estava desde logo apto a introduzir as reformas que se afiguravam mais urgentes. Aliás o seu interesse pela Psiquiatria já se deixara antever aquando da licenciatura em Medicina pela Escola Médico-Cirurgica de Lisboa com a defesa da tese em 1877 sobre «delírio das perseguições».

O relatório de 1892/93 dividia-se em três partes (serviço médico; serviço administrativo, reformas e melhoramentos), precedido de introdução e acompanhamento de gráficos, modelos de impressos mapas e desenhos e planta e concluindo com quatro propostas:

1. Grandes melhoramentos
2. Construções a empreender
3. Reformas do regulamento – Pessoal
4. Outras modificações do Regulamento

Desde logo a primeira tomada de posição consistiu em dar ar puro aos doentes, cerca de 500, dos quais 330 se acumulavam no velho edifício. Nas barracas construídas na cerca estavam instaladas 140 camas.

Os cuidados hoteleiros mereceram de Miguel Bombarda a melhor atenção. O hospital foi dotado de móveis e utensílios funcionais – bancos, mesas, caixas de retrete, lavatório, pratos de folha, colheres de pau, tigelas e roupas brancas para as camas. Reformulou as dietas e melhorou as condições higiénicas. Estabeleceu serviços regulares de banhos de limpeza e introduziu o calçado de fechadura. Criou oficinas e incentivou o trabalho agrícola para aproveitar as aptidões dos doentes e obter receitas para Rilhafolles. A ocupação dos doentes constituía factor de estabilidade emocional e simultaneamente era encarada como redutor de pessoal necessário. O quadro de pessoal de Rilhafolles era escassíssimo e permaneceu praticamente inalterável durante a vigência da direcção de Bombarda, com todos os inconvenientes daí decorrentes. Dois médicos para 530 doentes, mais um cirurgião.

Ora o número de doentes continuou a aumentar atingindo em 1898, 700 doentes.

Os pavilhões em duplo E, cuja construção se arrastava há oito anos, ficaram concluídos em 1894. Beneficiaram de imediato toda a população masculina do Hospital permitindo a evacuação do hospício das Recolhidas.

As condições higiénicas da instituição melhoraram substancialmente diminuindo a mortalidade como se comprova pelo quadro seguinte:

1893/94	26,4%
1894/95	18,0%
1895/96	15,4%

A plena utilização dos novos pavilhões e a mudança das doentes das enfermarias na cave onde tinham sido alojadas durante o período de obras, esteve na origem de tal facto. Entre 1902 e 1909 a taxa de mortalidade voltou de novo a ser factor desestabilizador em Rilhafolles atingindo os 24,2% em 1902/03. Como causa próxima a epidemia de enterite nesse ano. Enterite que se manteve actuante nos anos subsequentes.

Os doentes foram divididos por categorias.

Enquanto não se ultrapassaram as dificuldades em estabelecer a iluminação pela electricidade em todo o hospital o número de enfermarias que passou a beneficiar de iluminação pelo gaz foi aumentado.

Com o decorrer do tempo foi restaurado e ampliado o balneário, construída uma cozinha moderna, a casa mortuária, o laboratório, o largo salão em arcos que veio substituir o refeitório que se situava logo à entrada do hospital, a escadaria principal do edifício, melhorada a canalização da distribuição da água, construído um reservatório para a água e edificado em 1896 o pavilhão de segurança.

De todas as construções da iniciativa de Bombarda a mais importante foi sem dúvida o edifício onde se instalaram as ex- 5ª e 6ª enfermarias de homens.

Nessa construção, concluída no período de 1900/01, Bombarda procurou aplicar conhecimentos adquiridos na viagem de estudo que realizou em 1898 por alguns países da Europa visitando unidades psiquiátricas em Paris, Würzburgo, Leipzig, Viena e Lucerna e de que se fez eco na «Medicina Contemporânea».

O tipo de colónia agrícola que observara em Alt-Scherbitz na Alemanha era, na sua opinião, «o mais formoso modelo» mas não poderia ser transposto para Rilhafolles por escassez de área. Alt-Scherbitz, uma propriedade rústica no meio da qual se inseriam os pavilhões permitia a liberdade aos doentes de se ocuparem de actividades diversas, na lavoura ou em oficinas.

Desde o inicio da sua direcção que Bombarda demonstrou interesse no alargamento da área da cerca do hospital. Na sua envolvente ficava a Quinta do Borba, Conde de Redondo. A justificação para a aquisição de alguns hectares ou de toda a quinta, o que considerava ser um bom negócio, decorria do facto que permitiria não só edificar como aumentar a zona de cultura e com isso incrementar o trabalho da quinta criando uma colónia agrícola à semelhança do que existia em Inglaterra e na Alemanha. O modelo inspirador era o delineado pelo Dr. Paetz em 1876 o dos asilos-colónias em que se aplicava o sistema de *open-door*, aliado a uma vigilância constante e um tratamento sério. Nada de construções uniformizadas, muros altos e grades nas janelas com os doentes devidamente classificados em pavilhões que continham entre 25 a 40 doentes. Os terrenos do Borba também iriam permitir construir pavilhões para as mulheres que continuavam muito fechadas.

Quando em 1898 a população do hospital já atingia os 700 doentes e o quadro do pessoal e salários continuavam iguais aos de 1848, Bombarda ainda insiste nos terrenos do Borba que possibilitariam, ainda que apenas num esboço, algo de semelhante a Alt-Scherbitz. Esta esperança foi definitivamente perdida quando em 1899 nos terrenos em questão começou a ganhar forma um bairro. A solução de recurso foi o edifício da cerca a que já nos referimos concluído em 1901 e que acolheu cerca de 200 doentes.

Miguel Bombarda pugnou pela autonomia do Hospital Rilhafolles na medida em que tinha receitas importantes e era no conjunto dos anexos do Hospital de S. José o hospital que menos encargos acarretava à Administração Geral. Isto porque as despesas em medicamentos eram menores e em contrapartida Rilhafolles contribuía com os rendimentos da Quinta, dos banhos a pessoas estranhas ao estabelecimento, dos Pensionistas, das oficinas (de costura, engomagem, sapataria, colchoaria), contando ainda com receitas várias (fábrica da igreja, ossos, cinza, venda de coletes de força). Compulsando a *«Conta de Gerência Financeira e estatística económica e de população relativas ao ano de 1891/92»* Miguel Bombarda concluiu que o doente internado em Rilhafolles despendia 53% do que despendia a média dos internados nos outros hospitais do grupo. O custo médio diário do tratamento era 649,9 enquanto em Rilhafolles apenas se elevava a um máximo de 242,2. Assim, «os rendimentos próprios de Rilhafolles constituíam fonte de receita para os outros hospitais».

Bombarda dinamizou todos os serviços administrativos de Rilhafolles à época totalmente desprezados. Foram preparados livros e cadernos clínicos. Determinou a escrituração de livros de receitas e despesas com vista à elaboração de propostas de orçamento. Como gestor sempre foi sua preocupação o equilibrio das receitas e despesas de Rilhafolles.

De acordo com o Regulamento de 1851 o Hospital de alienados em Rilhafolles dividia-se em serviços clínicos, administrativo e religioso. Ao médico director competia a direcção geral do Hospital assim como a coordenação do todo o serviço administrativo interno, e o regime sanitário e policial dos alienados (art.º 13º).

No Director recaiam simultaneamente as funções de médico e administrador. O art.º 10º do regulamento determinava a apresentação anual para aprovação da autoridade superior do orçamento geral da despesa do hospital bem como quaisquer orçamentos adicionais. Os antecessores de Miguel Bombarda não lhe tinham deixado qualquer base de trabalho.

Inteiramente desconhecedor das exigências administrativas do hospital, Bombarda procurou saber as necessidades e organizar os registos de forma a que todas as requisições que até então eram feitas passassem a ser acompanhadas, uma vez satisfeitas, das respectivas importâncias. Na secretaria do hospital começaram a ser escriturados os livros de receita e despesa que permitissem facultar dados para a elaboração dos futuros orçamentos.

Bombarda concentrou no fiel da fazenda (também chefe dos enfermeiros) todo o serviço de gerência económica que superintendia e criou um embrionário serviço de aprovisionamento com os seus armazéns. As requisições passaram a ser centralizadas e escrituradas. Simultaneamente Miguel Bombarda confiou ao escriturário do hospital o serviço de balanço e a quem competia a verificação ordinária ou extraordinária dos inventários sob a responsabilidade dos diversos chefes de serviço hospitalar. O estatuto deste funcionário foi reforçado tornando-se num poderoso auxiliar do director já que Bombarda não podia dedicar todo o seu tempo às absorventes minúcias administrativas.

Alguns indicadores

A análise de alguns indicadores estatísticos é por si só elucidativa do intenso movimento que no Hospital de Rilhafolles se registou com o advento da administração de Bombarda.

As admissões entre 1892 e 1909 não cessaram de aumentar. A população internada fixa em Rilhafolles foi atingindo, consequentemente, valores cada vez mais altos. De 536 residentes em 1892/93, atingiu-se o número de 738 em 1908/09. A média diária de existência cifrava-se em 695,5 doentes. A acumulação era reflexo directo da carga asilar. As admissões de carácter urgente e as readmissões não apresentaram valores significativos, no período considerado. A abertura do Hospital Conde de Ferreira em 1883 não parece ter influído na afluência a Rilhafolles.

A curabilidade denotava a melhoria substancial verificada no tratamento e cuidados hoteleiros sendo da ordem dos 36,28% em 1895/96 e de 42,2% em 1901/02.

O número de banhos (tratamento; limpeza) administrados aos doentes, que em 1892/93 totalizou os 16517, elevou-se a 44311 em 1901/02 e a 38300 em 1908/09. Também o consumo de água foi substancial, particularmente entre 1895 e 1898, coincidindo com o período de maior actividade na Quinta.

Da análise de outros indicadores infere-se que no período compreendido entre 1892 e 1909 na demanda a Rilhafolles preponderaram os naturais do Distrito de Lisboa e muito em particular os residentes no distrito da capital, numa percentagem superior a 50%, comparativamente com o resto do país. O número de residentes no interior do país, nas ilhas e nas colónias e que eram enviados para Rilhafolles era pouco significativo. A atracção geográfica de Rilhafolles podia ser encarada mais num contexto distrital que nacional. O grupo etário mais frequente entre os doentes mentais no período em apreciação citava-se na faixa compreendida entre os 21 e os 35 anos de idade, predominantemente solteiros e de filiação legítima. Os artífices e os trabalhadores rurais detinham forte incidência constituindo os contigentes mais densos de Rilhafolles os doentes cuja profissão era ignorada ou não tinham profissão. A situação social dos doentes contemplava duas categorias-pensionistas e indigentes subdividindo-se a primeira em quatro classes. Os pensionistas constituiram sempre uma percentagem superior a 11% da população total de Rilhafolles, chegando a atingir 20 e 23% em 1893/94 e 1907/08, respectivamente.

As mensalidades estavam, em 1892, francamente desactualizadas. Assim, sob proposta de Miguel Bombarda o governo publicou o Decreto de 8 de Novembro de 1892 que veio alterar os preços pagos pelos pensionistas e que se mantinham inalteráveis desde 1859.

Também o ensino da Psiquiatria mereceu de Bombarda a melhor atenção iniciando em 1896 em Rilhafolles o seu ensino livre. A formação de médicos alienistas já havia sido objecto de reflexão no relatório de 1892/93 aquando das linhas programáticas da sua actuação. Oficialmente só foi introduzido nos estudos médicos em 1911.

Também o trabalho de investigação clínica e laboratorial o apaixonou. As suas contribuições apensas aos relatórios ou editadas em «A Medicina Contemporânea» foram do maior interesse.

Compreendemos assim que para Miguel Bombarda os níveis de assistência, do ensino e da investigação se entrozavam no todo geral da organização do hospital.

Em conclusão Miguel Bombarda foi gestor e reorganizador de Rilhafolles, sem dúvida. Brilhante também. E com obra feita.

•

Resumo – Nomeado director do Hospital de Rilhafolles em Julho de 1892, pelo Conselheiro Dias Ferreira, então presidente do Conselho de Ministros, Miguel Bombarda encontrou um hospital que tinha atingido elevado grau de degradação. Impunha-se assim a reorganização sanitária, nosocomial, disciplinar, policial e administrativa.

Bombarda transferiu para Rilhafolles os seus ideais, influenciado pelo que no domínio de Psiquiatria se fazia na Europa, empenhando todo o seu esforço, capacidade intelectual e organizativa para, como escreveu no seu primeiro relatório de 1892/1893, levantar Rilhafolles a uma altura não sonhada anteriormente.

O seu plano de acção foi brilhantemente detalhado nos primeiros relatórios de 1892/1893 e 1893/1894. Empreendeu a construção de novos pavilhões, melhorou a higiene, as dietas, a terapêutica ocupacional. Preparou livros e cadernos clínicos. Pugnou pela disciplina dos métodos coercivos em uso. Dinamizou todos os Serviços Administrativos, à época totalmente desprezados. Determinou a escrituração de livros das receitas e despesas com vista à elaboração de propostas de orçamento.

Todos os relatórios, sobre o Serviço do Hospital, que entre 1892 e 1909 publicou, demonstram determinação, firmeza e o rigor do gestor que maneja com à vontade os indicadores estatísticos mas que não perdia de vista a dimensão humana.

Nestes relatórios apreendemos todas as grandes intervenções realizadas em Rilhafolles a par de algumas frustrações. E compreendemos que para Miguel Bombarda os níveis da assistência, do ensino e da investigação se entrozavam num todo da organização geral de um hospital.

Miguel Bombarda foi gestor, sem dúvida. Brilhante, também. E com obra feita!

Abstract – When Miguel Bombarda was appointed as director of Rilhafolles Hospital by Counsellor Dias Ferreira (President of the Ministers' Counsel at the time) in 1892, he found a hospital that had reached a very serious point of degradation. Sanitary, nosocomial, disciplinary, police, and administrative reorganisation was urgent.

In Rilhafolles, Bombarda put his ideals into practice, influenced by what was being done in Europe in the field of Psychiatry. He made use of all his efforts, and intellectual and organizative capacity to raise Rilhafolles to a level never imagined before, as he wrote in his first report concerning 1892/1893.

His action plan was brilliantly presented in the first reports of 1892/1893 and 1893/1894. He built new pavilions, improved hygiene, diets, and occupational therapy. He prepared clinical books, struggled for the discipline of coercive methods in use, animated all the Administrative services, totally disregarded at the time. He determined the book-keeping of incomes and expenses in order to draw up budget proposals.

All the reports about Hospital Service published between 1892 and 1909 showed the determination, firmness and rigour of the manager, who could perfectly manage the statistical indicators but never the human aspect.

Through these reports one becomes aware of the important interventions made in Rilhafolles as well as of some frustrations. We realise that to Miguel Bombarda the assistance, teaching, and research areas were all part of the general organization of a hospital.

Miguel Bombarda was undoubtedly a manager. A brilliant one. And he left work done too!

Isabel Amaral

CICSA, Faculdade de Ciências e Tecnologia, Universidade Nova de Lisboa, Portugal

MIGUEL BOMBARDA E A ESCOLA DE INVESTIGAÇÃO
DE MARCK ATHIAS (1897-1910)

Introdução

Miguel Bombarda foi um da dinamizador por excelência da comunidade médica de Lisboa entre finais do séc. XIX e princípios do séc. XX ao assumir protagonismo na alteração radical das suas estruturas sociais, logísticas e epistemológicas, que se tornariam decisivas para a edificação da escola de investigação[1] de Marck Athias, criando assim precedentes para a emergência de novas disciplinas biomédicas de cariz experimental na Faculdade de Medicina de Lisboa durante a primeira metade do séc. XX.

Em termos muito gerais podemos afirmar que a escola de investigação de Marck Athias foi dirigida por um líder carismático e cientificamente conceituado que foi capaz de congregar ao longo do seu percurso científico, um conjunto de seguidores fieis a um programa de investigação inovador que se foi expandindo a outras áreas disciplinares. Este programa desenvolveu-se em laboratórios razoavelmente bem apetrechados e com financiamento próprio e era difundido em canais de difusão que a escola criou e dinamizou.

Neste estudo interessa-nos reflectir sobre a forma como Miguel Bombarda e a escola de investigação de Marck Athias se intersectaram, no período que medeia a chegada de Marck Athias a Lisboa, em 1897, e o assassinato de Miguel Bombarda, em 1910. Fá-lo-emos tomando em linha de conta os critérios de análise anteriormente referidos, nos quais o materialismo e determinismo bombardianos[2] directa ou indirectamente se reflectiram.

---

[1] O estudo de escolas de investigação, enquanto metodologia utilizada em História da Ciência permite efectuar uma abordagem simultânea dos factores de ordem social e de natureza cognitiva nos processos de transformação da ciência. Desta forma, a sua aplicação à análise da emergência de novas áreas disciplinares, utilizada desde a década de 70, foi também aplicada ao caso português ao ser estudada a escola de investigação de Marck Athias. Para um conhecimento mais detalhado desta escola consulte-se Amaral, I., *As Escolas de Investigação de Marck Athias e de Kurt Jacobsohn e a Emergência da Bioquímica em Portugal*, (Dissertação de Doutoramento, Lisboa, 2001).

[2] Para uma revisão desta problemática consulte-se, Moura, J. B., «Miguel Bombarda e o Materialismo» em *Estudos de Filosofia*, (Lisboa, Editorial Caminho, 1998), pp. 149-193.

O Líder

Marck Athias licenciou-se na Faculdade de Medicina de Paris, em 1897, onde iniciou uma carreira de investigação sob direcção de Mathias Duval, discípulo de Santiago Ramón y Cajal.[3] Nos últimos três anos de curso desenvolveu trabalho original no âmbito da histologia nervosa, apoiando a teoria do neurónio daquele histologista espanhol que o tornaram conhecido dos histologistas mais prestigiados da época.[4] Ao terminar o curso, Athias teria preferido continuar no laboratório de Duval, mas foi preterido, em concurso, a favor de outro discípulo de Mathias Duval, de nacionalidade francesa, pelo que regressou ao Funchal, em 1897, e veio para Lisboa no mesmo ano.

Nesta época, a investigação experimental na Medicina quase não existia.[6] Um dos médicos mais interessados na investigação e no ensino prático daquelas disciplinas foi Miguel Bombarda, na Escola Médico-Cirúrgica de Lisboa que se dedicou preferencialmente à fisiologia geral, desenvolvendo um conjunto de teorias influenciadas pelo monismo naturalista de Ludwing Buchner e Ernst Haeckel.[7] Bombarda partia do princípio, popularizado por Haeckel, de que não existem mistérios inacessíveis à razão humana: tudo no mundo seria um produto de condições que podiam de ser estudadas. A vida seria um fenómeno explicável pela «organização molecular» e pelas «condições do meio.» O cérebro seria a sede dos fenómenos psíquicos, assim como a glândula o era das secreções. Bombarda admitia que o pensamento era como que

---

[3] Ramón y Cajal entre muitas distinções e prémios que recebeu, foi galardoado com o prémio Nobel da Medicina e Fisiologia, em 1906, conjuntamente com Camillo Golgi. Proferiu a Croonian Lecture em Londres, em 1894, e, em Portugal, foi sócio honorário da Academia das Ciências de Lisboa. Para um conhecimento mais detalhado da sua vida e obra consulte-se a sua autobiografia, Ramón y Cajal, S., *Recollections of my Life*, (trad.) (Philadelphia, American Philosophical Society, 1937).

[4] Celestino da Costa, A., «Marck Athias (1875-1946)» *Archives Portugaises des Sciences Biologiques*, 9 (1947) 1-4.

[5] Após a morte do Pai e insatisfeito com a ideia de exercer clínica na Madeira, veio para Lisboa na expectativa de dar continuidade à sua carreira científica, já que regressar a França não se lhe afigurava viável devido ao caso Dreyfus (1894) e à onda de anti-semitismo que então se gerou.

[6] O predomínio da fisiologia experimental sobre as especulações meramente doutrinárias estava já bem estabelecido e Claude Bernard era considerado a figura mais emblemática desta nova postura científica, não só em Paris, como também em Portugal. Os trabalhos de Claude Bernard e seus discípulos foram considerados da maior relevância pelos professores das disciplinas de fisiologia em qualquer das Escolas Médico-Cirúrgicas existentes e na Faculdade de Medicina de Coimbra. Para um conhecimento mais abrangente da medicina portuguesa do séc. XX, consulte-se, Macedo, M. M., História da Medicina Portuguesa no Século XX, (Lisboa, CTT Correios de Portugal, 1999); Alves, M. V., 1911 – O Ensino Médico em Lisboa no Início do Século, Sete Artistas Contemporâneos Evocam a Geração Médica de 1911, (Lisboa, Fundação Calouste Gulbenkian, 1999), ou, Ferreira de Mira, M. B., História da Fisiologia em Portugal, (Lisboa, Ramos, Afonso & Moita, Lda., 1954).

[7] Em quase todas as obras que publicou após 1897, Bombarda defendia esta ideia. Entre elas contam-se as seguintes: Bombarda, M., «Curso de Physiologia da Escola Medica de Lisboa» *A Medicina Contemporânea*, 46, 1889, 353-357; Bombarda, M., «Curso de Physiologia da Escola Medica de Lisboa» *A Medicina Contemporânea*, 47, 1889, 361-364; Bombarda, M., « Curso de Physiologia da Escola Medica de Lisboa» *A Medicina Contemporânea*, 48, 1889, 369-373; Bombarda, M., *Consciência e Livre Arbítrio*, (Lisboa, Parceria António Maria Pereira, 1902); Bombarda, M., *A Ciência e o Jesuitismo. Réplica a um Padre Sábio*, (Lisboa, Parceria António Maria Pereira, 1900).

uma simples máquina em actividade, funcionando através da associação de sensações e ideias. Este mundo materialista e mecânico encantava Bombarda pelas possibilidades de infinita manipulação.[8]

Bombarda considerava a fisiologia fundamental no ensino médico e, porque não fazia investigação, procurou rodear-se de alguns colaboradores. Luís da Câmara Pestana, cirurgião dos Hospitais Civis de Lisboa, foi um dos seus primeiros preparadores e colaboradores no ensino prático da histologia, então parte da disciplina de fisiologia. Todavia, Câmara Pestana não deu continuidade ao trabalho em virtude do seu interesse paralelo pela bacteriologia e da sua ida para Paris em 1982, em missão oficial.[9]

Com a ida de Câmara Pestana para Paris, Miguel Bombarda convidou Marck Athias, ainda nesse ano, para assumir a liderança do laboratório de histologia, instalado no Hospital de Rilhafoles, do qual era director.[10] Miguel Bombarda interessou-se por Athias de uma forma particular, por dois motivos principais. Por um lado Marck Athias era a figura mais promissora para a implementação de um ensino médico baseado na experimentação laboratorial, dada a sua formação especializada e a sua contribuição científica até então realizada, variáveis que viriam a enquadrar-se no modelo de Universidade defendido por Bombarda. Por outro lado, a especialização de Athias em histologia tornou-se o elemento catalisador para o estabelecimento de uma aliança científica perfeita entre Bombarda e Athias, pela partilha comum de ideias sobre a teoria do neurónio, que procurava explicar a independência dos elementos constituintes do sistema nervoso.[11] Através dela Bombarda justificaria a sua interpretação das funções psíquicas, baseada na hipótese de que as conexões entre os elementos nervosos poderiam modificar-se, interrompendo-se ou restabelecendo-se, consoante as circunstâncias. Numa das sessões da Sociedade das Ciências Médicas, Bombarda chegou a afirmar que «o neurone move-se e porque se move pensa e sente»[12] posição que lhe valeu a eclosão das críticas do Padre Manuel Fernandes Sant'Ana com o qual

---

[8] Athias, M., «O Ensino da Fisiologia na Régia Escola de Cirurgia e na Escola Médico-Cirúrgica de Lisboa,» *Clínica Contemporânea*, 6 (1946) 340.

[9] O apoio do governo a esta missão surgiu como resultado dos debates ocorridos entre 1885 e 1887 na Sociedade de Ciências Médicas, nos quais Miguel Bombarda e Sousa Martins tiveram um papel activo e determinante na validação das técnicas pasteurianas. Esta posição causou divisões no seio dos partidos políticos e do governo progressista e acabou por dar razão aos adeptos da nova ideologia científica de carácter materialista. Para um conhecimento mais pormenorizado sobre as diferentes posições que alimentaram este debate, consulte-se as actas da Sociedade de Ciências Médicas, publicadas no seu periódico, o *Jornal da Sociedade de Ciências Médicas*, entre 1885 e 1887.

[10] Celestino da Costa, «A vida e Obra Científica de Marck Athias,» *Arquivo de Anatomia e Antropologia*, 26 (1948) 149.

[11] A teoria do neurónio foi formulada por Santiago Ramón y Cajal em 1891 para explicar a constituição histológica do sistema nervoso, em especial as conexões entre os elementos que o compõem. Várias foram as contribuições dadas por histologistas e fisiologistas da época para a compreensão do funcionamento do sistema nervoso com base nesta teoria que também Athias defendia e, para a qual, fez algumas contribuições. Para um conhecimento mais detalhado da formulação e da teoria de Ramón y Cajal consulte-se a sua autobiografia, Ramón y Cajal, S., *Recollections of my Life*, (trad.) (Philadelphia, American Philosophical Society, 1937), ou ainda, o texto escrito por Marck Athias aquando da comemoração da teoria do neurónio. Athias, M., «O Cinquentenário da Teoria do Neurónio,» *Actualidades Biológicas*, (separata), (1941), 1-6.

[12] Bombarda, M. «Os Neurones e a Vida Psychica» *A Medicina Contemporânea*, 20, 1897, 177.

manteve uma acesa polémica, desde então, e o conduziu a uma posição política de anti-clericalismo intransigente.

Estas motivações ideológicas estiveram muito presentes na obra que Bombarda liderou e que culminaria com a formação de uma comunidade médica da qual Athias e a sua escola viriam a ser pioneiras, e que adoptou, a par de uma concepção materialista das especialidades biológicas, uma postura de inspiração positivista que valorizava as práticas experimentais e a ciência em geral.

Os Discípulos e os Laboratórios

Entre 1897 e 1910 o gabinete de histologia do Hospital de Rilhafoles e o laboratório de fisiologia e histologia da Escola Médico-Cirúrgica foi frequentado por 22 alunos de Medicina, dos quais cerca de 40% se vieram a dedicar a uma carreira de investigação sob direcção de Athias ou com autonomia própria. Estes dados são indicadores da aceitação que a prática experimental passava a ter para a formação da classe médica neste período e que contava, necessariamente com as diligências que Miguel Bombarda fazia junto da direcção da Escola para obter algum financiamento para a investigação da disciplina que regia.

O grande impulso para a investigação realizada nos laboratórios surgiu em 1909 quando Miguel Bombarda obteve junto do governo um empréstimo de 110 contos para a instalação da sonhada «nova escola médica!», que financiou através da *Medicina Contemporânea*. Com esta verba pôde enviar Marck Athias e Pinto de Magalhães, a vários países europeus para se inteirarem da forma como era leccionada a fisiologia e a histologia nas universidades visitadas e também das condições em que a investigação científica era realizada.[13]

Após este périplo de três meses efectuado aos principais laboratórios de fisiologia e de histologia europeus, na Bélgica, França, Alemanha e Suíça, nada ficaria como antes. Athias teve oportunidade de aceder às várias formas de encarar e desenvolver a actividade científica em diferentes áreas, com particular incidência na fisiologia, em todos os seus aspectos: o ensino prático daquelas disciplinas, o equipamento laboratorial necessário, e os fabricantes da aparelhagem mais sofisticada e mais moderna conhecida na época.

Athias tinha à partida todas as condições para que a investigação destas disciplinas, fosse bem sucedida e de facto assim foi. Com a criação da Faculdade de Medicina de Lisboa em 1911, Athias pôde não só envolver-se na reestruturação do curso de Medicina, privilegiando o ensino experimental, como também de equipar dois dos Institutos nela criados e dirigir o de fisiologia.[14]

---

[13] M. Athias, «O Ensino da Fisiologia e da Histologia nas Faculdades de Medicina da Bélgica», *A Medicina Contemporânea*, 12, (1909), pp. 357; M. Athias, «O Instituto Solvay de Bruxelas», *A Medicina Contemporânea*, 43, (1909), 346-347.

[14] Amaral, I., «Marck Athias (1875-1946) and Kurt Jacobsohn (1904-1991): Their Travels and the Establishment in Portugal of Laboratory – Based Research in the Bio-Sciences» *Science and Technology in the European Periphery, 2nd STEP Meeting:Scientific Travels*, Fundação Calouste Gulbenkian, Lisboa, 17-21 de Setembro 2000, pp. 37-38.

Pela importância dos seus trabalhos e pelo número de pesquisas que inspirou aos seus alunos, os laboratórios que Athias dirigiu tornaram-se centros prestigiados de investigação. Ao analisar toda a produção científica da escola, verifica-se que, praticamente em todos os períodos e em todos os laboratórios onde a escola de investigação desenvolvia a sua actividade, o interesse dos seus membros se distribuía por várias áreas, mostrando-nos uma vez mais, que ideais presidiram à escola de investigação que Athias pretendia criar: uma escola que abrangesse o início de várias especialidades biomédicas no seio das disciplinas já instituídas.

O Programa

O programa de investigação da escola de Marck Athias no período em estudo abrangia a histologia nervosa, a fisiologia, e a histofisiologia. Aquela que mais directamente intersecta a ideologia bombardiana, é sem dúvida, a primeira. Contudo seria este o domínio científico que Marck Athias abandonaria mais precocemente. Athias deixou de ter possibilidade de continuar em Portugal o trabalho que iniciara em Paris, em 1895; deixou de ter seguidores directos porque se dedicou a várias áreas em simultâneo e, para além disso, deixou de controlar directamente a histofisiologia geral. Esta passou a ser liderada por um dos seus discípulos, A. Celestino da Costa, a partir de 1911, quando lançou a sua própria escola de investigação.[15]

A obra de Marck Athias era considerada como referência na concepção da estrutura do sistema nervoso nos anos 20. Por isso Ramón y Cajal considerava o médico português como um dos mais importantes pioneiros da sua própria teoria.[16] Athias tinha demonstrado a origem epitelial comum de elementos nervosos e nevróglicos; estabeleceu a origem e filiação das várias espécies celulares do cerebelo, e provou a equivalência, como elemento receptor, da sinapse, do soma e das dendrites.[17]

No seguimento destas investigações, Marck Athias dedicou-se à histopatologia nervosa, com Carlos França. Realizaram os primeiros trabalhos sobre a doença do sono e da paralisia cerebral, através dos quais descobriram a natureza das infiltrações celulares do cérebro.[18] Além destes trabalhos relacionados com a histofisiologia nervosa,

---

[15] Amaral, I., David-Ferreira, J., Pinto, R. E., Carneiro, A., «A Escola de Investigação de Augusto Celestino da Costa (1911-1956)», Actas do *1º Congresso Luso-Brasileiro de História da Ciência e da Técnica*, (Évora), Centro de Estudos de História e Filosofia da Ciência da Universidade de Évora, 2001), pp. 615-629.

[16] A teoria do neurónio foi formulada por Santiago Ramón y Cajal em 1891 para explicar a constituição histológica do sistema nervoso, em especial as conexões entre os elementos que o compõem. Várias foram as contribuições dadas por histologistas e fisiologistas da época para a compreensão do funcionamento do sistema nervoso com base nesta teoria que também Athias defendia e, para a qual, fez algumas contribuições. Para um conhecimento mais detalhado da formulação e da teoria de Ramón y Cajal consulte-se a sua autobiografia, Ramón y Cajal, *op. cit.* (3), ou ainda, o texto escrito por Marck Athias aquando da comemoração da teoria do neurónio. Athias, M., «O Cinquentenário da Teoria do Neurónio», *Actualidades Biológicas*, (separata), (1941), 1-6.

[17] Para maior detalhe consulte-se Amaral, *op. cit.* (1) pp.113-114.

[18] Athias, M.; França, C., «Sur le Rôle joué par les Leucocytes dans la Destruction de la Cellule Nerveuse», *Comptes Rendus de La Société de Biologie de Paris*, 51 (1899) 317-319; Athias, M.; França, C.,

foram iniciados também estudos citológicos que projectariam o programa da escola de investigação para a parasitologia, o que acabou por não ter continuidade devido à morte prematura de Carlos França. Através do estudo dos tripanossomas de anfíbios foram descritos os fenómenos de divisão, e de degenerescência celulares *in vivo* que abriram caminho a estudos sobre as divisões de maturação dos óvulos dos mamíferos, que seria depois incluída noutra linha de investigação, a da histofisiologia.

Os Canais de Difusão do Programa

O primeiro canal de divulgação que contribuiu para a difusão da produção científica da escola e da sua acção dinamizadora foi *A Medicina Contemporânea*, dirigido por Miguel Bombarda. Em 1907 a escola criou a Sociedade Portuguesa de Ciências Naturais, e, anos mais tarde, a Sociedade Portuguesa de Biologia.

Marck Athias, Celestino da Costa e Abel Salazar foram fundadores da Sociedade Portuguesa de Ciências Naturais, que publicava o *Bulletin et Mémoires de la Société das Sciences Naturelles,* o *Jornal das Ciencias Naturais* e a *Naturalia.* A existência destes periódicos apontava já para a necessidade de difundir um conjunto de conhecimentos específicos e a linguagem e as metodologias das especialidades biológicas. As publicações eram preferencialmente feitas em língua francesa, o que demonstra, por um lado, o desejo de internacionalização da produção científica e, por outro, uma certa fidelidade à tradição científica francesa que muito marcou a estruturação do pensamento e a forma de encarar o progresso científico em Portugal, nas ciências biomédicas.

Independentemente da ligação que os discípulos tinham ao programa de investigação, todos eles participaram de alguma forma nas sociedades que a escola de investigação fundou e nas publicações que dirigia. Este facto aponta, claramente, para a existência de um verdadeiro «esprit de corps» entre os colaboradores e discípulos de Athias.

Ao criar sociedades científicas e publicações, Athias revela ter estado ciente de que ambas são factores essenciais à afirmação de novas áreas disciplinares e da identidade profissional dos seus praticantes.

Breves Conclusões

Bombarda não se limitou a deixar perspassar o seu pensamento por traços materialistas, como ele próprio se assumiu como materialista convicto e, para além disso, entendeu a própria ciência como constitutivamente materialista. Esta postura iria cruzar-se em boa medida com uma «mentalidade positiva» ou daquilo a que, na sequência de Littré, Teófilo Braga designa por «positividade,» que iria encontrar eco na escola de Marck Athias.[19]

«Lesões Histológicas da Paralisia Cerebral», *A Medicina Contemporânea*, 18 (1900) 416-418; Athias, M.; França, C., «Contágio da Possessão Diabólica», *A Medicina Contemporânea*, 19 (1901) 170-171.

[19] Amaral, *op. cit* (1) pp. 144-165.

Do ponto de vista ideológico o materialismo de Bombarda assumiu-se também como um programa de ilustração de vasto alcance educativo, social e político. No centro deste projecto encontrava-se um ideal de ciência que defendia e proclamava um «apostolado de Verdade» cujos efeitos se expandiam humana e socialmente. Para a operacionalidade destes valores nada melhor poderia servir o propósito das diferentes correntes de pensamento admissíveis pelo saber científico, fossem elas o determinismo, o materialismo, o positivismo, ou outras orientações similares, que a construção de uma verdadeira escola de investigação. A escola de investigação de Marck Athias teve assim uma agenda que para além da exploração do programa de investigação, envolveu também a militância ideológica e política, em prol do desenvolvimento da investigação e do ensino universitário em Portugal. Os pontos de vista perfilhados pela escola de investigação de Marck Athias eram, na essência, comuns a alguns dos sectores intelectuais mais representativos da I República, mantendo-se intimamente associados a uma estratégia de renovação da mentalidade portuguesa, que passava pela valorização do desenvolvimento científico como fonte de progresso e bem-estar da sociedade portuguesa e, em última instância, da humanidade.

Finalmente, no plano científico também podemos encontrar pontos de intercepção entre a concepção monista da natureza, do homem e da vida moral e a teoria neurológica de Cajal. Com o aprofundamento do estudo dos neurónios, do seu encadeamento e mobilidade, tornava-se possível reconduzir a actividade psíquica a uma base material (cerebral) que fundamentasse as suas operações, processos e resultados. Para além da aplicabilidade prática desta teoria na psiquiatria,[20] esta metodologia conceptional fundada na indagação histofisiológica abriu caminho ao desenvolvimento de várias disciplinas biomédicas nas quais a escola de Marck Athias foi pioneira.

Miguel Bombarda veio seguramente recolocar na cultura portuguesa do seu tempo a questão do materialismo ainda que com limitações várias, sejam elas temporais, ideológicas, teóricas ou doutrinárias, que continuamente nos interpelarão mas que seguramente presidiram à génese da escola que Marck Athias fundou a partir do Hospital de Rilhafoles e da Escola Médico-Cirúrgica de Lisboa, entre 1897 e 1910.

•

Resumo – A adopção de teses transformistas e materialistas por Miguel Bombarda e a defesa de uma ideia de medicina legitimada pelo laboratório estiveram na base do impulso que deu à formação e consolidação de uma comunidade médica orientada para a experimentação, em meados do século passado, em Lisboa. Esta adoptou, a par de uma concepção materialista das especialidades biológicas, uma postura de inspiração comteana que valorizava as práticas experimentais e a ciência em geral, das quais Marck Athias e a sua escola de investigação viriam a ser pioneiras. O início da escola de investigação que Athias criou em Lisboa, nos finais do séc. XIX, deveu-se em muito ao acolhimento que Miguel Bombarda fez a este médico madeirense, licenciado pela Faculdade de Medicina de Paris, em 1897, com o qual partilhava a teoria do neurónio proposta por Santiago Rámon y Cajal, Prémio Nobel da Medicina e Fisiologia de 1906. Os primeiros passos para a edificação da escola de investigação de Athias no seio da histologia e da fisiologia estão intimamente ligados a Miguel Bombarda. Procuraremos reflectir alguns dos aspectos que foram cruciais à emergência da escola histofisiológica de Athias, cruzando a figura deste e da sua escola com a de Miguel Bombarda, no período compreendido entre 1897 e 1910.

---

[20] Bombarda, M., «Os Neurones e a Vida Psychica,» *A Medicina Contemporânea*, 20, 1897, 157-165.

Abstract – Miguel Bombarda's adherence to transformist and materialistic ideas together with his defence of an idea of medicine legitimised by the laboratory were underlying his resolve to promote the creation and consolidation of a medical community oriented to experiment, in mid-19th century Lisbon. This community adopted a materialistic concept of the various biological specialities and a posture inspired by Comte's positivism, which greatly valued experiment and the sciences. It was in this context that Marck Athias founded his research school whose members became leading representatives of this new trend. The establishment of this research school in Lisbon by the end of the 19th century owed a great deal to Bombarda's good reception of the young doctor born in Madeira who had recently graduated form the Faculty of Medicine of Paris, in 1897. Both men shared the same views regarding the neurone theory put forward by the Spanish physician, Rámon y Cajal, winner of the Nobel Prize of Medicine and Physiology, in 1906. The first steps towards the establishment of Athias's research school of histology and physiology were closely linked to Miguel Bombarda. This article focuses on aspects crucial to the emergence of Athia's school of histophysiology by linking both Athias and his associates to Miguel Bombarda, during the period between 1897 and 1910.

Maria Helena Neves Roque
Doutoranda em História e Filosofia da Ciência da
Faculdade de Ciências e Tecnologia da Universidade Nova de Lisboa

A CONTRIBUIÇÃO DE MIGUEL BOMBARDA PARA DERRUIR AS *MÉMOIRES* DE CARL VOGT

Na sua obra *Contribuição para o Estudo dos Microcephalos*,[1] Miguel Bombarda depois de proceder à caracterização dos microcéfalos, refutou as teses de Carl Vogt sobre as causas da microcefalia enunciadas no estudo «Mémoire sur les Microcéphales ou Hommes-singes»[2] – artigo premiado pela Société d'Anthropologie de Paris. É curioso referir, que o alvo das objecções de Miguel Bombarda professava convicções e pressupostos materialistas semelhantes aos preconizados pelo psiquiatra português.[3] Ambos advogaram a identificação da actividade psíquica com o funcionamento do cérebro, a materialidade do espírito humano e assumiram atitudes anticlericalistas idênticas.

O naturalista de Giessen desenvolveu intensa actividade como médico, geólogo, zoólogo e antropólogo, primeiramente na Alemanha e depois em Genève, cidade onde se radicou por motivos políticos. Vogt revelou-se um prolífero e conceituado cientista, que se celebrizou, quer em virtude dos seus escritos científicos, quer devido ao seu desempenho político.[4]

Adepto do evolucionismo de Charles Darwin (18909-1882) tornou-se grande apologista da selecção natural tendo contribuído, de forma decisiva, para a difusão dos textos de Darwin junto do público francês. A «Mémoire» de Vogt surgiu entre as

---

[1] Miguel Bombarda, *Contribuição para o Estudo dos Microcephalos*, (Lisboa, Typographia Real das Sciencias, 1894).

[2] Carl Vogt, «Mémoires sur les Microcéphales ou Hommes-singes», *Mémoires de l'Institut National Genevois*, Genève-Bâle, 1867, 11, pp. 1-200.

[3] Sobre o materialismo de Bombarda, ver José Barata Moura, «Miguel Bombarda e o Materialismo», in *Estudos de Filosofia Portuguesa*, Lisboa, Caminho, 1998, pp. 149-193. Acerca do de Vogt, vide Jean-Claude Pont, «Aspects du Matérialisme de Carl Vogt», *in Carl Vogt, Science, Philosophie et Politique (1817-1895)*, Actes du colloque de mai 1995 édités par Jean-Claude Pont, Danièle Bui, Françoise Dubosson et Jan Lacki, Bibliothèque d'Histoire des Sciences, (Chêne-Bourg, Georg éditeur, 1998), pp. 111-175.

[4] Sobre a actividade política de Carl Vogt ver Heirich Best, «'Que faire avec un tel peuple?' Carl Vogt el la Révolution Allemande de 1848-1849», in *Carl Vogt, Science, Philosophie et Politique (1817-1895)*, Actes du colloque de mai 1995 édités par Jean-Claude Pont, Danièle Bui, Françoise Dubosson et Jan Lacki, Bibliothèque d'Histoire des Sciences, (Chêne-Bourg, Georg éditeur, 1998), pp. 13-29 ; Françoise Dubosson, «Carl Vogt, Politicien Genevois : un parcours ignoré», *ibidem*, pp. 31-45.

publicações da *Origem das Espécies*[5] e da *Variação dos Animais e das Plantas*[6] Contemporâneo de Haeckel (1834-1919) seguiu, atentamente, as suas ideias adoptando ou refutando as concepções do referido autor. A «Mémoire» correspondeu à emergência do conceito de recapitulação. Haeckel acabara de elaborar uma primeira formulação da lei biogenética fundamental, em 1866,[7] mostrando a relação existente entre o desenvolvimento embrionário (ontogénese) e a evolução das espécies (filogénese) – leis mais conhecida pela frase lapidar: «A ontogénese é uma breve recapitulação da filogénese». Vogt não citou a lei de Haeckel, porque aquando da redacção da «Mémoire» não teria lido a obra, onde a lei da biogenética fundamental foi apresentada. Todavia, provavelmente, a concepção subjacente à citada lei seria do seu conhecimento. Mais tarde Vogt viria a criticar a lei formulada por Haeckel.[8]

Na sua monografia sobre os microcéfalos, Vogt procurou reunir as disciplinas biológicas. Pretendia explicar e compreender a microcefalia, com base nos conhecimentos biológicos em matéria de evolução, de hereditariedade, de fisiologia e de antropologia. Em função deste princípio, referiremos algumas considerações deste autor sobre a metodologia a adoptar na história natural.

Considerações de Carl Vogt sobre metodologia e história natural

Na segunda lição da obra *Leçons sur l'Homme, sa Place dans la Création et dans l'Histoire de la Terre*,[9] – lições que representaram o primeiro tratado sistemático de antropologia darwiniana para o público francês[10] – Vogt defendeu a necessidade dos naturalistas encontrarem um método de observação rigoroso, comum a toda a comunidade científica. Um tal método deveria impor-se como uma regra precisa e determinada, conduziria o observador impedindo-o de se desviar do seu caminho e permitiria aos seus sucessores seguir a via assim traçada. Esse método, à semelhança do que aconteceria na física, deveria fundamentar-se na quantificação. Segundo Vogt, a mensuração lograria trazer maior exactidão e objectividade aos estudos de história

---

[5] Charles Darwin, *On the Origin of Species by means of Natural Selection*, London, John Murray, 1859

[6] Charles Darwin, *The Variation of Animals and Plants under Domestication*, London, John Murray, 1868.

[7] Ernest Haeckel, *Generelle Morphologie des Orgaismen*, Berlin, 1866.

[8] Jean-Louis Fischer, «Le concept de récapitulation et les hommes singes», in *Carl Vogt, Science, Philosophie et Politique (1817-1895)*, Actes du colloque de mai 1995 édités par Jean-Claude Pont, Danièle Bui, Françoise Dubosson et Jan Lacki, Bibliothèque d'Histoire des Sciences, (Chêne-Bourg, Georg éditeur, 1998), pp. 267-286. Bombarda foi também admirador de Haeckel, a quem dedicou a sua obra, *A Consciência e o Livre Arbítrio*, Lisboa, Parceria António Maria Pereira, 1902. No entanto, não aceitou sem crítica, o monismo de Haeckel.

[9] Carl Vogt, *Leçons sur l'Homme sa Place dans la Création et dans l'Histoire de la Terre*, (Paris, C.Reinwald, 1865), pp. 23-28.

[10] Vide, Claude Blanckaert, «La Division des Anatomies. L'Antropologie de Carl Vogt dans le Contexte des études Naturalistes», in *Carl Vogt, Science, Philosophie et Politique (1817-1895)*, Actes du colloque de mai 1995 édités par Jean-Claude Pont, Danièle Bui, Françoise Dubosson et Jan Lacki, Bibliothèque d'Histoire des Sciences, (Chêne-Bourg, Georg éditeur, 1998), p. 199.

natural. Em seu entender, não há nada como as medições e as pesagens repetidas, semelhantes em quantidade, traduzíveis em números para fornecer as bases certas da exactidão científica. Alerta para a necessidade de criar tabelas com medidas padrão, eficazes e fáceis de aplicar, para servir de orientação aos naturalistas, de modo a estabelecer uma uniformização de critérios de classificação, por exemplo, no âmbito da medição dos corpos, no sistema de medição dos crânios enfim, nos estudos de anatomia comparada e na procura das características próprias das diferentes raças.

Teses sobre a microcefalia

O tema da microcefalia foi abordado por Vogt em alguns trabalhos. Mas, Miguel Bombarda baseou-se, apenas, na Mémoire, provavemente por ser a obra fundamental do cientista alemão sobre a microcefalia. Contudo, a perspectiva de Vogt evoluiu nas últimas referências que fez sobre o assunto, tendo, finalmente, deixado de se interessar pelo tema.

Os recursos metodológicos utilizados por Vogt para fundamentar a teoria atávica, como explicação para a ocorrência de casos de microcefalia foram, precisamente, os sistemas de medição do crânio (diz ter escolhido os mais simples) e a anatomia comparada.

Neste sentido, Vogt estabeleceu uma série de analogias entre os símios e os microcéfalos a partir da observação e medição das características anatómicas – da face, do tronco, da caixa craniana e dos membros – e da análise psicológica – linguagem, locomoção, gestualidade, emotividade, inteligência. Recorreu também aos contributos de investigadores como Louis Pierre Gratiolet (1815-1865), Welker, Bischoff, Richard Owen, entre outros.

Na perspectiva do naturalista alemão as causas da microcefalia encontrar-se-iam numa paragem primitiva do desenvolvimento do cérebro, numa regressão a uma fase anterior da evolução do homem. Vogt colocou mesmo a hipótese, que os microcéfalos preencheriam uma lacuna entre os primatas superiores (orango-tango e gorila) e os negros/aborígenes australianos.[11]

A conformação cerebral dos microcéfalos dependeria de uma paragem do desenvolvimento, que não seria extensiva a todo o cérebro, mas afectaria sobretudo, os lobos frontais; os cérebros dos microcéfalos observados até aquela data teriam todos a parte anterior de tipo semelhante à dos símios. O desenvolvimento dos seus cérebros teria parado no período de desenvolvimento embrionário em que o cérebro do feto tem menos pregas e circunvoluções que o cérebro dos símios.[12] Vogt situar-se-ia, assim,

---

[11] Vogt, Leçons, op. cit., p. 188. Gratiolet, Mémoire sur les Plis Cérébraux de l'Homme et des Primates, Paris, Bertrand, 1854; F. Leuret ; Gratiolet, Anatomie Comparée du Système Nerveux Considéré dans Ses Rapports avec l'Intelligence, (Paris, Didot, 1839-1857). Jean-Louis Fischer, « Le concept de récapitulation et les hommes singes, in Carl Vogt, Science, Philosophie et Politique (1817-1895), Actes du colloque de mai 1995 édités par Jean-Claude Pont, Danièle Bui, Françoise Dubosson et Jan Lacki, Bibliothèque d'Histoire des Sciences, (Chêne-Bourg, Georg éditeur, 1998), pp. 267-286. R. Broom, Les origines de l'homme, Paris, Payot, 1934.

[12] Vogt, ibidem, p. 218 e «Mémoires sur les Microcéphales ou Hommes-singes», op. cit, pp. 197-199.

no contexto biológico da recapitulação ao insistir no facto, que uma regressão no desenvolvimento embrionário de uma estrutura orgânica ancestral: no começo da embriogénese o embrião humano não seria com efeito, um homem. A consequência deste facto embriológico levou-o a confundir o anormal com uma normalidade anterior à normalidade presente.

Vogt discordou da perspectiva de R.Wagner ao defender, que não se verificaria a mínima analogia entre a parte posterior do cérebro dos microcéfalos e a dos símios, porque quando submeteu os dados de Wagner ao critério da mensuração constatou, que apesar do cerebelo não ter o tipo simiano, o cérebro dos microcéfalos é muito semelhante ao do macaco.[13] Considerou, ainda, contrárias aos factos cientificamente estabelecidos, as afirmações do mesmo autor quanto à conformação inteiramente humana do corpo dos microcéfalos.

De acordo com Vogt a impressão geral produzida por estes indivíduos seria decididamente simiesca: os braços pareceriam desmesuradamente longos, as pernas curtas e fracas; a cabeça de uma pequenez desproporcional ao resto do corpo assemelhar-se-ia inteiramente à de um macaco, o nariz aberto, a face projectada para a frente, os olhos salientes, os dentes implantados obliquamente, a língua exageradamente grossa, o prognatismo.

Ao analisar a caixa craniana Vogt enunciou uma série de semelhanças entre os microcéfalos e o chimpanzé – o anglo facial de 53º-56º, a posição recuada do orifício occipital, a forma longa e parabólica do palato, a persistência da sutura do osso basilar e do osso intermaxilar entre outros traços – todos estes caracteres demonstrariam o distanciamento do humano e a regressão atávica.[14]

Passando à análise das manifestações psicológicas dos microcéfalos Vogt relatou que mostrariam uma mobilidade inquieta, movimentos convulsivos, comunicariam através da emissão de gritos, sendo raros os indivíduos que conseguiriam articular palavras, mostrariam ainda incapacidade de concentração e de abstracção, memória débil, ausência das noções de bem e de mal e de qualidades morais.[15] Retratou-os como autênticos símios comendo com as mãos e trepando ás árvores.

Em suma, no dizer de Vogt, apesar de apresentarem alguns traços humanos, até porque se não os tivessem seriam apenas macacos, os microcéfalos teriam características anatómicas, comportamentos e posturas quase idênticas às dos macacos.[16]

Assim sendo, verificar-se-ia uma mistura de caracteres humanos e simiescos, os últimos seriam, certamente, produzidos por uma paragem sofrida pelo embrião no seu desenvolvimento durante a vida intra-uterina que o teria mantido num grau interme-

---

[13] Vogt, *Leçons, op. cit.*, pp. 218-221.

[14] Idem, *ibidem*, pp. 260-261 e «Mémoire», *op. cit.*, p. 182. Bischoff afirmou que os microcéfalos não eram seres humanos mas sim monstruosidades.

[15] Vogt, *Leçons, op. cit.*, pp. 264-265. A questão da ausência de linguagem verbal nos micrcéfalos é muito importante para Vogt classificar a microcefalia como um fenómeno regressivo. Vogt mencionou, neste sentido, as investigações de Vogt sobre a afasia.

[16] Idem, *ibidem*, p. 265.

diário entre o homem e o símio. Etapa que constituiria, aliás, uma das fases evolutivas pela qual o embrião humano deve passar no decurso normal do seu desenvolvimento.[17]

Darwin partilhou a perspectiva de Vogt e citou a «Mémoire» no segundo capítulo *The Descent of Man*.[18] Florentino Ameghino (1854-1911), naturalista argentino, também apresentou uma explicação idêntica da microcefalia: «Todos os verdadeiros microcéfalos reproduzem na conformação do crânio estados intermédios em diversos graus entre o Diprothomo e o Homo sapiens.»[19]

Refutação das teses de Vogt (Bombarda)

A metodologia seguida por Miguel Bombarda foi muito semelhante à utilizada por Vogt. Miguel Bombarda também procedeu à observação do que ele designou por factos anatómicos e factos psicológicos, recorreu igualmente à mensuração, à anatomia comparada bem assim como a artigos e obras de investigadores citados por Vogt.

Nos primeiros seis capítulos da *Contribuição para o Estudo dos Microcephalos*[20] começou por caracterizar, minuciosamente, do ponto de vista anatómico e psicológico, os microcéfalos que constituíram o seu objecto de estudo.

No sétimo capítulo colocou a questão das causas/origens da microcefalia referindo as duas tentativas de explicação do fenómeno, a saber: a teoria do atavismo e a teoria que advoga a ocorrência de um processo inflamatório do cérebro intra ou extra-uterino.

Neste capítulo Miguel Bombarda classificou, negativamente, a primeira hipótese teorizada por Vogt, considerando-a superficial, de senso-comum e devido ao seu carácter sedutor constituíu, em seu entender, um obstáculo ao desenvolvimento de outro tipo de investigações sobre a microcefalia.[21]

Passaremos a apresentar uma selecção dos argumentos evocados por Bombarda no sentido de derruir a explicação atávica da génese da microcefalia.

Bombarda iniciou a contestação das teses de Vogt com a refutação da tese, segundo a qual a pequena dimensão do crânio dos microcéfalos se deveria a uma regressão atávica. Ora, para o psiquiatra tal facto poderia ser uma consequência da atrofia do cérebro em função de factores patológicos que implicariam a consequente redução da caixa craniana[22]

No oitavo capítulo, intitulado «A Memória de Vogt», Bombarda afirmou, que embora o aspecto geral do microcéfalo lembrasse um símio tal impressão não resistiria a uma análise mais minuciosa da sua fisionomia cujos traços seriam, sem dúvida, humanos.[23]

---

[17] Idem, *ibidem*.

[18] Charles Darwin, *The Descent of Man in Relation to Sex*, London, John Murray, 1871.

[19] Citação extraída de Leonardo Salgado; Pablo F. Azar, «Florentino Ameghino y la posible degeneration del Homo Sapiens», *Episteme*, Porto Alegre, 11, 2000, pp. 7-20.

[20] Miguel Bombarda, *Contribuição para o Estudo dos Microcephalos*, (Lisboa, Typographia Real das Sciencias, 1894).

[21] Idem, *ibidem*, p. 95.

[22] Idem, *ibidem*.

[23] Idem, *ibidem*, p. 99

No que diz respeito à análise da caixa craniana Bombarda criticou Vogt por atribuir demasiada importância a caracteres, que rotulou de simiescos. Segundo Bombarda, quer a relação entre o raio occipital e o raio fronto-nasal, quer a posição do orifício occipital, quer a obliquidade da fronte, resultariam fundamentalmente da já referida redução do encéfalo e mostrariam enormes variações de caso para caso de microcefalia.[24] Contudo, Vogt ter-se-ia servido de um número insignificante e pouco representativo de exemplares, no seu estudo comparativo sobre o desenvolvimento dos crânios de macacos e de microcéfalos. Ora, tendo em conta a grande amplitude de variações individuais no domínio da microcefalia tal situação deveria tê-lo impedido de generalizar indevidamente.[25] Na «Mémoire», Vogt apresentou dez casos e analisou, com maior detalhe, o caso de uma microcéfala a quem dedicou o terceiro capítulo.

Bombarda denunciou também, que no que respeitaria à observação do cérebro, do ponto de vista factual, Vogt nunca teria dissecado e observado directamente cérebros de microcéfalos, tendo baseado as suas teses no exame das formas em gesso da cavidade craniana dos objectos de estudo, na descrição e desenhos de Theile e R. Wagner e nas figuras de Gratiolet, situação que carecendo de rigor experimental, o impediria de observar, objectivamente, as particularidades deste orgão e, consequentemente, de tirar conclusões sobre a aproximação entre encéfalos de primatas e de microcéfalos.[26] Nem tão pouco, lhe seria possível estabelecer qualquer tipo de relação entre o grau de microcefalia e o desenvolvimento intelectual, uma vez que o índice de inteligência do microcéfalo não depende do volume do seu cérebro.[27]

No que diz respeito à psicologia dos microcéfalos ela revelar-se-ia diferente consoante os casos. Assim ao contrário do que afirmou Vogt, nem todos os microcéfalos seriam incapazes de comunicar através da linguagem verbal, nem todos teriam inteligência inferior à do macaco, nem todos seriam irrequietos, teriam um andar simiesco ou seriam incapazes de concentração.[28] De acordo com Bombarda, nos casos de microcefalia a lesão emocional seria mais evidente do que a da inteligência.[29]

Mais adiante, no nono capítulo, «A Theoria do Atavismo», Miguel Bombarda declara que a explicação atávica da microcefalia contradiria mesmo um dos princípios da teoria do atavismo pois a repetição atávica seria bastante rara, veja-se o exemplo da zebragem nos cavalos. Considerando a microcefalia, a repetição de uma forma ancestral, dever-se-ia esperar que a sua ocorrência fosse menos comum numa mesm família.[30]

No respeitante à concepção defendida por Vogt, que explicaria a microcefalia em virtude de uma suspensão intra-uterina do desenvolvimento do embrião, Bombarda

---

[24] Idem, *ibidem*, pp. 101-102.
[25] Idem, *ibidem*, p. 103.
[26] Idem, *ibidem*, pp. 103-104.
[27] Idem, *ibidem*, p. 130.
[28] Idem, *ibidem*, p. 105.
[29] Idem, *ibidem*, p. 137.
[30] Idem, *ibidem*, pp. 107-108.

contestou-a afirmando que o cérebro do feto em nenhuma fase da sua existência possui a forma do cérebro antropóide.[31]

Miguel Bombarda declarou ainda que os resultados do seu estudo coincidiriam com as conclusões de Virchow[32] citadas por Hartman:[33] não existiria nenhuma espécie de símios com a configuração do encéfalo dos microcéfalos; a psicologia forneceria os mais fortes argumentos contra a teoria dos homens-macacos, até porque a dimensão instintiva da actividade psíquica dominante nos primatas estaria quase ausente nos microcéfalos. Por outro lado, os primatas seriam seres dotados de capacidade de adaptação e sobrevivência enquanto os microcéfalos não conseguiriam sequer sobreviver se fossem entregues a si próprios.[34]

Bombarda defendeu, em contrapartida, que a microcefalia seria um exemplo de estado patológico, um estado degenerativo, adquirido ou hereditário. Resultaria de um processo inflamatório intra ou extra-uterino.[35] É notória a influência de Virchow quando Bombarda afirma: «O cérebro como patologia ainda é uma floresta virgem.»[36]

Quando Bombarda publicou a sua refutação, um ano antes da morte de Vogt, ocorrida em 1895, já Vogt alterara a sua perspectiva sobre a génese da microcefalia. Em 1876, defendera que este fenómeno constituiria um desvio e não uma regressão na evolução regular. A partir de 1886, os microcéfalos já não representavam uma preocupação para Vogt, que alimentava as suas «heresias darwinianas» com exemplos tirados do mundo dos invertebrados marinhos e da paleontologia dos cavalos. A interpretação atávica da microcefalia não tinha mais razão de ser em 1886. A microcefalia passara a ser explicada como um desvio orgânico ao nível da teratologia, um desvio do desenvolvimento e não um retorno ancestral.

A interpretação de 1867, fora efectuada por Vogt, no entusiasmo da linha intelectual das concepções haeckelianas nascentes e na emergência do conceito de recapitulação, construído a partir do darwinismo.

Embora, utilizando metodologias semelhantes e partilhando convicções materialistas, os dois cientistas, devido ao contexto histórico e à sua formação académica optaram por orientações diferentes. Vogt procurou explicar a microcefalia dentro do paradigma evolucionista enquanto Bombarda optou pelo modelo médico/psiquiátrico.

Resumo – A presente comunicação incidirá sobre a obra de Miguel Bombarda, Contribuição para o Estudo dos Microcephalos (1894), onde refuta a tese de Carl Vogt (1817-1895) que defendia a identidade entre os encéfalos de primatas e os microcéfalos, expressas nas Mémoires sur les Microcéphales ou Hommes-

---

[31] Idem, *ibidem*, p. 109.

[32] Rudolf Virchow, *Disease, Life and Man, Selected Essays by Rudolf Virchow*, (Stanford University Press, 1958).

[33] R. Hartman, *Les Singes Antropoides et leur Organization*, (Paris, 1886).

[34] Bombarda, *op.cit.*, pp. 144-145, 148 e 160.

[35] Idem, *ibidem*, pp.155, 160, 166

[36] Idem, *Ibidem*, p. 130.

-Singes (1866). Carl Vogt foi um naturalista alemão, que do ponto de vista científico, sustentou concepções materialistas e defendeu o evolucionismo de Darwin.

Um dos argumentos de Miguel Bombarda para refutar a teoria de Vogt sobre a identidade dos cérebros dos microcéfalos e dos primatas foi a constatação do número insuficiente de casos abalizados, bem assim como a generalização indevida daí resultante. Segundo Miguel Bombarda, Vogt teria valorizado determinadas representações psicológicas como a vivacidade dos movimentos, o andar simiesco, a versatilidade da atenção, a inteligência inferior à dos macacos, características presentes nos casos de microcefalia que observou, e teria categorizado os referidos elementos como provas importantes para a sua interpretação teórica.

Abstract – This paper focuses on Miguel Bombarda's book, Contribuição para o Estudo dos Microcephalos (1894), in particular, his refutation of Carl Vogt's theory advocating the identity between the brains of simians and those of microcephalous, presented in his nas Mémoires sur les Microcéphales ou Hommes-Singes (1866), Carl Vogt (1817-1895) was a German naturalist, who endorsed materialistic ideas and Darwinian evolution.

Bombarda claimed that Vogt's used a few number of cases to prove his theory, and relied primarily on a number of characteristics such as restlessness, simian posture, versatility of attention and intelligence, which in Vogt's view was inferior to that of monkeys. According to Bombarda, despite the lack of objective data and long term follow-up, Vogt had generalised his observations to all cases of microcephalism, a generalisation that he set out to challenge.

João-Maria Nabais
Médico, Sub-Região de Saúde de Setúbal, Portugal

MIGUEL BOMBARDA E AS SINGULARIDADES DA GERAÇÃO DE 70 COM ANTERO DE QUENTAL

> «...e assim no meio de tantos erros e enganos, em que o espírito humano se compraz – a verdade é dura e a ilusão é doce...»
>
> Miguel Bombarda, no livro
> *A Consciência e o Livre Arbítrio*

No século XIX surgem os primeiros textos filosóficos em que se desenvolvem conceitos e ideias humanistas com a sua correspondente literária, o movimento realista.

A partir de meados do século XIX, começa a surgir um pensamento filosófico e literário, com tendência a reflectir o sofrimento humano e os dramas sociais que se acentuam com a industrialização, e que passa por uma percentagem crescente de novos assalariados; analfabetismo; horários de trabalho de quase escravatura; a miséria delinquente; a infância abandonada, etc..

Após as revoluções de 1830 e 1848, em França, há uma nova mentalidade científica, que se reflecte em particular nas obras literárias e que, ao irradiar para toda a Europa, dá origem ao surgimento das primeiras ideologias socialistas. Esta nova escola, esta nova consciência crítica, o Realismo, com Baudelaire, George Sand, Flaubert, em *Madame Bovary*, Vítor Hugo, Renan, em *Origens do Cristianismo*, Zola, entre outros, vai objectivar e comentar a realidade humana em contraciclo com o período anterior do romantismo, individualista, mais ou menos piegas e sentimental.

A escola de arte do Realismo é uma reacção contra o Romantismo: o Romantismo era a apoteose do sentimento; o Realismo é uma revolução estética literária, no compromisso pela vida moderna em todos os seus aspectos, na atracção pela luz do conhecimento e pelas ciências, ex.: o psicologismo e o tecnicismo exuberante em Balzac; a influência do vocabulário médico e do método científico nos romances de Flaubert.

A Geração de 70

O espírito desta novíssima literatura europeia chega de Paris até nós, após Coimbra ter ficado ligada à Europa, em 1864, por caminho-de-ferro.

Este novo pensamento vai insurgir-se contra a retórica ultra-romântica de escritores já consagrados, ex.: Castilho e seus discípulos, de um lirismo forçado que privilegia mais a forma, mas de conteúdo vazio de ideias. Esta polémica vai gerar um confronto literário e marcar o triunfo de um grupo europeizante e moderno sobre a vaidade provinciana e vanglória dos últimos ultra-românticos portugueses.

Ao grupo de jovens intelectuais Portugueses da década de 70, muitos formados na Universidade de Coimbra, chamou-se *Geração de 70*. Este núcleo, liderado ideologicamente por Antero de Quental, com Teófilo Braga, Eça de Queiroz, Ramalho Ortigão, Guerra Junqueiro, Oliveira Martins, José Fontana e outros, herdeiros do positivismo de Comte, do idealismo de Hegel e do socialismo de Proudhon, está dominado pelo desígnio de que é possível realizar no país uma transformação das estruturas políticas, morais, sociais, e vai protagonizar uma autêntica revolução cultural agitando consciências e poderes estabelecidos, acentuando o papel de intervenção social que a literatura deve ter.

Este viveiro ideológico, em contacto com as novas correntes literárias, científicas, filosóficas, corresponde na Europa a uma época de intensa agitação política e social: em Paris, a organização da I Internacional Operária (1864); a luta pela unificação da Itália, por Garibaldi; a proclamação da República em Espanha (1868); o manifesto da República da Comuna em Paris, após a derrota de Napoleão III (1871).

Quase todos procuram, através das suas obras, realizar uma reforma das consciências – o despertar de uma nova consciência crítica nacional. As primeiras obras realistas são bastante elucidativas quanto ao rumo novo que a literatura portuguesa estava a tomar. O socialismo utópico foi a linha filosófica e política comum a muitos destes escritores.

Antero exerce uma intensa actividade no campo da escrita, da política e da produção de ideias – escreve *Odes Modernas* e o opúsculo *Bom Senso e Bom Gosto*. Dotado de uma personalidade complexa (segundo António Sérgio, o poeta concentra em si duas personalidades opostas: uma faceta apolínea e um lado nocturno pessimista), sofre as oscilações de um carácter rico mas ansioso, com evidente expressão na sua obra poética.

Com efeito, Antero de Quental (Ponta Delgada,1842-1891), nascido de uma família distinta da ilha de S. Miguel, revela nos seus primeiros sonetos tendências místicas avivadas por uma sólida religiosidade. Em breve desenvolve uma acção intervencionista que se traduz numa intensa actividade crítica dum racionalismo e radicalismo social. O poeta filósofo acredita no progresso que só pode ser realidade com a implantação do socialismo (trata-se nomeadamente de um socialismo utópico de índole moral, fortemente influenciado por Proudhon). A par do seu lado combativo, Antero é um homem que na sua ânsia de infinitude, procura, através da filosofia, descobrir os mistérios existenciais e do Absoluto. O seu calvário espiritual acompanhou-o até ao fim dos seus dias. Tendo renunciado à acção, acaba por não ver qualquer finalidade prática à sua vida, fixa-se na santificação individual. Antero vive uma contradição que reside na descrença e, ao mesmo tempo, num amor à divindade. O pulsar da religião em Antero não se extingue, muito pelo contrário, acentua-se com a idade. É o grande drama da sua existência que o leva a suicidar-se no dia 11 de Setembro de 1891, libertando-se desta angústia trágica frente ao Convento da Esperança.

O traço deixado pela Geração de 70 na cultura portuguesa foi profundo e duradouro. Antero teoriza sobre o conceito da poesia e a sua missão revolucionária para imortalizar a Humanidade. Torna-se o seu *porta-voz* ao transpor para o papel os sinais da sua inquietação como reflexo dos diferentes desequilíbrios económicos, sociais e da decadência do País. A revolução será assim um dever moral!

É cada vez mais frequente, nessa época, a publicação de obras realistas com uma forte componente crítica e uma preocupação social, exemplo disso são as Farpas, escritas por Eça de Queirós e Ramalho Ortigão.

O Realismo é a anatomia do carácter – *é a crítica do homem (...) para condenar o que* houver de mau na sociedade. As teorias de Marx, Proudhon, Taine vão influenciar as várias áreas artísticas desde a arte à ciência, passando inevitavelmente pela literatura, o que vai levar a uma necessidade cada vez maior na procura da verdade.

Na tarefa de construção de um novo enfoque da história portuguesa, dois vultos têm lugar de destaque: Antero de Quental e Oliveira Martins. O primeiro lança a pedra fundamental do recente *edifício* com a famosa conferência sobre as *Causas da Decadência dos povos Peninsulares nos últimos três séculos.*

O Neo-realismo virá no século XX recuperar alguns dos valores comuns a este movimento estético dos finais do século XIX.

Antero sempre se sentiu identificado com a pátria, de facto, desde as Conferências Democráticas do Casino, em 1871, começa a vigorar um modo de compreender as descobertas e conquistas do passado, bem como o Portugal restaurado em 1640. Em ampla medida altera a forma de pensar a vida da nação e o sentido da sua entidade, situação que aproxima e une cada vez mais adeptos, ao longo do final do século XIX e começos do XX.

Antero de Quental, e logo depois Miguel Bombarda, jovens pensadores, inconformados sonham uma nova sociedade com os seus ideais socialistas. Embora de vocação e estilos diferentes, têm em mente alterar a política e a cultura do País, tanto pela escrita literária inovadora como pela doutrina política da palavra. Assim, por acção deste fermento, catalisador de novas ideias que chegam da Europa a Portugal, vão passar as bases de uma revolução intelectual, ideológica, moral e religiosa.

Miguel Bombarda

Miguel Bombarda (Rio de Janeiro, 1851 - Lisboa, 1910), tem uma educação conservadora influenciada pela tradição católica. O seu nome próprio, Miguel, é sintomático da tendência miguelista paterna. Aluno brilhante, já em Portugal estuda na Escola Médico-Cirúrgica de Lisboa, onde obtém altas classificações. Aí defende tese em 1887 com *O Delírio das Perseguições,* onde manifesta desde cedo uma posição de redução da psicologia à fisiologia, própria do materialismo mecanicista, de acordo com as novas ideias do século, na completa certeza do progresso e da razão humana.

Para a Medicina é a época da anatomia patológica, da histologia, da bacteriologia, da assepsia, da soroterapia, da profilaxia e da higiene colectiva, das novas técnicas cirúrgicas e da medicina social. Segundo ele «... *é na verdade uma maravilha o quadro de ciência conquistada nos* últimos cem anos ...» quando se refere ao seu século.

As ideias materialistas e positivistas irrompem nos meios culturais portugueses traduzindo-se numa forte corrente doutrinal. Desde os domínios do saber académico – o Direito, a Literatura, a Psiquiatria, etc., passando pela análise e metodologia literária, até à perspectiva política de massas, o positivismo invade todos os domínios científicos culturais em Portugal.

Em 2 de Julho de 1892, Miguel Bombarda toma posse por concurso de Director do Hospital de Rilhafoles, criado em 1848 por Saldanha (futuro hospital Miguel Bombarda). Aí, com o seu espírito arrojado, ardente, íntegro, dotado de senso prático, possuidor de excepcional capacidade de trabalho e de inabalável energia, vai operar uma autêntica revolução, com o fim de cuidar humanamente dos loucos – reforma as instalações, faz a conversão nosocomial, sanitária, disciplinar e administrativa de Rilhafolhes e, com a divulgação de métodos de ergoterapia, humaniza a abordagem do doente mental.

Dum armazém desordenado de alienados, o Hospital de Rilhafoles é transformado num Hospital Psiquiátrico.

1896 é o ano em que abre no hospital o primeiro curso livre de Psiquiatria, especialidade médica que só será aceite oficialmente um ano após a sua morte, em 1911. Intervém nos aspectos de organização e gestão da terapêutica, do estudo científico da Psiquiatria e das suas implicações filosóficas.

Em 1906, é a data do xv Congresso Internacional de Medicina, que organiza em Lisboa, dando provas mais uma vez do seu génio organizador e construtivo, como na Liga Nacional contra a Tuberculose.

Reconhecido como brilhante jornalista médico, escreve 20 livros, opúsculos e centenas de artigos de índole científica, cultural e política; funda a revista *A Medicina Contemporânea* (1883), que se publica até 1962, onde irá divulgar regularmente estudos médicos ao assinar os mais variados temas e assuntos – higiene pública, alimentação, habitação, normas de trabalho, conceitos e preocupações sociais, e outras questões médicas (segredo e ética profissional, internato, reformas de ensino...), numa sequência e erudição notáveis, além de textos literários, artísticos, políticos e também de teatro.
O médico como porta-estandarte do progresso e da civilização dos povos.

Efectua importantes observações científicas, tais como: a dos hemisférios cerebrais, distrofia por lesão nervosa, menopausa viril, pelagra, microcefalia, delírio do ciúme, epilepsia, psiquiatria forense, etc.. Pertence e preside a várias sociedades científicas nacionais e estrangeiras.

Pela aplicação da palavra e da escrita, no sentido do progresso científico, Bombarda vê facilitada a aquisição de novas normas médicas ao direito, à administração, ao ensino, à higiene, à cultura, e na melhoria global do nível de vida, com incremento das condições de saúde e assistência aos doentes.

Miguel Bombarda *trabalha sempre, entusiasmado, numa aspiração insatisfeita de progresso* – é uma personalidade forte, singularmente universalista, tão instável como apaixonada e apaixonante, não só na história da psiquiatria, como na política do seu tempo, de tal modo que apesar das disputas, ofensas e provocações a que foi sujeito, do plano médico-jurídico ao político, do clínico ao filosófico, pelo seu materialismo e anti-psicologismo (ex.: do Padre Santana), segue o seu próprio caminho e vai inspirar de forma pessoal, única, o movimento social e político que leva à queda da monarquia.

O professor é um socialista republicano, firme na sua fé e no seu modelo democrático - quando é eleito deputado; não chega a tomar posse nas Cortes por ter sido assassinado no seu gabinete, nas vésperas da implantação da República, por um doente mental, seu antigo doente, na manhã do dia 3 de Outubro. Uma das suas últimas palavras proferidas já no leito de morte «... *Morrer assim é estúpido! Esta noite eu podia morrer pela República...*»

«... *Um sábio, a quem apenas faltou, para podermos assim chamar, a virtude augusta da serenidade...*» (Júlio Dantas)

Singularidades e Paradoxos (entre Miguel Bombarda e Antero de Quental)

Apesar de nascerem (Rio de Janeiro e Ponta Delgada) fora do grande centro de decisão – Lisboa, vão ter um papel determinante, cada um à sua maneira, na história política e social portuguesa com influência decisiva na cultura, para além do limitado tempo físico em que viveram. Depois deles nada será como dantes.

Quase contemporâneos, descendem de famílias tradicionais conservadoras e católicas, o que não os impede de adoptarem uma prática política pessoal e de vida ainda que de estilos e graus diferentes – o socialismo idealista de Antero preconiza uma mudança política pacífica diferente da linha republicana, embora seja esta que irá prevalecer. Miguel Bombarda está mais perto da corrente positivista de Augusto Comte, inspirador de Júlio de Matos, sem contudo se identificar com ela. As suas raízes encontram-se mais em Haeckel e no materialismo alemão.

Homens inconformistas no ímpeto das acções, com perfil asceta e de qualidades íntegras, universais, vão deixar expresso nas suas obras, com lucidez, o reflexo das suas complexidades interiores, das suas angústias e do seu labor – Miguel Bombarda mantém-se sempre isolado pelo seu espírito individualista e claramente independente. Só em 1908 se junta a Teófilo Braga no campo da acção e propaganda republicanas e torna-se o responsável civil pela revolução de 5 de Outubro. Antero lidera durante anos a geração de intelectuais que marca a literatura portuguesa e parte da nossa história recente.

Apesar de lembrados em muitas placas toponímicas de uma qualquer rua, de quase todas as cidades e vilas, poucos se devem recordar das suas vidas breves, tão intensamente trágicas – infelizes no seu viver familiar, os dois vão ser vítimas, sujeitos cedo a mortes violentas.

A Geração de 70, impotente para fazer a revolução política, converte-se numa revolução ideológica, moral e intelectual, geradora de ideias para fornecer a doutrina crítica.

Com estes compromissos, Miguel Bombarda sente-se cada vez mais atraído para a acção doutrinária, primeiro no plano médico, mais tarde no filosófico e, por fim, no político, ao promover o mesmo sentido crítico ao progresso político, científico e de intervenção social – o socialismo como evolução da Humanidade.

Esta revolução cultural vai despertar a Revolução política na virada do século com a instauração da República, em 1910.

E de Miguel Bombarda fica tanto ainda por dizer!

BIBLIOGRAFIA

BRÍGIDA, Gracinda Pais – *Escritores Médicos Portugueses da segunda metade do séc. XIX*, 1948.

BOMBARDA, Miguel (1851-1910) – *O Delírio do Ciúme*; Lisboa: Medicina Contemporânea, 1896.

Centenário do Hospital Miguel Bombarda (Antigo Hospital de Rilhafoles), 1848-1948 – Edição do Hospital Miguel Bombarda, 1948.

CID, José de Matos Sobral (1877-1941) – *O Professor Miguel Bombarda, A sua carreira e a sua obra de alienista*; Fac. Medicina Lisboa, 1925.

Dicionário Cronológico de Autores Portugueses (Vol. II) – Publicações Europa América, pp. 247-250 e 339, 1990.

FERNANDES, Barahona (1907-1992) – *Miguel Bombarda*; Sep. O Médico, n.º 41, 1952.

FERNANDES, Barahona (1907-1992) - *A Psiquiatria em Portugal*; Roche Farmacêutica Química, Lda, 1984, 1997.

FURTADO, Diogo (1906-1964) – *Miguel Bombarda*; Sep. Jornal do Médico, XIX (470) 201-207, 1952.

LEMOS, F. Cardoso – Referências ao livro do Senhor Prof. Miguel Bombarda: A Consciência e o Livre Arbítrio; *Sep. Coimbra Médica, ca 1898*.

LOPES, Óscar e Júlio Martins – Manual de Literatura Portuguesa, 6.ª ed., 1970.

MARTINS, Sílvia Regina – *A Polémica entre Miguel Bombarda e Manuel Santana (no contexto do séc. XIX português)*, Faculdade de Letras do Porto, 1995.

MENDES, J. Caria – *Miguel Bombarda*; Sep. Rev. Medicina, Mai-Jun. 1980.

SARAIVA, António José – *História da Literatura Portuguesa*, 5.ª ed., Publicações Europa América, 1959.

SARAIVA, António José e Óscar Lopes – *História da Literatura Portuguesa*, 7.ª ed., Porto Editora.

•

Resumo – Os intelectuais Portugueses da década de 70, no século XIX, são influenciados pelo desígnio de que é possível realizar no país, uma transformação do sistema político, moral e cultural com o despertar da nova consciência nacional.

O traço deixado pela Geração de 70 na cultura portuguesa será profundo e duradouro. Antero teoriza sobre o conceito da poesia e a sua missão revolucionária. Torna-se o seu porta-voz ao transpor para o papel os sinais da sua inquietação como reflexo dos diferentes desequilíbrios económicos, sociais e da decadência do País. A revolução será assim um dever moral!

Antero de Quental e logo depois Miguel Bombarda, inconformados, sonham com uma nova sociedade e os seus ideais socialistas, tanto pela escrita literária inovadora como pela doutrina política da palavra. Assim por acção deste fermento, catalisador de novas ideias que chega da Europa, vão sair as bases de uma revolução intelectual, ideológica, moral e religiosa, em Portugal.

Miguel Bombarda sente-se cada vez mais atraído pela acção doutrinária, primeiro no plano médico e, mais tarde no filosófico e, por fim, no político, ao promover o mesmo sentido crítico ao progresso político, científico, social – o socialismo como evolução da Humanidade. Esta revolução cultural vai despertar a revolução política, com a instauração da República, em 1910.

Abstract – Portuguese intellectuals of the nineteenth century seventies' were influenced by the belief that it was possible to transform our moral, cultural, and political system with the emergence of a new national conscience.

The Seventies' Generation had a deep lasting influence on Portuguese culture. Antero theorizes about the concept of poetry and its revolutionary mission. He becomes its voice by transforming the signs of his restlessness into written words, the reflection of different socio-economic problems and the country's decadence. Revolution is a moral duty!

Antero de Quental, immediately followed by Miguel Bombarda, refused to conform and dreamt of a new society and socialist ideals through innovating literary writing and with the words' political doctrine. These were the foundations of a religious, moral, ideological, and intellectual revolution in Portugal.

Miguel Bombarda was further and further attracted to doctrinal action, first in medical, then in philosophical, and finally in the political field, by promoting the same critical sense to political, scientific, and social progress – socialism as evolution of Humanity. This cultural revolution led to political revolution and to the Republic in 1910.

Alexandre Manuel Teixeira Guedes da Silva Oliveira
Doutorando em Ciências Sociais, FCSH-UNL, Lisboa, Portugal

A INFLUÊNCIA DA ANTROPOSOCIOLOGIA E CRIMINALÍSTICA
NA FORMAÇÃO INTELECTUAL DE MENDES CORREIA

A formação intelectual do Prof. Mendes Corrêa[1], inseriu-se dentro de um espírito muito peculiar vivido nos finais do século XIX até ao primeiro quartel do século XX, no qual a Academia Politécnica do Porto, se notabilizou pelo dinamismo político e social dos seus alunos, no qual a ciência era encarada como aludiu Mendes Corrêa, de oráculo da vida e lama onde «o homem reduzia-se a um complexo físico-químico explicável por tactismos e tropismos pela termodinâmica e pela electricidade[2]».
Consideremos a este respeito que as palavras do académico portuense, de modo algum são elevadas, porquanto entre os seus colegas de graduação se contavam entre outros, Abel Salazar, Afonso Veríssimo Zúquete, Analecto Domingos Santos, António da Costa Portela, Adriano Rodrigues, Carlos Faria Ramalhão, Leonardo Coimbra,

---

[1] António Augusto Esteves Mendes Corrêa, nasceu na cidade do Porto a 4 de Abril de 1888. Filho de António Maria Esteves Mendes Côrrea, médico e vereador da Câmara Municipal do Porto, e de Etelvina Mendes Corrêa. Concluiu o Curso Preparatório de Medicina na Academia Politécnica do Porto e o Curso de Medicina na Escola Médico-Cirúrgica da mesma cidade, obtendo a classificação final de 19 valores, apresentado uma dissertação subordinada ao tema *O Génio e o Talento na Patologia*.
A sua carreira clínica foi breve, porquanto no mesmo ano da sua formatura, foi nomeado assistente de Ciências Biológicas na recém criada Faculdade de Ciências da Universidade do Porto. O fascínio pela Psiquiatria e Antropologia Criminal, levaram-no no ano seguinte a exercer a docência da cadeira de Antropologia, desempenhando também as funções de juiz-adjunto e médico-antropologista na antiga Tutoria Central da Infância do Porto.
O ano de 1913, ficou marcado pelas suas provas públicas na FCUP, apresentando uma dissertação intitulada *Os Criminosos Portugueses, estudos de Antropologia Criminal*.
Em 1919, foi nomeado professor ordinário de Geografia e Etnologia na efémera Faculdade de Letras do Porto. Dois anos volvidos, obteve cátedra na FCUP. Entre os anos de 1936 a 1942, foi presidente da Câmara Municipal do Porto, intervindo igualmente nos alicerces da política do Estado Novo, como deputado a partir de 1945 à Assembleia Nacional.
Todavia da sua vasta obra académica, desenvolvida até 1960, destaca-se a sua acção na Sociedade Portuguesa de Antropologia e Etnologia, através da criação do Museu de Antropologia, e da revista de *Trabalhos de Antropologia e Etnologia* (ainda hoje em publicação), e o seu contributo na organização do 1.º Congresso Nacional de Antropologia Colonial. Mendes Corrêa faleceu em Lisboa a 7 de Janeiro de 1960.

[2] Mendes Corrêa, *Em face de Deus*, Porto, 1946, pp. 40-43.

Mário Cambezes, Hernâni Monteiro e Victor da Cunha Ramos, que se impuseram intelectualmente nas letras e ciências a partir da segunda década de vinte.

Desta ebulição intelectual, consideremos a título de exemplo a tradição dos estudos antropológicos, nas inúmeras dissertações realizadas pelos alunos da antiga Escola Médico-Cirúrgica, até à criação em 1911, da disciplina de Antropologia na Faculdade de Ciências da Universidade do Porto, bem como a fundação em 1918, da Sociedade Portuguesa de Antropologia e Etnologia.

Neste renovado sopro mental escreveu Mendes Corrêa, em Raça e Nacionalidade (1919), a convicção que tinha na Antroposociologia, como ciência integral para a compreensão e desenvolvimento dos povos. Regista o autor, quando se referiu à crise da Antroposociologia a partir dos finais do século XIX, num tom vaticinador, contra o excessivo uso por parte dos pangermanistas na utilização das suas teses para fins dúbios e rácicos, baseados nas concepções do conde A. de Gobineau (1816-1882), na defesa da desigualdade das raças, através de valores psicossociais arianos, como analogia desigualdades com outros povos, sobretudo na identidade dos seus estados mentais e celebrais[3].

De facto a doutrina preconizada por A. de Gobineau, tinha como elo especulativo de que as diferentes raças humanas eram por constituição inatas e desiguais no seu valor e capacidade para absorver e criarem cultura; só modificando o seu carácter inicial por cruzamento com outras estirpes. Neste contexto o génio de uma raça, dependia pouco das condições de clima, factores ambientais, épocas e por isso era absurdo pensar que todos os homens seriam capazes de igual grau de perfeição, defendo assim que as raças brancas de criadoras de cultura, mas que estavam actualmente desvirtuadas, devido às misturas raciais.

Estas concepções de alguma forma seriam reforçada mais tarde por C. Darwin, através da teoria da selecção natural aplicada à espécie humana, e que Paul Topinard[4] (L'Anthropologie, 1876) e A. de Quatrefages (L'Espèce Humaine, 1877)[5], utilizaram tais contributos para descrição e de classificação das raças humanas, e de igual modo Broca[6], com a lei de selecção social para explicação de todos os fenómenos sociais e inter-sociais[7], presentes no tratado Instructions Craniologiques et Cramioométriques de la Societé d'Anthropologie de Paris (1875). Estas ilações levaram Mendes Corrêa à convicção de que o critério da superioridade rácica era em si mesmo excessiva, restrita e elitista. Efectivamente, em sua opinião, tais confusões levariam mais cedo ou mais tarde à perda do conceito de império alemão, afirmando:

---

[3] Veja-se a propósito as teorias em *Essai sur l'Inégalité des Races Humaines (1853)*, rejeitando toda a influência do meio sobre o homem nas deferentes etnias que se produzem no decurso da história, única base de explicação dos progressos, das decadências e estagnações apresentadas pelas sociedades humanas.

[4] Salientamos a título de curiosidade que Topinard, foi o autor do neologismo criminologia, embora algum tempo depois o psiquiatra Garófalo, publica-se um ensaio com o mesmo título.

[5] Embora estes autores associassem aspectos sociais e culturais da história nas suas investigações.

[6] Igualmente Broca elaborou estudos forenses designadamente no âmbito da Psiquiatria.

[7] Refira-se ainda os contributos de Ammou, Muffang ou Livi, que procuraram através da Antropometria e a Estatística, estabelecerem leis científicas à Antroposociologia.

«Uma desastrada confusão se estabeleceu entre Antroposociologia e pangermanismo, e dessa confusão provém em grande parte o desfavor com que até nos meios mais cultos déla se fala. Como todos os grandes impérios da história, o império alemão ha de desaparecer mais cedo ou mais tarde na voragem exterminadora das maiores ambições humanas, e a antroposociologia ficará de pé, porque como sciência biosociológica éla mesma proclama a evolução dos povos e a instabilidade das organisações sociaes, mesmo das mais fortes e menos sujeitas a influências dissolventes e abastardantes[8]».

Deste modo, Mendes Corrêa distanciava-se do pangermanismo, numa altura em que imperava em Portugal a corrente germanófila que contrariou, pouco tempo antes, a intervenção militar portuguesa ao lado dos Aliados, e que viveu de forma dramática o assassinato a 14 de Dezembro de 1918, de Sidónio Pais. O lente portuense empregou assim em Raça e Nacionalidade uma afirmação de Friedrich Ratzel, para superar lacunas e influências ambíguas, onde o geógrafo alemão vaticinava que os problemas relativos à história e etnicidade seriam difíceis de solucionar, porquanto se afastavam: «uma pretendida diferença essencial do que chamam raças», decifrando o termo raça desta forma: «Mas o que é a propria raça, senão o producto dos meios anteriores multiplicando-se infinitamente durante todo o período que decorreu desde a aparição [...] do género humano?[9]».

Sentimos portanto que as teses de Ratzel influenciaram em parte as investigações de Mendes Côrrea, no primeiro quartel do século XX, onde a «Anthropogeographie» estava directamente ligada às ciências sociais (sobretudo à geografia, antropologia e arqueologia), cujo exemplo mais eficaz se encontra num dos seus ensaios Os Povos Primitivos da Lusitânia (1924), onde nas primeiras páginas dedica um significativo capítulo à posição geográfica portuguesa a que chamou de «o velho solar lusitano», especificando a sua individualização no âmbito da geografia física e humana.

Para Mendes Corrêa, o seu rompimento com a geografia descritiva, enquanto professor da mesma na Faculdade de Letras da UP (que tê-la-á considerado fastidiosa), substituindo-a pela Geomorfologia, que na sua opinião, fornecia uma imagem mais profunda da realidade, como acentuou nas suas palavras: «inundou de intensa luz a história do globo e deu vida às formas terrestres, que á nossa existência efémera apareciam anteriormente como intransformaveis, mudas e eternas[10]». Nesta linha, os seus estudos, orientaram-se num encadeamento evolutivo na definição de um quadro cronológico das culturas Ibéricas, e a delimitação das áreas de influências geográficas que veriam a influenciar posteriormente os seus estudos em Arqueologia.

De facto Ratzel considerava o mundo uno, sendo por isso percorrido em todos os sentidos pela humanidade, em deslocações lentas ou rápidas estabelecendo assim estagnações ou desenvolvimentos da cultura. Para o geógrafo alemão, o conceito de tempo e espaço eram de papel de vital importância para a compreensão da história e

---

[8] A. A. Mendes Corrêa, *Raça e Nacionalidade*, Porto, 1919, p. 13.

[9] Idem, *op. Cit.*, p. 18

[10] A. A. Mendes Côrrea, *Os Povos Primitivos da Lusitânia, Geografia, Arqueologia, Antropologia, 2 milhar*, Porto, 1924, p. 5.

que Paul Mercier sintetiza desta forma: «a invenção, em definitivo, é rara, a transmissão e a disseminação são mais frequentes[11]».

Mendes Côrrea introduziu assim uma Antroposociologia, que podemos classificar como ciência que estabelece conexões entre o ser físico e as maneiras de pensar perante uma dada acção, e na forma de revolver ou ultrapassar os problemas epistemológicos, ou um ramo de saber que estuda os traços unitivos entre o homem animal e vegetativo, e o homem social, expressando contudo, ser ainda uma disciplina em embrião. Desta maneira a Antroposociologia, propunha-se abranger uma certa interdisciplinariedade ao estudar a psicologia das raças, a partir dos problemas demográficos, económicos, políticos para explicar o presente, mas sobretudo o passado, designadamente a origem e o desaparecimento das civilizações.

Lentamente, Mendes Côrrea abandonaria uma ciência virada para o estudo do homem natural, onde o Positivismo e Historicismo foram os cânones fundamentais durante o século XIX, em troca de uma nova ciência, emergente para as questões sociais do homem, ou seja, o cientista portuense acompanhou a trajectória dos seus colegas europeus na crise do positivismo, na crescente preocupação com a história e a etnicidade dos grupos humanos e culturais. A partir desta perspectiva, e através do estudo psicossocial das raças, encontrava-se longe das doutrinas baseadas nos caracteres antropológicos ou anatómicos (a estatura, a cor dos olhos, dos cabelos, da pele, etc.), embora anos antes, tivesse centrado as suas investigações dentro de uma Antropologia Forense e Criminalística de inspiração frenologista.

Embora a teoria das localizações seja insustentável ao seu pensamento, não é menos certo que Mendes Corrêa tivesse em atenção os seus subsídios para as bases de uma Psicologia e Psiquiatria modernas, porquanto como salienta o Prof. Pinto da Costa: «se aceitássemos que seria possível, pelo estudo do crânio, conhecer as tendências das pessoas, também poderia ser possível, por uma educação adequada, evitar as consequências negativas de tais tendências[12]». Assim, o lente portuense estabeleceu a dualidade das características anatómicas e criminais, que é bem demonstrativo a seguinte frase: «É de crer que haja correlações entre alguns sinaes anatómicos e as tendências criminaes mas essas correlações ainda não encontraram uma regra que as definisse[13]».

Convém salientar que no virar do século XIX, os estudos de Antropologia Criminal na cidade do Porto floresceram rapidamente. Em 1880, o Prof. Roberto Frias, apresentou como tese de doutoramento à Escola Médico-Cirúrgica, O Crime, apontamentos para a sistematização da criminalidade, e no dizer de Luís de Pina tratou-se do primeiro impulso na bibliografia nacional após o aparecimento do Homo delinquente de Lombroso: «O estudo de Roberto Frias foi publicado, apenas, quatro anos depois dêste[14]». Logo em 1885, foi aberto também na cidade do Porto, pela mão do

---

[11] Paul Mercier, *Histoire de l'Anthropologie*, Paris, 1966, p. 56.

[12] José Pinto da Costa, «Psicopatologia Criminal», in *Psiquiatria e Psicologia Forenses*, (texto policopiado), Porto, 2000, p. 27.

[13] A. A. Mendes Corrêa, *Os Criminosos Portugueses*, Porto, 1913, p. 114.

[14] Luís de Pina, «A Antropologia Criminal em Portugal, síntese histórica» in *Congresso do Mundo Português*, Lisboa, 1940, p. 687.

Prof. Luís Viegas, um Laboratório de Antropologia no Hospital Conde de Ferreira, na tentativa de impor o ensino oficial da Antropologia Criminal. Em 1902, A. Ferreira Augusto criou o Posto «Anthropométrico», junto ao edifício do Tribunal da Relação, e publicou a primeira revista da especialidade Postos Anthropométricos, de curta existência[15], embora «notícias várias» deixem antever a existência de diversas tentativas de instalação de serviços antropométricos anteriores na cidade Lisboa (nomeadamente na Penitenciária e no Limoeiro)[16], e mesmo no Porto em 1893, através dos esforços do «Comissário Terra Viana, coadjuvado por Eduardo Maia no tempo quintanista de Medicina[17]». Desta forma a contribuição da Escola Médico-Cirúrgica foi basilar para a projecção da Antropologia Criminal.

Como já salientamos anteriormente, o Prof. Mendes Corrêa encontrava-se afastado das teorias frenológicas, em especial do criminologista italiano Cesare Lombroso[18] (1836-1909), professor de medicina legal, em Turim, que defendia que os criminosos eram inatos e não criados, e por isso mesmo podiam ser distinguidos das pessoas normais pela forma dos seus crânios. Neste direccionamento, devemos ter em conta que durante o século XIX os investigadores criminais tentaram encontrar uma descrição biológica para explicar os comportamentos desviantes extremos, em especial dos psicopatas, sendo aceite a posição frenológica, sem muitos obstáculos, embora nunca fosse comprovada, acabando por ser desacreditada, pelas crueldades inferidas a alguns dos seus doentes, conquanto os esforços tivessem como base a unidade psicossomática que exigia uma análise a mais exaustiva possível para se obter um diagnóstico da psicogénese delitiva[19].

Actualmente, as teses que defendem uma origem biológica para os comportamentos desviantes dividem-se em dois campos; a do português António Damásio, que põe em destaque o papel do córtex orbitofrontal, como área sensível nos psicopatas, e a teoria de James Blair, que defende que a amígdala (uma pequena área entre o córtex orbitofrontal e o hipocampo) encerra os comportamentos dos criminosos[20].

---

[15] Vd. Alberto Xavier da Cunha, «A Antropologia Física em Portugal, até aos fins do século XIX», in *História e Desenvolvimento da Ciência em Portugal*, vol. II, Lisboa, MCMLXXXVI, p. 1019. Convém referir os contributos nos finais do século XIX, para a implantação da Antropologia Criminal em Portugal, por parte de alguns médicos e juristas, entre eles, Júlio de Matos, Miguel Bombarda, António Maria de Sena, Basílio Freire, Ferraz de Macedo, Roberto Frias, Alfredo Luiz Lopes, Ferreira Augusto; Ferreira Deusdado.

[16] Ferreira Augusto, *Assistência judiciária, Serviços médico legais, Alienados criminosos. Notariado*, Porto, 1900, p. 365.

[17] Alberto Pessoa, «História da Introdução em Portugal dos Métodos Científicos de Identificação Criminal», in *Congresso do Mundo Português*, Lisboa, 1940, p. 716

[18] Lombroso, desenvolveu a sua teoria sobre a imperfeição do indivíduo, ao estudar em 1870, a fosseta occipital mediana, no crânio de Vilela.

[19] A psicogénese delitiva, compreende os mecanismos psicológicos da conduta do delinquente e a natureza psíquica do acto e estado do indivíduo no momento de delinquência. A psicogénese delitiva apreciada num ângulo psiquiátrico pode ser encarada de dois modos diferentes. Estudando o autor do facto e depois de diagnosticar o seu estado mental estabelecer a eventual relação deste com o acto cometido, ou partindo das características do crime, deduzindo o síndrome mental que lhe deu origem.

[20] Vd., sobre estes assuntos, José Pinto da Costa, *Psiquiatria e Psicologia Forenses*, Porto, 2000 e Custódio Rodrigues *et al.*, *Motivação*, Porto, 1998.

Houve por conseguinte em Mendes Corrêa, a caracterização de uma dualidade entre o génio humano e a questão da delinquência, encarando a Criminologia, como primacial, na definição da personalidade bio-psico-moral, centrando na pesquisa do funcionamento cerebral dos fenómenos da vida mental e colectiva, que resultavam sem dúvida, do funcionamento dos sistemas nervosos individuais[21]. A este propósito Rui de Pina considera que os esforços efectuados pelo lente portuense se insurgiram contra os exageros cometidos pela escola lombrosiana[22].

E de facto o Prof. Mendes Corrêa, separou as águas ao afirmar a meio dos anos vinte, a existência de duas escolas de Antropologia Criminal, de um lado a Escola Italiana baseada em Lombroso, e uma outra de várias orientações doutrinárias e adversa: à concepção lombrosiana do delinquente e do delito[23]», conquanto realce o esforço necessário para irradiar a teoria lombrosiana da comunidade científica. Contudo, salienta haver homens com maior predisposição para a criminalidade do que outros, embora refute a existência de um tipo de delinquente nato, pois todos podem ser delinquentes; embora uns com uma maior intensidade do que outros: «necessariamente pela estigmatisação sôbre a qual LOMBROSO erigiu uma extranha raça de criminosos[24]».

Contudo o lente portuense via na tese lombrosiana o mérito inegável ao pôr em foco, a personalidade do delinquente que até então era substituída na graduação da pena, (exclusivamente pela gravidade do delito), chamando atenção: «para estigmas que eram desprezados mas de que a seu turno exagerou a significação e a importância[25]». Neste sentido para Mendes Corrêa, na Antropologia Criminal Integral, não existia uma ligação directa à Patologia, embora admiti-se uma patologia dos delinquentes.

Contudo, esta mesma, encontrava suporte nas suas pesquisas, de certo modo devido à influência marcante nas teses defendidas pelo criminologista espanhol Quintiliano Saldaña que observava não ser a intenção criminosa o principal do delito, mas acima de tudo a capacidade criminal e o resultado quer do crime quer da pena, ou seja, o grau de capacidade criminal do autor, e a eficácia da pena a aplicar. Neste propósito, Mendes Corrêa defendia que a Antropologia Criminal: «não deve considerar sistemáticamente o criminoso como um ser bio-antropológicamente aberrante, mas deve encara-lo também como um homem normal[26]».

Neste ponto de vista, o antropólogo portuense encarava a criminalidade, associada aos factores económicos, sociais e mormente morais, dando enfoque às condições educativas, higiene física e saúde mental. Tais considerações, deviam-se às suas investigações efectuadas em diversas cadeias portuguesas e no refúgio da Tutoria da Infância do Porto ao longo uma década. Lembremos que a sua tese de concurso para a Faculdade de Ciências do Porto, se inseriu na vertente Criminalística (Os Criminosos

---

[21] A. A. Mendes Corrêa, *Raça e Nacionalidade*, p. 17.

[22] Luís de Pina, «A Antropologia Criminal em Portugal, síntese histórica» in *Congresso do Mundo Português*, vol. XII, Lisboa, 1940, p. 697.

[23] A. A. Mendes Corrêa, «Antropologia Criminal Integral, o normal delinquente e a crise moral», Sep. do *Boletim do Instituto de Criminologia*, Lisboa, 1925, p. 1.

[24] Idem, *Ibidem*, p. 2.

[25] Idem, *Ibidem*, p. 22.

[26] Idem, *Ibidem*, p. 8.

portugueses,... impressa em 1914), defendida em 1913, e entre 1915 a 1919, publicou notáveis trabalhos entre os quais Crianças delinquentes, subsídios para o estudo da criminalidade infantil em Portugal e Mendigos e criminosos: Vejamos como o autor refere ao seu trabalho de campo: «deparei com uma grande massa de delinquentes cujos actos delituosos não podiam ser considerados o produto de taras degenerativas ou defeitos patológicos, mas essencialmente a consequência dum lastimavel regimen educativo anterior[27]».

Na concepção atrás formulada, estava presente a delinquência como fruto de uma evolução de trajecto de mal-estar psicossocial, que em diversos casos o início da criminalidade que começava a manifestar a partir da infância, propondo por isso um estudo sistemático e criterioso a ter com estas crianças: «Relativamente aos menores delinquentes, a individualização da pena requer naturalmente, além do conhecimento do crime e das circumstancias deste, o estudo da organisação fisica e psiquica do menor e das condições do meio[28]». Convém esclarecer que Mendes Corrêa, restabeleceu os estudos sobre a infância delinquente, já antes iniciados por Ferreira Augusto e Luiz Viegas, a partir de 1908. Desta forma Luís de Pina salientou que o sistema criminológico aplicado às crianças delinquentes, «embora lentamente», levou à influência da Antropologia Criminal, baseada: «sobretudo na apreciação do valor da personalidade morfo-psico-moral dos indivíduos[29]».

Nesta orientação, estava a sua preocupação de estabelecer uma metodologia o mais científica possível, relativamente aos exames médico-antropológicos, que como sublinha requererem além da preparação científica e técnica que todos os médicos devem possuir, alguns conhecimentos de antropologia geral, psicologia experimental e pedagogia, que se encontravam fora das competências médicas. Por isso a especial atenção que requeria a interpretação dos resultados obtidos[30]. Nestas considerações estavam sobretudo focadas que as competências do médico não estavam em julgar o delinquente, mas sim, descrever os factos, numa perspectiva mais científica possível, de modo a proporcionar um julgamento verídico do sucedido.

Porém em Mendes Corrêa, encontrasse implícito a defesa da sociedade que tinha ser encarada dentro de uma dualidade de critérios, a abstracção e a realidade. A primeira de suporte jurídico e a segunda como homem social: «Em Portugal com lá fora, a criminalidade não diminue com a instrução. Esta traz apenas um descrescimo no número dos crimes audaciosos, violentos e crueis, compensado por um aumento no dos hábeis e astuciosos[31]». Como se vê, as preocupações sociais com a criminalidade não se reduziram ao binómio Subjectivo/Objectivo ou Consciência/Exterior, perante a sociedade, igualmente defendeu medidas de combate à miséria, com intuitos profiláticos de combate à delinquência, dado que: «assim como a individualisação da pena

---

[27] Idem, *Ibidem*, p. 3.

[28] A. A. Mendes Corrêa, *Creanças delinquentes, subsidios para o estudo da criminalidade infantil em Portugal*, Coimbra, 1915, pp. 110-111.

[29] Luís de Pina, *op. cit.*, p. 705.

[30] Cfr. A. A. Mendes Corrêa, *Creanças delinquentes...*, pp. 118-128.

[31] A. A. Mendes Corrêa, «Instrucção e Criminalidade em Portugal», Sep. do *Porto Médico* (2.ª série, n.º 1), Porto, 1912, p. 7.

se impõe para os criminosos, assim para os mendigos se impõe a individualisação da assistência. A esmola nas ruas favorece e estima o crime[32]». Nesta correlação se encontram subentendidos que tanto a agressividade e violência, estão relacionados com a fome, a sede, a cólera e a alegria.

Mas ao contrário da caridade individualizada e a prestada pelas instituições religiosas aos internatos, asilos, hospitais, Mendes Corrêa, estabeleceu a necessidade de uma assistência domiciliária, baseada no conhecimento prévio do miserável: «exercido por meio de visitadores idóneos, e constando de dádivas em géneros, vestuário ou dinheiro, consoante a personalidade e necessidades do beneficiado[33]». Só assim seria possível a compreensão da delinquência, através do estudo da personalidade do indivíduo no seu ambiente vivencial, da aprendizagem escolar, na educação moral e religiosa, da capacidade económica familiar e na sua interacção social. Portanto, a análise de Mendes Corrêa, passava por um esclarecimento de cada caso e sua natureza concreta de apoio social a prestar, para obviar irregularidades possíveis parante o subsidiado, afirmando a este respeito: «Assim como muitos delinquentes são conduzidos a partir do crime por anomalias francamente patológicas, assim também é a fatalidade da doença ou da invalidez física ou mental que determina muitos individuos, desajudados de assistência familiar e de assistência publica, a estender as mãos á caridade dos transeuntes[34]».

Foi contudo na alegação de existência de uma «Nova Antropologia Criminal», que Mendes Corrêa, veria fomentar quezílias com alguns reputados criminalistas europeus que defendiam as teses Lombroso. Assim na abertura do ensaio A nova e a velha Anthropologia Criminal, o autor reconheceu nunca esperar que o seu artigo intitulado de «Nova Antropologia Criminal», levanta-se tanta irritabilidade por parte de alguns investigadores forenses ao definir a existência de uma nova Criminologia, porquanto não passava de «uma contribuição importante para sua renovação[35]», ilustrando que esse qualificativo não significava uma disciplina diferente com o propósito de demonstrar a existência biologismo, patologismo e sociologismo, que nas suas palavras: «havia sido modificador ou até abandonadas, sob influência dum ambiente mais calmo e prudente e de elementos novos fornecidos por disciplinas connexas ou subsidiarias[36]».

Desta forma as teses defendidas por Mendes Corrêa, foram alvo de discussão em especial pelo Prof. Carrara, sogro de Lombroso e continuador da cátedra em Turim. Objectava o criminologista italiano, da expressão sugerida por Mendes Corrêa de «delinquente normal» de pouco feliz. Contudo o antropólogo portuense na sua réplica, defendia que a palavra «normal» figurava como substantivo e «delinquente» como adjectivo significativo ao qual traduzia como expressão o indivíduo biologicamente e psicologicamente normal que praticou o crime: «são os 'pseudo-delinquentes', dizem Carrara e os seus confrades lombrosianos. Mas quem pratica delictos, não é 'delin-

---

[32] A. A. Mendes Corrêa, «Mendigos e Criminosos» Sep. do *Portugal Médico* (3.º série – vol. V, n.º 1 – 1919), Porto, 1919, p. 8.

[33] Idem, *Ibidem,* p. 8.

[34] Idem, *Ibidem,* p. 3.

[35] A. A. Mendes Corrêa, *A nova e a velha Anthropologia Criminal,* Rio de Janeiro, 1937, p. 3.

[36] Idem, *Ibidem.*

quente'? Nenhum diccionario, nenhum codigo, nenhum magistrado – escrevemos então – definirá doutra maneira a palavra 'delinquente'[37]».

Tais intransigências levaram Carrara, afirmar de nada de original encontrava nas bases da nova Antropologia Criminal, porque era propriamente Antropologia Criminal de Lombroso, que estava presente, e se apresentava apenas a Psicologia individual dos delinquentes, está tinha raízes muito mais antigas, o que levou Mendes Corrêa a responder que o seu ensaio não tratava apenas de psicologia individual dos delinquentes, «mas sobretudo psychologia individual dos delinquentes» ligada aos aspectos psico-morais. que: «A velha escola de psychologia criminal a que alludia Carrara e que vem do seculo XVIII, não é a moderna psychologia individual, servida pelos methodos de que hoje se dispõe e illuminada por orientações novas, como as que surgiram na psychiatria, na psychologia experimental, etc[38].

Mas as divisões do académico não só se estenderam a Carrara, igualmente o Prof. Gaetano Boschi, membro da Sociedade Italiana de Antropologia e Psicologia de Ferrara, levaram a tecer observações sobre a Nova Antropologia Criminal e Antropologia Criminal Integral, defendida por Saldaña, e designadamente por Benigno Di Tullio, professor de Antropologia Criminal da Universidade de Roma, e ao qual Mendes Corrêa, reconhecia autoridade científica, ao confirmar as suas investigações em muitos milhares delinquentes.

O pensamento Di Tullio, manifestava-se que a Nova Antropologia Criminal, não tinha trazido à «velha» Antropologia Criminal, contributos inovadores, definindo por isso a Antropologia Criminal como uma ciência originariamente italiana bem como as suas disciplinas auxiliares. Contudo considerou que a mesma tinha evoluído perante as novas técnicas de investigação. Neste sentido, considerava que os trabalhos desenvolvidos por Saldaña eram importantes, sobretudo nas suas conclusões.

Perante tais factos a Nova Antropologia Criminal, tendia novos critérios de «individualização» na definição dos caracteres «sobretudo moraes, de cada indivíduo» e em contraste com a escola lombrosiana, visava apenas a inclusão de cada delinquente num compartimento de classificação como refere Mendes Corrêa: «Decerto as classificações têm um valor auxiliar, mas raro são os casos de criminalidade reductiveis á simplicidade eschematica do tipo[39]».

Podemos portanto aduzir que o trajecto científico de Mendes Corrêa, teve em conta os aspectos de valorização criminógenos extrínsecos do indivíduo, em todas as fases de desenvolvimento de forma a arquitectar a personalidade criminógena, para o qual o Direito Penal da sua época, era em mero elemento do processo delitivo, uma espécie de objecto secundário e quase marginal a não ser para receber a pena. Como denota o Prof. Pinto da Costa: «era assim que o Direito Penal, numa perspectiva antropológica criminal e patológica preferia os doentes psíquicos[40]». Nesta sensatez o antropólogo portuense tinha como objectivo o conhecimento profundo do delinquente, no sentido da sua personalidade biológica, no qual possibilitava antever como essa personalidade

---

[37] Idem, *Ibidem*, p. 5.

[38] Idem. *Ibidem*.

[39] Idem., *Ibidem*, p. 68.

[40] José Pinto da Costa, «Delinquência dos Doentes Mentais», *op. cit.*, p. 149.

agiria em determinadas circunstâncias, perante certos estímulos intrínsecos e extrínsecos, ou seja nos métodos presentemente aplicados em Criminologia.

BIBLIOGRAFIA CITADA

AUGUSTO, Ferreira, 1900, Assistência judiciária, Serviços médico legais, Alienados criminosos. Notariado, Porto.

CORRÊA, A. A. Mendes, 1912, «Instrucção e Criminalidade em Portugal», Sep. do Porto Médico (2.ª série, n.º 1), Porto.

—, 1913, Os Criminosos Portugueses, Porto, Imprensa Portuguesa.

—, 1915, Creanças delinquentes, subsidios para o estudo da criminalidade infantil em Portugal, Coimbra, F. França Amado, Editor.

—, 1919, «Mendigos e Criminosos», Sep. do Portugal Médico (3.º série – vol. V, n.º 1 – 1919), Porto, Tip. da Enciclopédia Portuguesa.

—, 1919, Raça e Nacionalidade, Porto, Renascença Portuguesa.

—, 1928, «Antropologia Criminal Integral, o normal delinquente e a crise moral», Sep. do Boletim do Instituto de Criminologia, Lisboa, Oficina Gráfica da Cadeia Nacional.

—, 1937, A Nova e a Velha Anthopologia Criminal, Rio de Janeiro, Imprensa Nacional.

—, 1946, Em face de Deus, Porto, Fernando Machado.

CUNHA, Alberto Xavier da, 1976, «A Antropologia Física em Portugal, até aos fins do século XIX», in História e Desenvolvimento da Ciência em Portugal, Lisboa, vol. II.

MERCIER, Paul, 1966, Histoire de l'Anthropologie, Paris, Presses Universitaires de France.

PESSOA, Alberto, 1940, «História da Introdução em Portugal dos Métodos Científicos de Identificação Criminal», in Congresso do Mundo Português, Lisboa, vol. XII.

PINA, Luís de, 1940, «A Antropologia Criminal em Portugal, síntese histórica» in Congresso do Mundo Português, Lisboa, vol. XII.

PINTO DA COSTA, José, 2000, Psiquiatria e Psicologia Forenses, Instituto de Medicina Legal do Porto, texto policopiado, Porto.

RODRIGUES, Custódio, 1998, Motivação, Porto, Edições Contraponto.

•

Resumo – A presente comunicação tem como finalidade analisar a influência da Antroposociologia e Criminalística na carreira inicial do Professor Mendes Correia.

Desta forma a formação intelectual do lente portuense, inseriu-se dentro de um espírito muito peculiar, vivido nos finais do século XIX até ao primeiro quartel do século XX, no qual a Academia Politécnica do Porto foi um alfobre de efervescência de novas ideias políticas e sociais preconizadas pelos seus estudantes, no qual a ciência e o modelo transformista foram encarados como referiu o autor (anos mais tarde), de oráculo do problema da vida e da alma, no qual o bisturi reduzia o homem a um: «complexo físico-químico explicável por tactismos e tropismos pela termodinâmica e pela electricida».

Abstract – The lecture aims at analysing the influence of Anthroposociology and Criminal Law in the early career of Professor Mendes Correia.

The intellectual education of this Professor from Oporto was built within the frame of a very peculiar spirit that was felt in the end of the nineteenth century and first quarter of the twentieth century. During this period, the Polytechnic Academy of Oporto was the ground where new political and social ideas germinated and were proclaimed by the students; where science and the transformist model were seen as the oracle for the problems of life as the author stated (some years later); where the scalpel reduced man to a 'physicochemical complex, explained through tactism and tropism by thermodynamics and electricity'.

José Augusto Mourão* ; Maria Estela Guedes**
* *Faculdade de Ciências Sociais e Humanas, Universidade Nova de Lisboa, Portugal*
** *Centro Interdisciplinar de Ciência, Tecnologia e Sociedade da Universidade de Lisboa, Portugal*

OS MONSTROS NO NATURALISMO

«Monstra vero per excessum sunt».

D. Vandelli

«É extremamente difícil senão impossível definir o que seja um indivíduo normal»

J. A .Pires de Lima

«L'imaginaire a cette caractéristique d'abhorrer les frontières nettes, les objets bien délimités dans leur apparence . Quoi de plus concret qu'une pierre, forme saillante permanente s'il en fut? C'est pourquoi la pensée rationnelle s'efforce de ramener la propagation des prégnances à des constructions combinatoires de formes saillantes: réduire l'imaginaire au symbolique, tel est son idéal, réduire toute propagation à une construction de solides, comme l'enfant avec un jeu de cubes (et le démiurge du Timée n'en était pas si loin)».

René Thom

«Observatio diuturna, notandis rebus, fecit artem», dixit Cicero num livrinho que se intitula *De divinatione Liber II*. Essa passou a ser a divisa do Instituto de Anatomia da Faculdade de medicina do Porto que se tornou, ao tempo de J. A. Pires de Lima um centro de estudos de teratologia descritiva. A divisa da biblioteca Regenstein da Universidade de Chicago não anda muito longe do «espírito» que preside às Associações de Filosofia Natural: «Onde o crescimento cresce, a própria vida se alarga, clarificada e amelhorada». Não obstante isso, o obscurantismo e a ignorância convivem bem com essa forma subtil de vontade de poder dissimulada na forma mais sincera da humildade – aquilo a que chamamos o desejo de verdade. O fantasma da inquisição é a pureza da fé. Que destino tiveram os judeus e os ciganos, mas também os atrasados mentais e outras criaturas consideradas como desvios à «raça pura»? Onde nos levara o horroroso culto da uniformização em que todos temos de corresponder a um formato? Que fazer do conceito biométrico de anomalia, ou do conceito estatístico de normalidade?

A que fantasma serve a ciência? De que «vida» se ocupa? Que formas de eugenismo dissimula?[1] Não teremos entrado há muito na projecção aterrorizadora de uma forma de eugenismo, não ideológico – aquele que designaria categorias de pessoas que não merecem viver – mas técnico? Não se terá a técnica deparado da ciência que servia a Vida que fala em verdade? Não estará o próprio discurso ético a alinhar-se com o discurso técnico, sob pretexto de caridade: fazer as coisas o melhor possível?[2]

Fenómenos saturados

É verdade. Para ver basta ter olhos. Olhar exige muito mais: e necessário discernir o visível de si próprio, distinguindo nele planos em profundidade e em largura, delimitar formas, observar mudanças e seguir movimentos. Olhar acaba por ser impor objectivos ao visível e, pouco a pouco, a fazer dele objectos. Em Filosofia fala-se de fenómenos saturados e de fenómenos comuns[3]. Um fenómeno é o encontro entre uma percepção sensível e uma significação. Na maioria dos casos temos significações verificadas apenas e parcialmente através das intuições sensíveis (ex. do automobilista comum que tem um conceito relativo do seu carro, não um conceito total, como aquele que o concebeu). Mas nos temos também a experiência de determinados fenómenos que não são correntes, que podem acontecer, mas raramente, em que o dado intuitivo superabunda (quando se ama ou sofre, etc.). Esse é um caso de fenómeno saturado, e a maior dificuldade está no encontro de fenómenos intuitivos cujo sentido se ignora. São casos em que a dificuldade resulta do atraso do conceito sobre o dado sensível. A ideia de fenómeno saturado conota o excesso da intuição sobre a significação ou o conceito, o que deixa crer que este género de fenómeno não se deixa subssumir sob a categoria geral do objecto. O acontecimento dá-nos o mundo na sua quantidade imprevisível, o ídolo dá-nos o visto na sua intensidade insuportável, a carne dá-me a mim mesmo na minha absolutidade, o ícone dá-me a outrem ma sua alteridade «irregardable». Claude Bernard afirmava que «qualquer manifestação dum fenómeno no ser vivo esta necessariamente ligada a uma destruição orgânica»[4]. O monstro e aquilo que não cabe no corpo identitário moderno, como hoje o «cyborg» remete para a utopia de uma «imagem condensada da imaginação e da realidade material que conjuntamente estruturam toda a possibilidade de transformação histórica»[5].

---

[1] O nazismo, como sublinha G. Agamben, fará da vida nua do *homo sacer*, definida em termos biológicos e eugénicos, o lugar de uma decisão incessante sobre o valor e a ausência de valor, onde a biopolítica se transforma continuamente em tanatopolítica (G. Agamben, *O poder soberano e a vida nua*, Presença, 1998, p. 146.

[2] M. Barbosa Sueiro fala a propósito da anatomia de «finalidade utilitária - mas de virtuoso utilitarismo» (Sueiro, 1950, 26).

[3] Jean-Luc Marion, *De surcroit*, PUF, 2001, p. 61, p. 121.

[4] Claude Bernard, Leçons sur les phenomenes de la vie communs aux vegetaux et aux animaux, Paris, Vrin, 1966.

[5] Estou a parafrasear o *Manifesto Cyborg* de Donna Haraway, amplamente disponível na Internet.

Abdução

A ciência só e tal qual e para cientistas tais quais são: inchados, ressentidos, deterministas, positivistas[6]. Desde Bacon que se pensa que a imaginação é também criadora de teorias que a observação e a experiência confirmam. E verdade que o sentido esta sempre pressuposto desde que se começa a falar. Podemos canalizar todos os enunciados sob a tutela dum paradigma cuja sintaxe e legitimada pelas suas condições de verdade. Ou pode-se apreender o sentido no ponto em que o paradoxo e o sem sentido se confrontam com o bom senso e o senso comum, como sinais de que e necessário dar lugar a outras dimensões da expressão. C. S. Peirce definiu a abdução como o processo de inovação de sentido e de referência ao nível da hipótese constitutiva de uma teoria:

«A abdução é o processo de formação de uma hipótese explicativa. É a única operação lógica que introduz uma nova ideia; porque a indução nada faz senão determinar um valor, e a dedução envolve meramente as consequências necessárias de uma hipótese pura.»
(Peirce, 1934: V; ver também 106)

Nesse sentido, a ciência deveria combinar diversos instrumentos: «(...) concebemos naturalmente a ciência como tendo três tarefas: (I) a descoberta de Leis, que é conseguida pela indução; (2) a descoberta de Causas, que é conseguida pela inferência hipotética; (3) a predição de Efeitos, que é conseguida pela dedução» (Peirce, cit. in Apel, 1981: 103-104). Dado que a verdade da dedução é condicionada pela verdade das premissas, e a indução meramente determina as grandezas, é a abdução que introduz novas ideias e determina as inferências probabilísticas. A abdução descreve ainda um acto de iluminação, um flash: a «súbita ideia» de Newton, a leitura de Malthus por Darwin ou ainda a sua analogia definindo a hipótese de descendência comum, a «iluminação» de Poincaré, a «ideia fecunda» de Claude Bernard (Stengers, Schlanger, 1991: 70).

Um modelo de interacção considera a legitimidade de três processos de crescimento do conhecimento – indução, dedução e abdução – e tal comparação apresenta uma solução que anula o paradoxo de Hume: «(...) a indução sem abdução é cega, a abdução sem indução é vazia (...) (Apel, 1968: 89). Esta visão é responsável por modificações revolucionárias na ciência, e confirma o papel essencial da inovação metafórica. A própria evolução do evolucionismo darwinista é um exemplo destes processos, dos que o seu estatuto científico mudou a partir do momento em que assimilou as leis de Mendel – que foram uma novidade definida numa disciplina diferente e modificando o mapa das experiências tradicionais e inconclusivas dos botânicos com a hibridação (Bertalanffy, 1952: 69): a abdução transformou a botânica e depois a sua retranscrição metafórica na biologia definiu o programa neo-darwinista. Nesse sentido, a abdução não é mais do que uma nova designação para a escolha das metáforas, ou das hipóteses iniciais, que é essencial em qualquer teoria. Na astronomia, considera-se que a descoberta da órbita de Marte por Kepler é um exemplo deste tipo de processos (Apel, 1968: 88-89).

---

[6] António Manuel Baptista, *O Discurso Pós.Moderno Contra a Ciência. Obscurantismo e irresponsabilidade*, Gradiva, 2002.

Anatomia de casos

A medicina dita oficial, universitária e subsidiada pelo Estado, continua a reivindicar para ela só ao mesmo tempo a cientificidade e o reconhecimento oficial. A medicina oficial desenvolveu sobremodo a racionalidade segundo fins, a razão eficaz que se propõe objectivos e inventa os meios para os realizar. E nisso ela esta conforme ao imperativo essencial da modernidade. Não saímos ainda dessa visão dualista. E. Landowski escreve, a este propósito: «o gabinete medico, lugar de um saber cada vez mais sofisticado, aparece paradoxalmente, em razão do imobilismo conceptual que nele se vê perdurar, como o santuário do positivismo mais sumario e mais retrogrado»[7]. Pires de Lima (1937) assaca a Descartes erros grosseiros (fantasias cartesianas), este por exemplo com imensa voga na filosofia biológica: a localização na glândula pineal da alma humana. Trata-se do mesmo «erro de Descartes» sobre que escreve António Damásio?

Como já escrevi algures, «O monstro reflecte sempre uma determinada ordenação do mundo, seja este natural ou cultural. Eles são a ruptura da ordem em que cristalizam valores sociais e formas de conhecimento. Produz sentimentos e reacções contraditórias: medo, temor, asco, mas também prazer e lubricidade. Parte às vezes de uma cultura demonológica, outras vezes representação do exótico, do desconhecido, do estranho. Ou se manifesta de forma lúdica (*lusus naturae*), carnavalesca, ou transporta consigo o estigma da admonição (*Deus Irae*). O monstro não é só o negativo de formas variadas, mas também de graus diferentes de civilidade. Ambíguo, portanto»[8]. O recurso a Antiguidade tem aqui alguma pertinência. A definição aristotélica de monstro (*teras*): «Alias aquele que não se parece com os pais e já, de certa maneira, um monstro porque, neste caso, a natureza se afastou do tipo genérico»[9]. Um andrógino e um prodígio que publicamente deve ser exposto como sinal maléfico que o Estado deve fazer desaparecer. Passou-se a outra atitude: interpretar o fenómeno como um erro da natureza, uma má-formação anatómica rara, mas explicável. Os seres dotados dos dois sexos serão vistos como um jogo da natureza, e o que Plínio o Velho explicitamente diz. A bixexualidade foi recebida primeiro como monstruosidade, ameaça, depois como fenómeno explicável e finalmente tolerado, recuperado como um «bem» de consumo[10].

Há monstros duplos. Há um monstro duplo humano do género esternópago, em que os dois fetos tem lábio leporino (Pires de Lima, 1941). Há casos de ectrodactilia, não apenas na lenda. Há uma santa barbada (Pires de Lima, 1916), prova de que, segundo Zacuto, «Faeminae ergo in viros verti possunt». Não é para Le Double a nossa península a região mais fértil em mulheres barbadas? Há o caso da ectrodactilia na

---

[7] Eric Landowski, «Fronteiras do corpo», in RCL, Maio de 2001, nº 29, p. 273.

[8] Jose Augusto Mourao, «Anjos e mutantes: o hibridismo apocaliptico», in Cadernos ISTA, nº 8, 1999. p. 99.

[9] Aristoteles, *Generation des animaux* IV 2, 767b.

[10] Cf. Luc Bisson, Le sexe incertain. Androgynie et hermaphroditisme dans l'Antiquite Greco-romaine, Ed. EDDIF, Casablanca, 1992.

lenda que J. A. Pires de Lima (1919) analisa.[11] Ou o caso de polidactilia transitoria sobre que o mesmo cientista escreve[12]. Ou ainda dois casos de polimastia[13]. Há o monstro fêmea, com duas cabeças, uma só vulva, dois orifícios anais, dois braços e duas pernas que J. A. Pires de (1925) estuda[14] .Há inúmeros casos de hermafroditismo e intersexualidade. Mas há também o erro e a impostura teratológica, por exemplo a do «Galo-fenómeno» que apresentava dois longos cornos implantados na cabeça e que Pires de Lima se diverte a depenar, sacrificando a seguir um outro para verificar que os seus órgãos sexuais eram masculinos. Há o bacorinho monstruoso que nasceu com mais dez bacorinhos vivos e viáveis. Há a fusão de duas cabeças e independência da parte posterior de dois indivíduos que o Prof. Julin analisa. Há o reducionismo de Lombroso que conclui que em pelo menos em certa classe de criminosos havia numerosos estigmas morfológicos que distinguiam os delinquentes dos indivíduos normais.

A norma anatómica (Sueiro, 1950) faz lei. «Monstra vero per excessum sunt», escreve Vandelli (1776). Porém, o normal foi sempre a *crux* da ciência. O híbrido foi sempre a ameaça, apesar do que diz Simon Mawer: «A mestiçagem é um bom princípio. O que há de melhor não é o que é híbrido? Os melhores cães – e tenho a certeza – são os vira-latas»[15]. Em que outro lugar a imaginação tem maior entrada do que este? As normas são essenciais aos discursos que animam a vida social. A sua constituição esquemática explica o impacto afectivo que acompanha a sua aparição discursiva. A norma parece exigir uma boa distância, da parte das ocorrências que ela avalia, e que não devem tomar o seu lugar. As normas manifestam uma sensibilidade dupla, correspondendo a uma topologia com duas entradas (pouco/assaz/demasiado), que regula os comportamentos aproximativos, nomeadamente a imprecisão exigida, de todos os fenómenos normativos, do domínio da gramática ao da jurisdição. Mas, em último caso, na norma trata-se da estabilização do imaginário através da referência ao *semelhante*, mecanismo que caracteriza a identificação categorial e analógica (P. A. Brandt). Não obstante, mesmo entre cientistas o conceito de norma está sujeito a discussão. Carlos May Figueira (1864) considera impossível aceitar a ideia de Pareo (1633) segundo a qual haveria hermafroditas com dupla aptidão geradora. Geoffroy Saint-Hilaire (fundador da teratologia em bases científicas) tem a melhor classificação: «hermafroditas com excesso e sem excesso)[16]. Para Luís Guerreiro (1921) o corpus da anatomia é o corps – cadáver. No entanto a anatomia é considerada ramo da Biologia. A anatomia faz descrições-tipos sem olhar às modificações somáticas que os indivíduos

---

[11] Arquivos de História da Medicina Portuguesa, Porto, nova série, ano 10 (3): 6 pp.

[12] J.-A. Pires de Lima (1920) - Polydactilie transitoire. Extrait des Comptes rendus des séances de la Société de Biologie, LXXXIII, p. 190.

[13] Deux cas de polymastie. Extrait de la Gazette Médicale du Centre. Tours, Imprimerie Tourangelle, 12 pp.

[14] J.-A. Pires de Lima, Le grand pectoral chez les monstres doubles. Extrait de Comptes Rendus de l'Association des Anatomistes (Vingtième réunion, Turin, 6-8 avril 1925), Éditions Médicales, Paris, 6 páginas.

[15] Simon Mawer, «Freaks», Pública, 3 de fevereiro de 2002.

[16] Carlos May Figueira (1864) - Observação de um caso de hermaphrodismo masculino colhida no Hospital de S. José. Imprensa Nacional, Lisboa, p. 11.

podem sofrer, provocadas pelas inúmeras contingências que moldam a matéria viva: «Estas descrições tipos correspondem a hipotéticos indivíduos normais; qualquer outra disposição, não incluída nessas descrições, na mesma letra dos tratados de anatomia e conforme eles, ou constitui uma anomalia, que pode ser grande ou pequena, ou uma *variação, anomalia* ou *monstruosidade*, segundo a sua aparência. A adoptar-se este modo de ver, certamente nos sujeitaríamos à contingência de concluir que o homem normal, quer dizer, aquele que corresponde à descrição dos autores, é um homem que não existe! A própria normalidade seria, assim, privativa dos tratados (...)». O autor não aceita o esquema em nome do transformismo, pois os conceitos de anomalia, etc., só seriam válidos em espécies imutáveis. Vale o mesmo para a definição de monstro de E. Rabaud e de normal e anormal de Rosenberg. Acaba por se substituir o termo anomalia por variação[17].

Coda

Agamben, ao fazer a genealogia do conceito de vida, conclui que em toda a medicina grega não há um conceito médico-científico, como se pensa, mas um conceito filosófico-político. «O homem é o ser vivo que não tem nenhuma vocação biológica, histórica, etc. É um ser de potência que não se identifica com nenhuma figura determinada»[18]. É fácil identificar um monstro. É fácil idealizar a forma humana, as suas variações musculares. Para o naturalista a vida não tem mistérios, tão bem ele vê, tão bem educou o senso crítico. Não será então necessário bem ver para melhor compreender? Se não podemos negar ao corpo medical uma existência histórica, científica ou ideológica, e pelo menos necessário reconhecer que esse corpo não é todo o corpo (quer dizer o todo duma imaginação do seu real) e trabalhar pelo menos com o mínimo de imaginário com que Valery tentava descobrir nele funções figurativas, ordens fantasmáticas.

Todo o discurso medical contemporâneo, higienista e moral, de que as bonecas de Pierre Spitzner são uma espécie de caricatura, apoia-se num catálogo desordenado das aberrações de imagens do corpo[19]. Para lá das aberrações iconológicas, é necessário notar que a «escrita» medica não tende a fazer significar algo ao corpo. E não se esqueça o seguinte: «From the point of view of the subject, the representation of the body, even when narrowly biological, is always an image of the self: identity, genealogical resemblance, cultural norm and configuration, etc. »[20].

Há muito que o corpo feminino deixou de ser o duma deusa (Diana ou Helena), aparecendo associado ao disforme, a gorgona, como os corpos disformes da pintura de

---

[17] Luís Guerreiro (1921) - Sobre a doutrina e a escola anatómica do Prof. H. de Vilhena. Instituto de Anatomia da Universidade de Lisboa. Arquivo de Anatomia e Antropologia, VII, 38 p. 1.

[18] «A política deve ser orientada para a ideia de felicidade», Entrevista de António Guerreiro in *Expresso* 8 Novembro 1997, p. 26.

[19] Jean Louis Schefer, *Choses écrites. Essais de literature et à peu près*, Paris, POL, 2000, p. 169.

[20] Olivier Abel, «The Human Subject in Image of a Body», *Diogenes*, nº 172, Vol. 43/4, Winter 1995, p. 55.

Jenny Saville. Os corpos de Saville são uma superfície sem fundo, pura pele, como este Híbrido (1977), uma obra em que Saville nos oferece uma visão do corpo recomposto a base de fragmentos de outros corpos.[21]Como estamos longe do «Estudo de anatomia artística» em que Pires de Lima (1944) estuda a exuberante musculatura (em especial o deltóide) do *Negro* ou do *Pescador* ou de *Afonso Henriques* de Soares dos Reis! O movimento naturalista na Arte tem de facto uma profunda influencia na anatomia. Mas o ponto de vista da anatomia ao estudar as variações do deltóide e considerar essas variações como anomalias. A conclusão é elucidativa: «Um verdadeiro artista não copia a natureza como um fotógrafo. Interpreta, idealiza, mas nunca deturpa os factos. Quando vejo certas esculturas modernas com a musculatura deformada, convenço-me que o Artista não se guiou pelo que viu, mas antes pela sua fantasia»[22]. E todavia, haverá, no discurso dos saberes, discurso mais marcado por uma espécie de regularidade do fantasma (o do corpo como objecto, como labirinto, etc.) do que o discurso da medicina?

Corpus teratológico

Está em linha uma terato-exposição, «A Norma e o Monstro», em http://www.triplov.com/monstros, que constitui uma das fontes deste trabalho, com textos dos dois autores e concepção de Maria Estela Guedes (webmaster).

FIGUEIRA, Carlos May (1864) – Observação de um caso de hermaphrodismo masculino colhida no Hospital de S. José. Imprensa Nacional, Lisboa, 22 pp..

GUERREIRO, Luís (1921) – Sobre a doutrina e a escola anatómica do Prof. H. de Vilhena. Instituto de Anatomia da Universidade de Lisboa. Arquivo de Anatomia e Antropologia, VII, 38 pp..

LIMA, J. A. Pires de (1916) – Uma santa barbada (A propósito da lenda de Santa Vilgeforte). Separata dos Arquivos de História da medicina Portuguesa, (VII), 1, 14 pp..

LIMA, J. A. Pires de (1919) – A ectrodactilia na lenda. Arquivos de História da Medicina Portuguesa, Porto, nova série, ano 10 (3): 6 pp..

LIMA, J. A. Pires de (1937) – Primeiro: ver. Extracto de Trabalhos da Associação da Filosofia Natural, I (3), 16 pp., fotos.

LIMA, J. A. Pires de (1938) – Os Monstros ônfalositos. Boletim da Associação da Filosofia Natural, I (1) 1-24.

LIMA, J.-A. Pires de (1940) – Monstros ciclocefalianos. Separata de Folia Anatomica Universitatis Conimbrigensis, XIII (2), 28 pp.

LIMA, J. A. Pires de (1941) – Novos subsídios para o estudo dos monstros duplos. Extracto dos Anais da Faculdade de Ciências do Porto, XXVI, 12 pp..

LIMA, J. A. Pires de (1944) – Estudo de anatomia artística – variação muscular numa escultura de Soares dos Reis. Associação Portuguesa para o Progresso das Ciências Médicas e Biológicas. Enciclopédia Portuguesa, Limitada, Porto. 22 pp..

SUEIRO, M.B. (1950) – Conceito de normalidade em anatomia humana. Arquivo de Anatomia e Antropologia, XXVII: 401-409.

---

[21] Veja-se Tonia Raquejo, «Sobre lo Monstruoso. Un paseo por ele amor y la muerte», in *Esteticas del arte contemporaneo*, (ed.) Domingo Hernandez Sanchez, Universidad Salamanca, 2002, p. 71.

[22] J. A. Pires de Lima, «Estudo de anatomia artística. Variação muscular numa escultura de Soares dos Reis», Porto, Enciclopédia Portuguesa, Limitada, 1944, p. 20.

VANDELLI, D. (1776) – Dissertatio de Monstris. Ex Typographia Academico Regia, Colimbriae. 8 pp. 2 estampas.

•

Resumo – Exorcizar a transcendência do domínio político ou científico é um programa comum a Hobbes e a Boyle. Já então, ou era o Estado – reduzido ao papel de Actor – ou o laboratório – um não--humano – que arbitravam sobre a «coisa pública» ou sobre *matters of fact*. Os prodígios aterradores do hermafroditismo, a inter-sexualidade, a santa barbada, os monstros duplos deixam de ser vistos como caprichos da natureza ou da mitologia – inexplicáveis –, passando a ser analisados como más-formações anatómicas – explicáveis. Analisam-se textos e iconografia do monstro, tal como é visto no naturalismo, e de modo particular na medicina. O conceito de normalidade em anatomia humana é um conceito central neste domínio. O monstro, ao colocar problemas antigos: o das fronteiras do normal e do anormal, do puro e do impuro, é um atentado à natureza enquanto disformidade, mas controlável pela ciência, desde que agrilhoado no conceito de variação própria do transformismo, ou do desvio à norma estatística – o que nos deixa a todos matematicamente sossegados.

Abstract – To exorcise transcendence from the political or scientific domain is a common programme to Hobbes and Boyle. At that time, it was already the State (reduced to the role of Actor) or the laboratory (a non-human) that had the control over the 'public thing' or over matters of fact. The terrorizing prodigies of hermaphroditism, inter-sexuality, the bearded saint, and double monsters were no longer seen as inexplicable freaks of nature or mythology, and began to be understood as explicable anatomic malformations. Texts and the iconography of the monster as it was seen in naturalism, and particularly in medicine, are analysed. The concept of normality in human anatomy is a central concept in this domain. By raising old problems - such as the frontier between what is normal and what is abnormal, what is pure and what is impure –, the monster as deformity is an attack against nature, but it is controllable through science as long as it is chained to the concept of variation that is proper to transformism or to the concept of deviation from the statistical norm – what makes us all mathematically undisturbed.

Sérgio Namorado
Pós-Graduado em Ciências Documentais;
Mestrando, Faculdade de Letras da Universidade de Coimbra, Portugal

PASTEUR VISTO POR MIGUEL BOMBARDA

Miguel Bombarda manteve-se sempre atento aos novos ventos da ciência que sopravam por toda a Europa de então. À frente de toda essa corrente de inovação, encontrava-se a personalidade de Louis Pasteur, a mais importante figura da ciência da sua época.

Pasteur: A ciência ao serviço de uma Medicina inteiramente nova

Segundo a imagem do químico francês traçada por Miguel Bombarda, Pasteur, sem ser médico, contribuiu para o evoluir da Medicina muito mais do que qualquer especialista terá feito. Novas esperanças floresceram, mais saber se produziu.

As experiências efectuadas por muitos dos seus contemporâneos, nomeadamente Koch, mais não foram do que novos tijolos acrescentados ao já de si imenso edifício da obra pasteuriana. Na cúpula deste edifício, encontra-se a consagração máxima de toda uma vida: a vacina contra a raiva. A raiva era uma doença rebelde e temível para os povos de todo o mundo e à volta da qual se havia construído um mito de invencibilidade.

O facto de Pasteur ter encontrado a cura da raiva fez surgir a ideia de que nenhuma doença seria invencível para sempre, por mais difícil de combater que fosse. Surgia uma nova atitude e entrava-se assim numa nova etapa no combate às mais perigosas moléstias.

Pasteur: A perseverança genial

O seu rigor matemático, associado a uma perseverança única e a uma curiosidade permanentemente insatisfeita, levaram-no a conseguir resultados que mais nenhum cientista do seu tempo alguma vez teria sonhado.

Obedecendo a um método de trabalho amadurecido ao longo de anos onde a experimentação era levada, sempre que possível até às últimas consequências, Pasteur conseguia ser absolutamente preciso e ao mesmo tempo modesto na apresentação dos seus resultados. Nada era definitivo e cada descoberta não era mais do que uma etapa, fecunda em novas hipóteses. Estas eram confirmadas ou refutadas mediante novas experiências.

Pasteur não declarava vitória, limitava-se a apresentar resultados, sempre comprovados no mais pequeno detalhe. Anos a fio de trabalho intenso, levaram-no a desenvolver um espírito regido por uma lógica de rigor científico, confiante, optimista e persistente. Os factos reais observados e os sucessos progressivos de Pasteur no vencer de novas etapas da sua caminhada científica, vieram confirmar a fecundidade do seu método e da sua lógica de pesquisa.

As investigações que havia efectuado no campo das fermentações, aparentemente tão limitadas na sua utilidade, deram-lhe as bases fundamentais para, mais tarde, poder compreender com mais precisão os fenómenos biológicos.

Deste modo, Pasteur conseguiu grandes progressos e resultados no campo da microbiologia, área do saber que, então, dava os primeiros passos, que foram também os mais importantes.

Louis Pasteur surge, para Miguel Bombarda, como o exemplo máximo de homem de ciência, profundamente dedicado ao seu trabalho empreendedor e ambicioso nos seus objectivos, mas profundamente modesto e pouco exuberante no contacto pessoal.

Admirava ainda a sua relativa indiferença às demonstrações de júbilo popular de que foi alvo no fim da vida, embora as recebesse com a mais profunda gratidão.

Pasteur era, para Miguel Bombarda um modelo perfeito de ser humano.

BIBLIOGRAFIA

«Academia real das sciencias» (Pasteur nomeado sócio da Academia) in «Sociedades scientificas», *A Medicina Contemporanea*, Lisboa, ano 4, nº 15, 11 de Abril de 1886, p. 125.

AGUIAR, Alberto d' – «Influencia da chimica em medicina», *Porto Medico*, Porto, ano 2, nº 11, Novembro de 1905, pp. 349-375.

— «Influencia da chimica em medicina». Cit. por F. S. in «Bibliografia», *Revista de Chimica Pura e Applicada*, Porto, ano 2, 1906, pp. 71-72.

BOLÉU, Luísa Paiva – «Como um santo laico», *Público Magazine*, nº 289, 24 de Setembro de 1995, (Suplemento de Domingo do jornal) *Público*, Porto, ano 6, nº 2025, 24 de Setembro de 1995, pp. 48-55.

BOMBARDA, Miguel – «Hospitalização dos tuberculosos» (Cit.) in «Sociedade das Sciencias Medicas de Lisboa» in «Trabalhos das sociedades scientificas portuguesas», *Revista Portugueza de Medicina e Cirurgia Praticas*, Lisboa, ano 2, nº 29, 1 de Janeiro de 1898, pp. 157-158.

BOMBARDA, Miguel – «Pasteur» (Breve mas aprofundado, estudo sobre Louis Pasteur e a sua importância na história da Medicina), *A Medicina Contemporanea*, Lisboa, ano 13, nº 40, 6 de Outubro de 1895, pp. 314-323.

BOMBARDA, Miguel – *«Pasteur»*. Publicação da «Medicina Contemporanea», Lisboa, Livraria Rodrigues, 1895, 30 pp.

BOMBARDA, Miguel – «A vaccina da raiva (Extracto do relatorio apresentado ao conselho da Escola medico-cirúrgica de Lisboa, pelo prof. M. B.) in 'Trabalhos originaes'», *A Medicina Contemporanea*, Lisboa, ano 5, nº 14, 3 de Abril de 1887, pp. 105-108; nº 15, 10 de Abril de 1887, pp. 113-116; nº 17, 24 de Abril de 1887, pp. 129-132.

BOMBARDA, Miguel (?) – Editorial sem autor expresso, datado de 12 de Julho de 1884 (Cólera e higiene), *A Medicina Contemporanea*, Lisboa, ano 2, nº 28, 13 de Julho de 1884, p. 217.

BOMBARDA, Miguel – Idem, datado de 26 de Julho de 1884 (Cólera e higiene), *A Medicina Contemporanea*, Lisboa, ano 2, nº 30, 27 de Julho de 1884, pp. 233-234.

BOMBARDA, Miguel – Idem, datado de 2 de Agosto de 1884 (Cólera e profilaxia), *A Medicina Contemporanea*, Lisboa, ano 2, nº 31, 3 de Agosto de 1884, pp. 241-243.

BOMBARDA, Miguel – Idem, onde se refere o dia 26 de Outubro de 1885, em que se iniciou uma nova etapa para a Medicina: a apresentação da descoberta da vacina contra a raiva, por Louis Pasteur, *A Medicina Contemporanea*, Lisboa, ano 3, nº 45, 8 de Novembro de 1885, p. 357.

BOMBARDA, Miguel – Idem, datado de 2 de Janeiro de 1886 (Progressos da Medicina e higiene), *A Medicina Contemporanea*, Lisboa, ano 4, nº 1, 3 de Janeiro de 1886, pp. 1-2.

BOMBARDA, Miguel – Idem, datado de 10 de Abril de 1886 (Sobre o médico enviado a Paris, para estudar o novo método de Pasteur contra a raiva) (Excerto), *A Medicina Contemporanea*, Lisboa, ano 4, nº 15, 11 de Abril de 1886, p. 121.

BOMBARDA, Miguel «Um precursor de Pasteur» (Hameau) in «Curiosidades Medicas», *A Medicina Contemporanea*, Lisboa, ano 17, nº 17, 16 de Abril de 1899, pp. 130-131.

— «Novos trabalhos sobre a raiva» (Comunicação de Pasteur) in «Movimento scientifico», *A Medicina Contemporanea*, Lisboa, ano 2, nº 12, 23 de Março de 1884, p. 95.

SANTOS, João Marques dos – *A vida e obra de Louis Pasteur. Sua influência na Universidade de Coimbra e na Cidade de Coimbra. Conferência...*, Coimbra, Imprensa da Universidade de Coimbra, 1923, 1 fl., 154/96, 65 pp.

SILVA, Agostinho da – *Vida de Pasteur*, Col. Obras de Agostinho da Silva. Edição de José A. Ribeiro. Lisboa, Ulmeiro – Livraria e Distribuidora Lda, 1989, 98 pp.

TORGO (JUNIOR), Alves – «Vaccinação carbunculosa» e «Manual operatorio de vaccinação», in «Secção de Medicina Veterinaria», *Revista de Medicina Dosimetrica*, Porto, ano 3, nº 24, Abril de 1882, pp. 482-484.

— «Tratamento pasteureano de prophylaxia antirabica» in «Miscellanea», *Coimbra Medica*, Coimbra, ano 7, nº 20, 15 de Outubro de 1887, p. 308.

— «A vaccina da raiva» in «Variedades», *A Medicina Contemporanea*, Lisboa, ano 5, nº 41, 9 de Outubro de 1887, p. 326.

ZWEIG-WINTERNITZ, F. M. – *Pasteur – O Sábio e o Grande Amigo da Humanidade*. Tradução de Maria Henriques Osswald F. I. L. Porto, Livraria Civilização – Editora, 1940, 232 pp.

•

Resumo – Miguel Bombarda manteve-se atento aos novos ventos da ciência que sopravam por toda a Europa de então. À frente de toda essa corrente de inovação encontrava-se a personalidade de Louis Pasteur, a mais importante figura da ciência da sua época. No presente poster dá-se a conhecer o modo como Miguel Bombarda analisou a figura de Pasteur.

Abstract – Miguel Bombarda was aware of the new winds of science that blew all over Europe during his time. Heading this innovation movement was Louis Pasteur, the most important figure of science at the time. The poster aims at showing the way Miguel Bombarda analysed the figure of Pasteur.

Maria Luísa Villarinho Pereira
Sociedade de Geografia de Lisboa, Portugal

MIGUEL BOMBARDA E O XV CONGRESSO INTERNACIONAL DE MEDICINA – LISBOA, 1906

No início do século XX, a dezanove de Abril de 1906, foi inaugurado na Sala Portugal da Sociedade de Geografia de Lisboa, o *XV Congresso Internacional de Medicina*, que decorreu no novo edifício da Escola Médico-Cirúrgica de Lisboa. Este memorável encontro, que reuniu mais de dois mil congressistas, abrangeu cento e trinta e quatro temas de estudo e quinhentas comunicações livres, e contribuiu significativamente para a evolução da Medicina em Portugal.

O grande impulsionador deste evento foi o Secretário Geral, Prof. Miguel Augusto Bombarda (1851-1910), licenciado pela Escola Médico-Cirúrgica de Lisboa, em 1877, e um dos sócios fundadores da *Associação dos Médicos Portugueses*. Cinco anos antes, Miguel Bombarda fora também Secretário Geral do primeiro *Congresso dos Nucleos da Liga Nacional contra a Tuberculose*, presidido pelo Prof. José Joaquim da Silva Amado. Das questões debatidas neste encontro, organizado pelo núcleo de Lisboa, em 1901, foi considerada mais relevante a *Prophylaxia social pratica da tuberculose*. No ano seguinte, teve lugar um segundo Congresso em Viana do Castelo, dois anos depois em 1904, o terceiro na cidade de Coimbra e, finalmente, o quarto no Porto em 1907.

Na área da Psiquiatria, a que se dedicou, o Prof. Miguel Bombarda dirigiu e reorganizou, em Lisboa, o *Hospital de Rilhafoles*, onde em 1896 organizou um inovador curso da especialidade. Médico com grande influência social e política, polémico nas suas convicções filosóficas, dinamizou a vida portuguesa e foi um dos fundadores e director do jornal *Medicina Contemporânea*. *Maçon*, anticlerical e adepto da mudança do regime, pelo assassinato de que foi vítima, a três de Outubro de 1910, foi consagrado como um símbolo do ideal republicano e da implantação de República em Portugal.

•

Resumo – O Prof. Miguel Bombarda (1851-1910) maçon que deixou o seu nome ligado à República Portuguesa, foi licenciado pela Escola Médico-Cirúrgica de Lisboa, em 1877, e Professor de Fisiologia e Histologia nesta mesma Escola, desde 1880. Especializado em Psiquiatria, foi Médico do Hospital de S. José e Director de Rilhafoles onde, em 1896, instituiu um curso de Psiquiatria. Em 1901, organizou o primeiro Congresso dos Grupos da Liga Nacional contra a Tuberculose. Cinco anos depois veio a ser Secretário Geral do XV Congresso Internacional de Medicina, acontecimento que reuniu em Lisboa mais de dois mil congressistas. Durante dois anos, o Prof. Miguel Bombarda dirigiu o Boletim Oficial do Congresso, divulgado além fronteiras. O seu dedicado trabalho na Organização do Congresso contribuiu significativamente para o êxito deste notável encontro científico e para a evolução da Medicina em Portugal, nomeadamente no estudo do cancro e no desenvolvimento da Biologia Marítima.

Abstract – Prof. Miguel Bombarda (1851-1910), a freemason who left his name linked to the Portuguese Republic, got his Medical Degree in Lisbon, at 'Escola Médico-Cirúrgica' in 1877, and he became Physiology and Histology Teacher at the same School since 1880. He specialised in Psychiatry, worked as Doctor in 'S. José' Hospital and was Director of 'Rilhafoles' where he established a Psychiatry course. In 1901, he organized the first meeting of the National League Gruop Against Tuberculosis. Five years later, he became General Secretary of the xv International Medicine Congress, which gathred in Lisbon / 1906 more then two thousand congressists. Professor Miguel Bombarda had already directed for two years the Congress Official Report, which became known across borders. His devoted work in the Congress Organization, considerably helped this remarkable Scientific Meeting and the Medicine evolution in Portugal, namely in cancer studies and the development of Sea Biology.

Ricardo Gonçalves
Farmacêutico Comunitário, Portugal

Câmara Pestana e a Farmácia Portuguesa

Quando lembramos hoje o nome de Luiz da Câmara Pestana, decorridos mais de 100 anos sobre o seu falecimento, antevemos com facilidade o futuro brilhante que teriam os seus sábios conhecimentos numa época de *explosão científica* marcada (como o era o final do século XIX), não fosse o trágico fim que pôs termo à vida do sábio médico madeirense e que o tornou um mártir da ciência e da medicina portuguesa.

Sendo contemporâneo e colega de grandes homens da ciência como Ricardo Jorge, Miguel Bombarda ou Sousa Martins, podemos atribuir o relativo anonimato que nos dias de hoje rodeia o nome de Câmara Pestana, ao seu falecimento prematuro em período de afirmação definitiva nos meios científicos portugueses. Porém, à curta vida de Câmara Pestana corresponde uma vasta obra plena de dinamismo e inovação, sendo justamente objectivo deste trabalho relevar a obra científica de Luiz da Câmara Pestana e a sua importância no desenvolvimento da mentalidade etiopatológica e na introdução dos trabalhos de Pasteur em Portugal, contribuindo assim para a progressão da Microbiologia, da Medicina e da Farmácia Portuguesas. Luiz da Câmara Pestana nasceu em 28 de Outubro de 1863 no Funchal, concluindo a licenciatura de Medicina na Escola Médico-Cirúrgica de Lisboa em 1889 e sendo o tema da sua dissertação inaugural «*O Micróbio do Carcinoma*». A dissertação inaugural de Câmara Pestana, foi preparada no Laboratório Municipal de Higiene, dirigida por um dos mestres de Câmara Pestana: o professor Silva Amado, e onde Câmara Pestana ainda aluno se iniciou no método experimental.

Entusiasmado e inspirado por outros dos seus mestres: o professor Sousa Martins, a quem dedicou a tese, Câmara Pestana proclamou: «*O micróbio! Haverá nada de mais fecundo, de maior alcance, do que o estudo destes infinitamente pequenos? Quando comparamos a cirurgia de hoje à cirurgia de ontem, quando vemos o poder da Higiene e da profilaxia, é que compreendemos o altíssimos valor dos trabalhos modernos...*». Revelando sólidas bases de Histologia descreveu a evolução dos tumores, aceitando a sua provável origem microbiana. Estudou quatro carcinomas e três sarcomas ressecados pelos professores Sabino Coelho, Curry Cabral e Oliveira Feijão. Observou microrganismos por vezes dispostos em cadeias nos exames corados, bem como o desenvolvimento em diferentes meios de cultura, e por fim, inoculou séries de coelhos com culturas do «bacilo do carcinoma» obtendo «tumores» que no geral conduziram o animal à morte.

O autor concluiu o seu trabalho com prudência e afirmou: «*Não posso nem devo ser tão precipitado como Scheurlen* (que dois anos antes dera publicara um trabalho altamente fantasioso). *Parece-me que ainda resta um largo e escabroso caminho a percorrer, para chegar a afirmar com segurança a causa determinante das neoplasias malignas*».

Em 1891 Câmara Pestana foi enviado ao Instituto Pasteur em França onde aprofundou os seus estudos e onde completou a sua educação científica fundando, na sequência dos seus estudos, o Instituto Bacteriológico em Lisboa no ano de 1892.

O Instituto Bacteriológico fundado por Câmara Pestana, foi inserido em pequenos compartimentos do Hospital de S. José em Lisboa. Neste começaram a desenvolver-se estudos bacteriológicos inicialmente sobre as águas de abastecimento da cidade de Lisboa.

A viagem de Câmara Pestana a Paris serviu para adquirir «in loco» a mentalidade etiopatológica, e para projectar a construção em Portugal de um instituto científico que permitisse o estudo e investigação no seguimento dos trabalhos de Pasteur. Câmara Pestana executou o projecto em conjunto com Pedro Romano Folque, e o Instituto foi construído sob as ordens de Xavier da Silva sendo composto por 7 edifícios, entre os quais o Laboratório, o Hospital da Raiva e o Hospital da Difteria.

O Instituto acabaria por «abrir as suas portas» somente após a morte de Câmara Pestana em 1902, recebendo em sua homenagem o nome de Real Instituto Bacteriológico Câmara Pestana, tendo assumido grande preponderância como Laboratório de Saúde Pública e Centro de Bacteriologia ao longo dos últimos 100 anos. Desde a sua fundação até aos dias de hoje o Instituto desenvolveu acções deveras importantes no campo da Saúde Pública, particularmente nos domínios da difteria, raiva, tuberculose, microbiologia clínica e verificação de produtos biológicos, sendo ainda uma Escola de microbiologistas e investigadores incorporada na Universidade de Lisboa.

Em 1894, Luiz da Câmara Pestana tornou-se uma autoridade em matérias de Higiene aquando duma epidemia em Lisboa onde mostrou não ser o vibrião colérico o responsável pela mesma.

Em 1898, Câmara Pestana apresentou a sua Dissertação de Concurso intitulada «A Sorotherapia». Trata-se de uma notável monografia que compreende tudo o que conhece na época sobre preparação e aplicação de soros terapêuticos e os diversos trabalhos pessoais do autor nomeadamente sobre o tétano, sobre a experiência do Instituto Bacteriológico com o soro anti-diftérico e incluindo abundante investigação sobre tuberculose.

Os textos de Câmara Pestana demonstram a sua ambição pelo revelar das ciências *demasiado ocultas*: «É a convicção que cada vez mais funda se arreiga, que acima do micróbio há alguma cousa predominante, o terreno com todas as suas forças reaccionárias. É o respeito pela força medicatriz; não essa força sobrenatural maravilhosa dos tempos antigos mas ... reductível... a um estado bactericida dos humores, a uma visível fagocitose, e talvez acima de tudo, à reacção das células...».

Nos seus trabalhos, desenvolveu, com experimentação própria em cobaias injectadas com toxina diftérica os conceitos de imunidade passiva, procurando classificar as doenças microbianas em 5 grupos: *i)* Tóxicas gerais com veneno segregado (tétano) (exo-toxinas); *ii)* Tóxicas agudas com o veneno na própria célula bacteriana (cólera) (endo-toxinas); *iii)* Doenças em que o micróbio pode invadir o organismo libertando ou não os venenos (febre tifóide); *iv)* Estreptocócicas; *v)* Infecções Crónicas (tuberculose).

Ao apreciar a peste e o soro antipestoso referiu com um ano de antecedência o que seria uma auto descrição, «com sideração imediata e a morte a breve trecho», do fim da sua vida.

Em 1899, chamado a intervir num surto de peste bubónica no Porto, Câmara Pestana é infectado no decorrer de exames cadavéricos acabando por falecer em 15 de Novembro de 1899. Durante a execução de três autópsias de vítimas da peste bubónica que então assolava o Porto, Câmara Pestana sentira uma ligeira ardência no dedo médio esquerdo, e no dia imediato, a mesma sensação o incomodara durante um outro exame cadavérico. Dia 9 de Novembro regressaria a Lisboa, trazendo consigo um vasto material de estudo. Na tarde desse dia sentiu os primeiros rebates da infecção que haveria de prostrá-lo. Às 11 da noite, satisfazendo as suas instâncias, foi removido para o Hospital D. Amélia, com uma sintomatologia que lhe não deixava dúvidas, nem aos seus amigos, sobre o diagnóstico da doença que o atacara e do sombrio prognóstico que era de presumir. Luiz da Câmara Pestana acabaria por falecer ao meio dia do dia 15 de Novembro de 1899. Câmara Pestana esteve isolado 24 horas, na agonia da peste adquirida na cidade do Porto.

Acompanharam-no nessas horas trágicas, considerando-se de quarentena, os colegas Garcia de Rezende, Carlos França e Bello de Moraes. À hora da sua morte, Câmara Pestana mostrou ainda um último desejo: o desejo da sua sucessão no Instituto Bacteriológico ser atribuída a Aníbal Bettencourt, dirigindo à Raínha D. Amélia uma carta expressando a sua vontade. A Rainha ouviu a indicação do mestre e passados menos de 15 dias do falecimento de Câmara Pestana, já Aníbal Bettencourt era o director do Instituto Bacteriológico.

O falecimento de Luiz da Câmara Pestana teve um grande impacto na comunidade científica e no país em geral. Esse impacto foi tal, que o novo edifício do Instituto Bacteriológico por si estudado e segundo as suas indicações construído, não foi sequer inaugurado. A comunidade científica e o seu país, de luto pelo desaparecimento de Câmara Pestana, prestam-lhe as mais sentidas homenagens. Constatámos o elevado realce dado na imprensa da época à enfermidade do Dr. Luís da Câmara Pestana, com relatos e descrições muito pormenorizadas da evolução do seu estado clínico que culmina no seu inevitável falecimento. Por todo o país e um pouco por toda a Europa, desde a França, à Alemanha e Inglaterra, a onda de consternação pela morte do sábio é grande e pesarosa.

Foram inúmeros os reconhecimentos e homenagens prestados a Câmara Pestana desde o seu falecimento. Decorridos mais de cem anos sobre a sua morte, ainda hoje são publicadas homenagens a relembrar o grande mestre fundador da bacteriologia em Portugal. Em relação à influência de Câmara Pestana nas Ciências Farmacêuticas, diremos que esta foi sem dúvida muito marcante. Directamente, Câmara Pestana inspirou e projectou as instalações de algumas farmácias e seus laboratórios anexos da capital, das quais é o exemplo da Farmácia Andrade e seu Laboratório, uma farmácia com larga tradição. Por outro lado, ao produzir trabalhos e estudos de Microbiologia e Bacteriologia e sendo estas matérias de fronteira entre Farmácia e Medicina e comuns às Ciências Biomédicas no geral, Câmara Pestana tem assim indirectamente uma influência marcada nas Ciências Farmacêuticas portuguesas.

Resumo – O presente poster tem por objectivo demonstrar a importância do médico Luís da Câmara Pestana no desenvolvimento da mentalidade etiopatológica e na introdução dos trabalhos de Louis Pasteur em Portugal nos finais do século XIX, contribuindo assim para o progresso da farmácia e da microbiologia em Portugal.

Abstract – This poster intends to demonstrate the importance of the portuguese doctor Luís da Câmara Pestana in the development of etiopathological mentality and in the introduction of Louis Pasteur's works in Portugal in the final of the XIX Century, continuity this wai towards to progress of portuguese pharmacy and microbiology.

AGRADECIMENTOS

O 1º Congresso Internacional de Cultura Humanística-Científica Portuguesa Contemporânea MIGUEL BOMBARDA (1851-1910) E AS SINGULARIDADES DE UMA ÉPOCA e a publicação da presente obra só foram possíveis graças aos patrocínios e apoios de diversas instituições.

Assim, um agradecimento muito especial a três instituições que patrocinaram o evento: a Reitoria da Universidade de Coimbra (através da Pró-Reitoria para a Cultura), a FCT / Fundação para a Ciência e a Tecnologia e a Fundação Eng.º António de Almeida. Foi com a sua colaboração que se editou o presente livro que tem como base muitas das conferências e comunicações apresentadas.

Depois gostaríamos de agradecer muito reconhecidamente a outras instituições que apoiaram a organização do Congresso de diversas formas: a Câmara Municipal de Coimbra, o Banco BPI, as editoras Livraria Almedina, Minerva-Coimbra, Quarteto, Ulmeiro e a revista In Vivo, Revista Mensal de Saúde.

Uma palavra de agradecimento para os CTT – Correios de Portugal e para a Secção Filatélica da Associação Académica de Coimbra, em particular o seu Presidente Dr. Nuno Cardoso, e para o expositor, Dr. Paulo Dias pela disponibilidade mostradas.

Ao Prof. Doutor João Montezuma de Carvalho os mais vivos agradecimentos por ter integrado uma exposição de pintura de sua autoria no âmbito do Congresso.

www.ingramcontent.com/pod-product-compliance
Lightning Source LLC
Chambersburg PA
CBHW071418160426
43195CB00013B/1732